应用型本科院校“十二五”规划教材/经济管理类

Training Course of Commercial Bank's Comprehensive Business

商业银行综合业务实训教程

主　编　郭玉侠　周　静
副主编　林晓婵　李永攀
主　审　于长福

哈爾濱工業大學出版社
HARBIN INSTITUTE OF TECHNOLOGY PRESS

内容简介

本书分上下两篇共19个实训项目。上篇为商业银行柜员基本技能实训，主要介绍商业银行临柜人员业务操作的基本技能规范和操作要领，包括点钞技术实训、电脑传票输入操作实训、人民币真伪鉴别技巧实训、外币鉴别技巧实训、人民币的挑残与兑换实训、数码字的正确书写实训、五笔输入实训、银行服务规范及技巧实训、银行营销技巧实训。下篇为综合业务篇，主要介绍商业银行业务电子化处理过程中不同业务操作规范及流程，包括日初处理实训、现金管理实训、个人储蓄业务实训、个人贷款业务实训、结算业务实训、对公存贷业务实训、银行卡实训、代理业务实训、特殊业务处理和营业日终工作处理。

本教材为财会类在校学生提高职业操作技能水平提供指导，也可供商业银行工作人员培训与自学之用。

图书在版编目(CIP)数据

商业银行综合业务实训教程/郭玉侠，周静主编. —哈尔滨：哈尔滨工业大学出版社，2014.1(2016.8重印)

ISBN 978-7-5603-4536-9

应用型本科院校“十二五”规划教材

Ⅰ.①商… Ⅱ.①郭…②周… Ⅲ.①商业银行-银行业务-中国-高等学校-教材 Ⅳ.①F832.33

中国版本图书馆CIP数据核字(2013)第300139号

策划编辑 杜 燕 赵文斌
责任编辑 李广鑫
出版发行 哈尔滨工业大学出版社
社 址 哈尔滨市南岗区复华四道街10号 邮编150006
传 真 0451-86414749
网 址 http://hitpress.hit.edu.cn
印 刷 黑龙江艺德印刷有限责任公司
开 本 787mm×1092mm 1/16 印张18.25 字数416千字
版 次 2014年1月第1版 2016年8月第2次印刷
书 号 ISBN 978-7-5603-4536-9
定 价 35.80元

序

哈尔滨工业大学出版社策划的《应用型本科院校"十二五"规划教材》即将付梓，诚可贺也。

该系列教材卷帙浩繁，凡百余种，涉及众多学科门类，定位准确，内容新颖，体系完整，实用性强，突出实践能力培养。不仅便于教师教学和学生学习，而且满足就业市场对应用型人才的迫切需求。

应用型本科院校的人才培养目标是面对现代社会生产、建设、管理、服务等一线岗位，培养能直接从事实际工作、解决具体问题、维持工作有效运行的高等应用型人才。应用型本科与研究型本科和高职高专院校在人才培养上有着明显的区别，其培养的人才特征是：①就业导向与社会需求高度吻合；②扎实的理论基础和过硬的实践能力紧密结合；③具备良好的人文素质和科学技术素质；④富于面对职业应用的创新精神。因此，应用型本科院校只有着力培养"进入角色快、业务水平高、动手能力强、综合素质好"的人才，才能在激烈的就业市场竞争中站稳脚跟。

目前国内应用型本科院校所采用的教材往往只是对理论性较强的本科院校教材的简单删减，针对性、应用性不够突出，因材施教的目的难以达到。因此亟须既有一定的理论深度又注重实践能力培养的系列教材，以满足应用型本科院校教学目标、培养方向和办学特色的需要。

哈尔滨工业大学出版社出版的《应用型本科院校"十二五"规划教材》，在选题设计思路上认真贯彻教育部关于培养适应地方、区域经济和社会发展需要的"本科应用型高级专门人才"精神，根据黑龙江省委书记吉炳轩同志提出的关于加强应用型本科院校建设的意见，在应用型本科试点院校成功经验总结的基础上，特邀请黑龙江省9所知名的应用型本科院校的专家、学者联合编写。

本系列教材突出与办学定位、教学目标的一致性和适应性，既严格遵照学科体系的知识构成和教材编写的一般规律，又针对应用型本科人才培养目标及与之相适应的教学特点，精心设计写作体例，科学安排知识内容，围绕应用讲授理论，做到“基础知识够用、实践技能实用、专业理论管用”。同时注意适当融入新理论、新技术、新工艺、新成果，并且制作了与本书配套的PPT多媒体教学课件，形成立体化教材，供教师参考使用。

《应用型本科院校“十二五”规划教材》的编辑出版，是适应“科教兴国”战略对复合型、应用型人才的需求，是推动相对滞后的应用型本科院校教材建设的一种有益尝试，在应用型创新人才培养方面是一件具有开创意义的工作，为应用型人才的培养提供了及时、可靠、坚实的保证。

希望本系列教材在使用过程中，通过编者、作者和读者的共同努力，厚积薄发、推陈出新、细上加细、精益求精，不断丰富、不断完善、不断创新，力争成为同类教材中的精品。

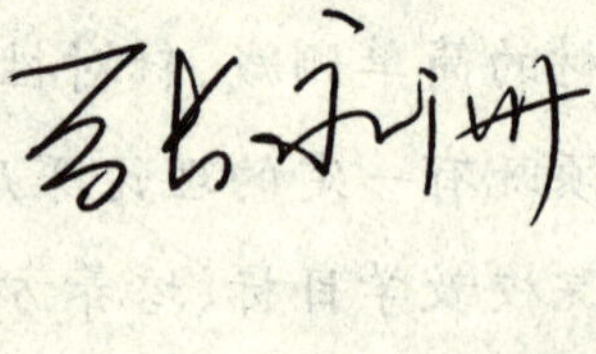

前　言

商业银行是现代金融体系的主体。面对当前的经济形势，商业银行只有不断创新、不断提高服务水平，才能适应现如今经济的快速发展对金融产品和服务的膨胀性要求，才能适应日益多变的国内国际经济形式。商业银行业务的创新与服务能力的提高，归根结底在于员工素质和能力的提高。现代商业银行的发展需要一大批精通业务、具备熟练技能、具有开拓创新精神的员工；需要对其现有员工进行经常性的业务与技能的培训；需要从学校中源源不断地吸收素质高、业务强、技能好的优秀人才，这已成为我国金融业健康发展的必要条件。

为适应新形势的发展，我们编写了这本实训教材。本书重在培养学生实际操作能力，在培养学生实际操作能力的同时，还贯穿对学生全面能力的培养，并通过灵活、新颖的教材内容及形式，增强学生学习的兴趣，由浅入深、循序渐进，通过案例和图文并茂的表达形式，启发学生的学习兴趣，加强学生的互动性，真正发挥学生主体作用。本教材涉及面宽，它既包括银行出纳、银行会计、银行信贷等理论知识，又包括点钞、礼仪、数字输入、假币鉴别、残币兑换、计算机操作等技能知识，即根据实际业务操作流程逐项训练，培养学生掌握业务操作技能，真正实现了素质教育的目的。

本书由于长福主审，郭玉侠、周静任主编，林晓婵、李永攀任副主编。编写分工如下：第**1～9**实训项目由黑龙江财经学院郭玉侠撰写；第**10**、**11**、**13**、**14**、**15**、**19**实训项目由黑龙江东方学院周静撰写；第**16**、**17**、**18**实训项目由黑龙江外国语学院林晓婵撰写；第**12**实训项目由黑龙江财经学院李永攀撰写。

由于编者学术水平有限，金融业务创新不断，书中疏漏和不足之处在所难免，敬请广大专家、读者批评指正。

编　者

2013年**12**月

目 录

上篇 商业银行柜员基本技能实训

下篇　综合业务技能实训

上　篇

商业银行柜员基本技能实训

实训项目 1

点钞技术

【实训目标与要求】

该项目主要介绍了点钞的基本要领、基本环节和手工点钞技术、机器点钞技术等，这些技术是商业银行柜面经办人员必须具备的基本功。要求学生熟练掌握单指单张和多指多张点钞法，掌握各种点钞技术的基本要求及技术，要求指法规范、扎把牢固、动作连贯。

【实训项目准备】

1. 点钞纸。
2. 点钞机。
3. 腰条纸。
4. 湿手盒。
5. 名章。

【实训项目内容】

1.1 点钞的种类和基本方法

1.1.1 点钞的种类

点钞——票币整点，是经贸类专业的学生应该学习的一项专业技术，也是从事财会、金融、商品经营等工作必须具备的基本技能。

人民币的整点有以下要求：

(1)凡收入现金，必须进行复点整理。未经复点整理的现金不得直接对外付出，不得上交业务库或支行内部调用。

(2)票币未整点准确前，不得将原封签、腰条丢失，以便在发现差错时，证实和区分责任。

(3)整点坚持一笔一清、一捆一清、一把一清。

(4)整点纸钞按券别、版别分类，以百张为把，每把钞券第一张正面朝上，最后一张背面朝下，扎把腰条扎在中央，十把为捆，正面均朝上，并加以垫纸，双十字捆扎，结头应垫于垫纸之上封签之下的中位。

(5)整点硬币应按面额分类，100 枚(或 50 枚)为卷，10 卷为捆。

(6)整点损伤币,除按上述规定整理外,必须双腰条在票币的1/4处捆扎,整点两截、火烧等损伤币,必须用纸粘贴号,严禁用金属物连接。

(7)凡经复点整理的票币,应逐把(卷)加盖带行号的经办员名章,不得打捆后再补章;成捆票币应在绳头接扣处贴封签,注明行名、券别、金额、封捆日期,并加盖封包员、复核员名章,整捆损伤票应在封签上加盖"损伤"字样戳记,以便识别。

(8)凡经复点整理的票币,应达到"五好线捆"标准,即点数准确、残币挑净、平铺整齐、把捆扎紧、印章清楚。

(9)整点票币标准要达到七成新。

1.1.2 点钞的基本方法

点钞包括整点纸币和清点硬币。点钞分为手工点钞和机器点钞两种方法。

1. 手工点钞法

手工点钞法亦称人工点钞。手工点钞法多种多样:根据点钞持票方法的不同,手工点钞法可分为手持式点钞法和手按式点钞法两大类;根据点钞张数来区分,手工点钞又分为单指单张点钞法、单指多张点钞法和多指多张点钞法。

(1)手持式点钞法。手持式点钞法是将钞券拿在手上进行清点的点钞方法。手持式点钞法一般有手持式单纸单张点钞、手持式一指多张点钞、手持式四指拨动点钞和手持式五指拨动点钞等方法。

(2)手按式点钞法。手按式点钞法是将钞券安放在桌面进行清点的点钞方法。手按式点钞法一般可分为单张点钞、双张点钞、三张和四张点钞、四指拨动点钞、推捻点钞、手扳式点钞等多种方法。

2. 机器点钞法

机器点钞法就是使用点钞机整点钞券以代替手工点钞。因为机器点钞工作效率高,极大地减轻了柜面人员的工作强度,对改善柜面人员服务态度等都有着积极的作用,因此机器点钞已经成为商业银行柜面经办人员点钞的主要方法。机器点钞分为点钞机点钞和硬币清分机点钞。

总体而言,根据不同的需要选择不同的点钞方法,如手工单指单张点钞时,由于票面可视面积为2/3左右,捻钞时可以接触钞券,容易发现假券及残券,所以在实际工作中,初点时用单指单张点钞法。手工多指多张点钞时,每次捻点几张钞券,速度快,但钞券可视面积较小,不易发现假券和损伤券,在实际工作中,复点时用多指多张点钞法。但对于不同的人员,还要根据准和快两个原则来选择适合自己的方法,只要是对自己来说是又准又快的,就是适合的方法。

1.1.2 点钞的要领

商业银行柜面经办人员最经常、最大量的工作就是从事现金的收入、付出和整点,因此,点钞是银行柜面人员必须掌握的一项基本功,点钞要做到准、快、好。"准",就是清点准确无误,"准"是点钞的基础和前提。"快",是指在准的前提下,提高点钞的速度。"好",就是清点的钞券要达到"五好钱捆"(即点准、挑净、墩齐、扎紧、盖章清楚)的要求。

“快”和“好”是商业银行提高服务质量、加快货币周转的必要条件。

学习点钞，首先要掌握基本要领，这些要领对任何一种点钞方法都适用。点钞的基本方法分为七步：

1. 肌肉要放松

点钞时，坐姿要端正，肌肉要放松。两手各部位的肌肉要放松，能够使双手活动自如，动作协调，并减轻劳动强度。否则，会使手指僵硬，会使点钞的动作不准确，既消耗体力，又影响点钞的速度。正确的姿势是，肌肉放松，双肘自然放在桌子上，持票的左手手腕自然接触桌面，右手手腕稍稍抬起，左右手配合。

2. 钞券要墩齐

点钞的前提是钞券在清点之前要墩齐，否则，会影响点钞的准确度。质软的、明显破裂的钞券要先挑出来，对折角、弯折、揉搓过的钞券要将其弄直、抚平。清理好后，将钞券在桌面上墩齐，要求钞券四条边水平。

3. 开扇要均匀

钞券清点前，要将钞券打开成小扇形或微扇形，使钞券有一个坡度，便于捻动。开扇均匀是指每张钞券的间距必须一致，使之在捻点的过程中不易夹张。因此，开扇是否均匀，决定着点钞是否准确。

4. 手指触面要小

手工点钞的时候，捻点的手指与钞券的接触面要小，一般用指尖捻点。如果手指接触面大，手指往返动作的幅度随之增大，从而使手指频率减慢，影响点钞速度。

5. 捻钞的幅度要小

手工点钞时，捻钞的手指离钞券面不宜过远，即捻钞的幅度要小，从而加快捻点往返速度。

6. 动作要连贯

点钞时各个动作要相互连贯。动作连贯包括两个方面：一是点钞过程的各个环节必须紧张协调、环环扣紧。如点完100张，墩齐钞券后，左手持票，右手取腰条纸，同时左手的钞券跟上去，迅速扎好此把；在右手放票的同时，左手取另一把钞券准备清点，而右手顺手沾水清点等，这样就使扎把、持票及清点各环节紧密衔接起来。二是清点时的各动作要连贯，即第一组动作和第二组动作之间，要尽量缩短和不留空隙时间，当第一组的最后一个动作即将完毕时，第二组动作要有连续性，这就要求清点时双手动作要协调，清点动作要均匀，切记忽快忽慢、忽多忽少。另外，在清点中尽量减少不必要的小动作、假动作，以免影响动作的连贯性和点钞速度。

7. 点和数要协调

点和数是点钞过程中的两个重要方面，这两个方面要相互配合、协调一致。点钞的速度快，记数跟不上，或点的速度慢，记数过快，都会造成点钞不准确，甚至造成差错，给国家财产带来损失。所以点和数两者必须一致，这是点准的前提条件之一。为了使两者紧密结合，记数通常采用分组法，使点和数速度基本吻合。同时，记数通常要用脑子记，尽量避免用口数。

1.1.3 点钞的基本环节

点钞是一个从拆把开始到扎把为止这样一个连续、完整的过程。它一般包括拆把持钞、清点、记数、墩齐、扎把、盖章等环节。要加快点钞速度，提高点钞水平，必须把各个环节的工作做好。

1. 拆把持钞

成把清点时，首先需将腰条纸拆下。拆把时可将腰条纸脱去，保持其原状，也可将腰条纸用手指勾断。通常初点时采用脱去腰条纸的方法，以便复点时发现差错进行查找，复点时一般将腰条纸勾断。持钞速度的快慢、姿势是否正确，也会影响点钞速度。要注意每一种点钞方法的持钞方法。手持式单指单张拇指捻点法起把如图 1.1 所示。

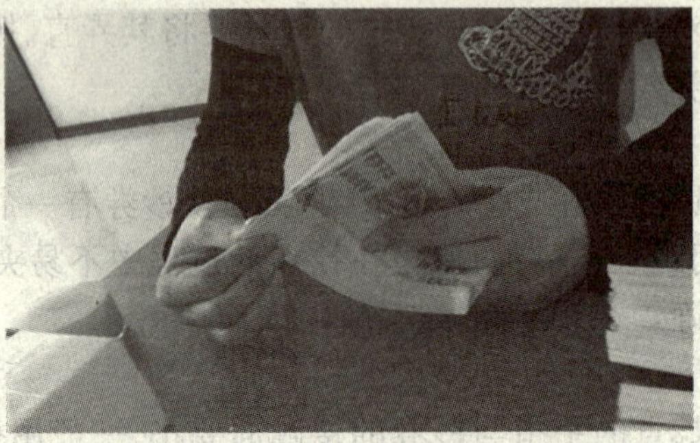

图 1.1　手持式单指单张拇指捻点法

2. 清点

清点是点钞的关键环节。清点的准确性、清点的速度直接关系到点钞的准确与速度。因此，要勤学苦练清点基本功，做到清点既快又准。手持式单指单张拇指捻点法清点如图 1.2 所示。

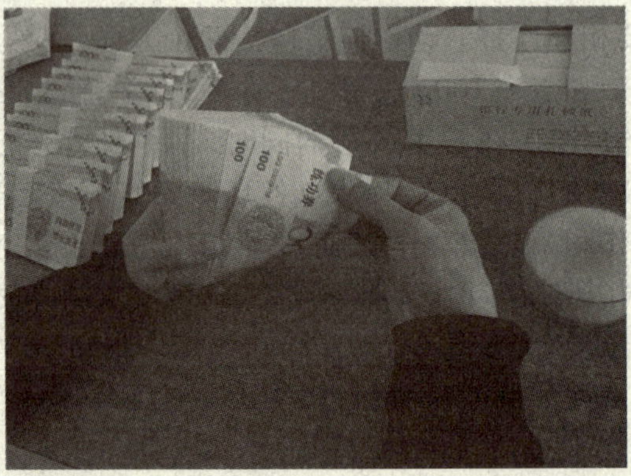

图 1.2　手持式单指单张拇指捻点法清点

在清点过程中，还需将损伤券按规定标准剔出，以保持流通中票面的整洁。如该把钞券中夹杂着其他版面的钞券，应将其挑出。为不影响点钞速度，点钞时不要急于抽出损伤券或不同版别券，只要先将其折向外边，待点完 100 张后再抽出损伤券或不同版别券，补上完整券或同版别券。

在点钞过程中如发现差错，应将差错情况记录在原腰条纸上，并把原腰条纸放在钞券上面一起扎把，不得将其扔掉，以便事后查明原因，另作处理。

3. **记数**

记数也是点钞的基本环节，与清点相辅相成。在清点准确的基础上，必须做到记数准确。

4. **墩齐**

钞券清点完毕扎把前，先要将钞券墩齐，以便扎把保持钞券外观整齐美观。钞券墩齐要求四条边水平，不露头或不呈梯形错开，卷角应拉平。墩齐时，双手松拢，先将钞券竖起来，双手将钞券捏成瓦形在桌面上墩齐，然后将钞券横立并将其捏成瓦形在桌面上墩齐。

5. **扎把**

每把钞券清点完毕后，要扎好腰条纸。腰条纸要求扎在钞券的1/2处，左右偏差不得超过二公分。同时要求扎紧，以提起第一张钞券不被抽出为准。

6. **盖章**

盖章是点钞过程的最后一环，在腰条纸上加盖点钞员名章，表示对此把钞券的质量、数量负责，所以每个出纳员点钞后均要盖章，而且图章要盖得清晰，以看得清行号、姓名为准。

1.2　手工点钞的常用方法

1.2.1　手持式单纸单张点钞法

用一个手指一次点一张的方法叫手持式单指单张点钞法，手持式单指单张点钞法是最常用的点钞方法之一，使用范围较广，频率较高，适用于收款、付款和整点各种新旧大小钞券。这种点钞方法的优点是：由于持票面小，能看到票面的3/4，容易发现假钞券及残破票。其缺点是：点一张记一个数，比较费力。

其基本操作要领如下：

1. **持票**

左手横执钞券，手心向下，左手拇指在钞券正面左端中央约1/4处，食指和中指在钞券背面，与拇指一起捏住钞券；左手无名指自然卷曲，捏起钞券后小拇指伸向钞券正面压住钞券左下方；左手中指稍用力，与无名指、小拇指一起紧卡钞券；左手食指伸直，拇指向上移动，按住钞券侧面，将钞券压成瓦形，左手将钞券从桌面上擦过，钞券翻转，拇指借从桌面上擦过的力量顺势将钞券向上翻成微开的扇形，并斜对自己面前；同时，右手拇指、食指作点钞准备。

2. **清点**

左手持钞并形成瓦形后，右手三个指头沾水。用拇指尖逐张向下捻动钞券右下角，捻动幅度要小，不要抬得过高，要轻捻；右手食指托住钞券背面右上角，食指在钞券背面的右端配合拇指捻动；用右手无名指将捻起的钞券往怀里弹，要注意轻点快弹，边点边记数。

左手拇指按捏钞券不要过紧，要配合右手起自然助推的作用。点钞时注意姿势，身体挺直，眼睛和钞券保持一定距离，两手肘部放在桌面上。

3. 记数

记数与清点同时进行。但在点数速度快的情况下，往往由于记数迟缓而影响点钞的速度，因此记数适宜采取分组记数法，即：把10作1记，即1,2,3,4,5,6,7,8,9,1(即10)，1,2,3,4,5,6,7,8,9,2(即20)，以此类推，数到1,2,3,4,5,6,7,8,9,10(即100)。

采用这种记数法记数简单、快捷、准确，省力又好记。但记数时要默记，不要念出声，做到手、眼、脑协调配合。

4. 剔旧

在清点过程中，如发现残破券应按剔旧标准将其挑出。为了不影响点钞速度，点钞时不要急于抽出残破券，只要用右手中指、无名指夹住残破券将其折向外边，待点完100张后再抽出残破券补上完整券。

5. 墩齐

点完100张后，左手拇指与食指捏住钞券，其余三指伸向钞券的背面使钞券横执在桌面上，左右手松拢墩齐，再将钞券竖起墩齐，使钞券的边端都整齐，然后左手持票做扎把准备。

6. 扎把

扎把主要有以下几种方法：

(1)半劲扎把法。准备姿势：左手横执已墩齐的钞券，正面朝向整点员，拇指在前，中指、无名指、小指在后，食指伸直在钞券的上侧，捏住钞券的左端约占票面的1/3处。

第一步：右手拇指、食指、中指取腰条纸(腰条纸长度约等于票面宽的3倍)，拿在腰条纸的1/3处，搭在钞券的背面，用左手食指轻轻按住，右手拇指和中指捏住腰条纸长的一端往下向外绕半圈，用食指去勾住短的一头腰条纸，使腰条纸的两端在钞券的后面中间合拢捏紧。半劲扎把法第一步如图1.3所示。

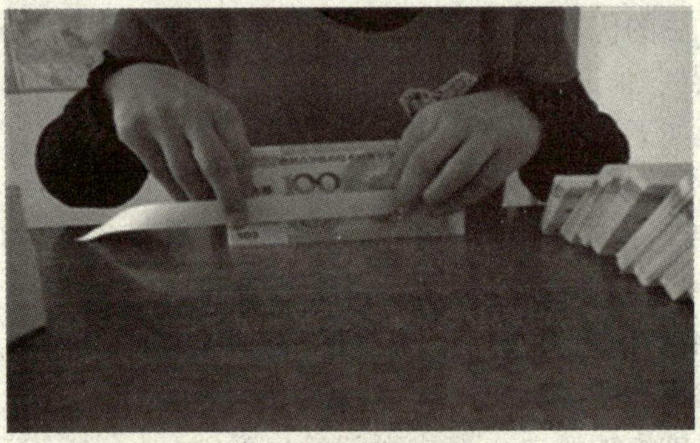

图1.3　半劲扎把法第一步

第二步：左手稍用力握住钞券的正面，中指、无名指与小指在外侧，拇指在里侧，食指伸直扶在钞券上半部，捏成斜瓦形，左手手腕向外转动，右手捏住腰条纸向怀里转动。半劲扎把法第二步如图1.4所示。

第三步：在双腕还原的同时将右手中的腰条纸拧成半劲，用食指将腰条纸掖在斜瓦里，使腰条纸卡在下部，这样便完成了扎把。半劲扎把法第三步如图1.5所示。

图1.4　半劲扎把法第二步

图1.5　半劲扎把法第三步

这种半劲扎把法又快又紧,采用这种方法扎把腰条纸应以拉力强、质软的为宜。

(2)顺时针方向缠绕折掖法。

准备姿势:将墩齐的钞券横执,左手虎口张开,拇指在券前,其余四指在券后,握住钞券左上方,将钞券略呈拱形。

第一步:右手持腰条纸一端,将光滑一面贴着钞券掖在左手食指下。

第二步:右手将腰条纸向下折一直角,食指与中指夹着腰条纸沿钞券绕一圈;拇指将腰条纸绕着那部分钞券的边压平,同时食指与中指将腰条纸拉紧,使钞券呈拱形,再绕第二圈,注意两圈要重叠(第二步也可改为:右手拇指和食指夹着腰条纸长的一端向下折一直角后往内沿钞券绕半圈,然后变换以食指与中指夹着腰条纸绕完第一圈,并将腰条纸拉紧,使钞券呈拱形,再绕第二圈;绕时注意两圈要重叠)。

第三步:绕完两圈后,右手拇指和食指捏着腰条纸,逆时针转90°,将腰条纸折成三角形,下边与钞券尽可能齐平,然后将腰条纸多余部分塞入钞券凹面里。

第四步:将钞券拱形压平。

(3)逆时针方向缠绕折掖法。

准备姿势:将墩齐的钞券横执,左手虎口张开,拇指在券前,其余四指在券后,握住钞券左上方,将钞券略呈拱形。

第一步:右手持腰条纸一端,将光滑一面贴着钞券掖在左手食指下。

第二步:用右手中指和无名指夹着腰条纸往上向内绕半圈,然后变换以食指与中指夹着腰条纸绕完第一圈,并将腰条纸拉紧,使钞券呈拱形,再绕第二圈,注意两圈要重叠。

第三步:绕完两圈后,右手食指和中指捏着腰条纸,顺时针转90°,将腰条纸折成三角形,三角形上边与钞券尽可能齐平,右手拇指顺势按住三角形处,并用食指将腰条纸多余部分塞入钞券凹面里。

第四步:将钞券拱形压平。

7. 盖章

每点完一把钞券都要盖上点钞员名章,图章应盖在钞券上侧的腰条纸上,印章要清晰。

1.2.2 手持式单指多张点钞法

点钞时,一指同时点两张或两张以上的方法叫单指多张点钞法。手持式单张点钞法也是最常用的点钞方法之一。它适用于收款、付款和各种券别的整点工作。

这种方法的优点是:点钞时记数简单省力,效率高。其缺点是:在一指捻几张时,由于不能看到中间几张的全部票面,不易发现假钞和残破票。

这种点钞法除了记数和清点外,其他均与单指单张点钞法相同。

其基本操作要领如下:

1. 持券(同单指单张)

将钞券横放在桌面上,正对自己;用左手无名指、小拇指按住钞券的左上角;用右手拇指托起部分钞券的右下角。手持式单指单张食指(或中指)拨点法起把如图1.6所示。

图1.6 手持式单指单张食指(或中指)拨点法起把

2. 清点

清点时,右手食指放在钞券背面右上角,拇指肚放在正面右上角,拇指尖超出券面,用拇指肚捻动钞券。拇指肚先捻第一张,拇指尖捻第二张。每捻动一张,左手拇指即往上推动送至左手食指、中指之间夹住,即完成了一次点钞动作,以后依次连续操作,如图1.7所示。

单指多张点钞法,拇指用力要均衡,捻的幅度不要太大,食指、中指在券后面配合捻动,拇指捻张,无名指向怀里弹。在右手拇指往下捻动的同时,左手拇指稍抬,使券面拱起，从侧边分层错开，便于看清张数，左手拇指往下拨钞券，右手拇指抬起让钞券下落，左手拇指在拨钞的同时下按其余钞券，左右两手拇指一起一落协调动作，如此循环，直至点完。

图1.7　手持式单指单张食指（或中指）拨点法清点

3. 记数

采用分组记数法。如点双数，两张为一组记一个数，50 组就是 100 张。

1.2.3　手持式多指多张点钞法

手持式多指多张点钞法是指：点钞时用小指、无名指、中指、食指依次捻下一张钞券，一次清点四张钞券的方法，也叫四指四张点钞法。这种点钞法适用于收款、付款和整点工作。这种点钞方法的优点是：省力、省脑、效率高，而且能够逐张识别假钞券和挑剔残破钞券。

1. 持券

用左手持钞，中指在前，食指、无名指、小指在后，将钞券夹紧，四指同时弯曲将钞券轻压成瓦形，拇指在钞券的右上角外面，将钞券推成小扇面，然后手腕向里转，使钞券的右里角抬起，右手五指准备清点。

2. 清点

右手腕抬起，拇指贴在钞券的右里角，其余四指同时弯曲并拢，从小指开始每指捻动一张钞券，依次下滑四个手指，每一次下滑动作捻下四张钞券，循环操作，直至点完 100 张，如图 1.8 及图 1.9 所示。

图1.8　手持式四指依次捻点法起把

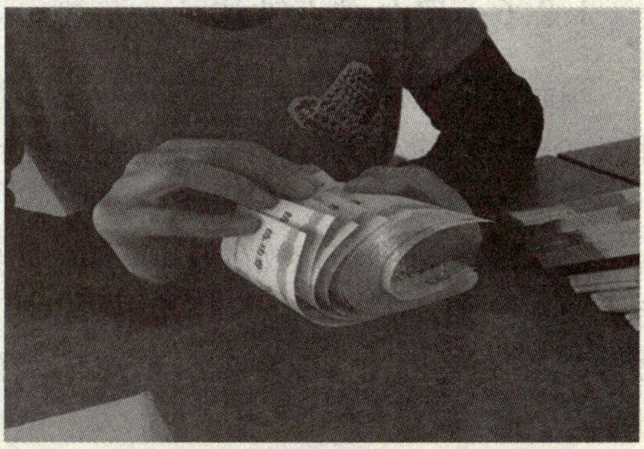

图1.9　手持式四指依次捻点法清点

3. 记数

采用分组记数法。每次点 4 张为一组，记满 25 组为 100 张。

1.2.4 手按式单指单张点钞法

手按式单指单张点钞法适用于收、付款和整点各种新、旧大小钞券。它的优点是：逐张清点，便于挑剔损伤券和识别假币，缺点是一张记一个数，比较费力。

具体操作如下：

1. 拆把

将钞券横放在桌面上，一般在点钞员正胸前。左手小指、无名指微弯曲按住钞券左上角，约占票面 1/3 处，食指伸向腰条纸并将其钩断，拇指、食指和中指微曲做好点钞准备。

2. 清点

右手拇指托起右下角的部分钞券，用右手食指捻动钞券，其余手指自然弯曲。右手食指每捻起一张，左手拇指便将钞券向上推送到左手食指与中指间夹住。以后依次连续操作。

3. 记数

记数可以采用分组记数法，也可以采用双数记数法，数到 50 时即为 100 张。

1.2.5 手按式单指推动点钞法

手按式单指推动点钞法的优点是效率较高，缺点是每张票面的可视面较小，不易发现假币和剔除损伤币。具体操作方法如下：

把钞券横放在桌面上，左手无名指和小指微曲按住钞券左上角约 1/3 处。右手肘靠在桌子上，右手五个手指自然弯曲，用中指第一关节托起部分钞券后，中指、无名指、小指垫入部分钞券下面；拇指从右下角推起数张钞券。

食指按住钞券右上角配合拇指推动，同时也防止拇指推动时钞券向上移动。左手拇指根据右手推起的钞券进行记数并将钞券推送到中指与食指之间夹住。以后按此方法连续操作。

记数可采用分组记数法。如一次推捻 4 张，那么以 4 张为一组记数，数 25 组即为 100 张，以此类推。

1.2.6 扇面式点钞法

扇面式点钞法是把钞券捻成扇面状进行清点的方法。这种点钞方法的优点是速度快，是手工点钞中效率最高的一种。缺点是它只适合清点新票币，不适于清点新、旧、破混合钞券。

1. 持钞

竖拿钞券，左手拇指放在票前下部中间票面约 1/4 处。食指、中指在票后，同拇指一起捏住钞券，无名指和小指拳向手心。右手拇指在左手拇指的上端，用虎口从右侧卡住钞券成瓦形，食指、中指、无名指、小指均横在钞券背面，做开扇准备。

2. 开扇

开扇是扇面点钞的一个重要环节，扇面要开得均匀，为点数做好准备。其方法是：

以左手为轴，右手食指将钞券向胸前左下方压弯，然后再猛向右方闪动，同时右手拇指在票前向左上方推动钞券，食指、中指在票后面用力向右捻动，左手指在钞券原位置向逆时针方向画弧捻动，食指、中指在票后面用力向左上方捻动，右手手指逐步向下移动，至右下角时即可将钞券推成扇面形。如有不均匀地方，可双手持钞抖动，使其均匀。扇面点钞开扇如图1.10所示。

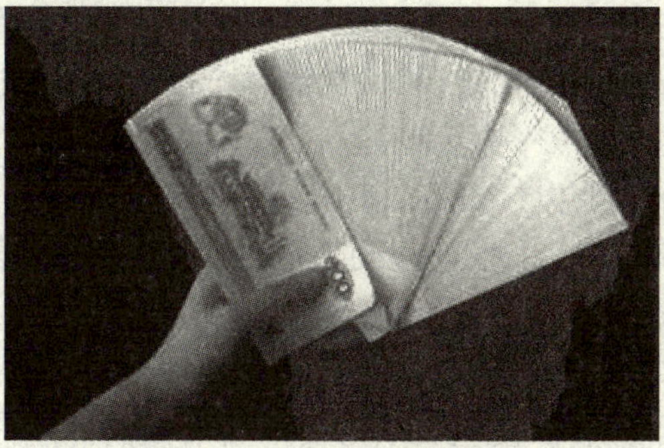

图1.10　扇面点钞开扇

3. 点数

左手持扇面，右手中指、无名指、小指托住钞券背面，拇指在钞券右上角1 cm处，一次按下五张或十张；按下后用食指压住，拇指继续向前按第二次，以此类推，同时左手应随右手点数速度向内转动扇面，以迎合右手按动，直到点完为止。扇面点钞清点如图1.11所示。

图1.11　扇面点钞清点

4. 记数

采用分组记数法。一次按5张为一组，记满20组为100张；一次按10张为一组，记满10组为100张。

5. 合扇

清点完毕合扇时，将左手向右倒，右手托住钞券右侧向左合拢，左右手指向中间一起用力，使钞券竖立在桌面上，两手松拢轻墩，把钞券墩齐，准备扎把。

1.2.7　手工整点硬币

硬币的整点基本方法有两种：一是纯粹手工整点；二是工具整点。手工整点硬币一般用于收款时收点硬币尾零款;大批硬币整点需用工具来整点。

1. 手工整点硬币

(1)拆卷。清点后需要使用的新包装纸平放在桌子上。右手持硬币卷的1/3处放在新的包装纸中间;左手撕开硬币包装纸的一头,然后用右手从左端到右端压开包装纸;包装纸压开后用左手食指平压硬币,右手抽出已压开的包装纸。这样即可准备清点。

(2)清点。从右向左分组清点。清点时,用右手拇指和食指将硬币分组清点。每次清点的枚数因个人技术熟练程度而定,可一次清点5枚或10枚或更多。

(3)记数。采用分组记数法,一组为一次。如一次清点10枚,则10次即为100枚。

(4)包装。清点完毕即可包装。硬币每100枚包1卷。包装时,用双手的无名指分别顶住硬币的两头,用拇指、食指、中指捏住硬币的两端,再用双手拇指把里半边的包装纸向外掀起并用食指掖在硬币底部,然后用右手掌心用力向外推卷,随后用双手的拇指、食指和中指分别把两头包装纸向中间方向折压紧贴硬币,再用拇指将后面的包装纸往前压,食指将前面的包装纸往后压,使包装纸与硬币贴紧,最后再用拇指、食指向前推币,包装完毕。

(5)盖章。硬币包装完毕,按上下方向整齐地平放在桌面上,卷缝的方向一致。右手拿名章,左手推动硬币卷,名章依次盖在硬币卷上。

2. 工具整点硬币

工具整点硬币主要是借助硬币整点器进行。

(1)拆卷。将整卷硬币掰开或用刀划开包装纸,使硬币落入硬币整点器内。

(2)清点。硬币落入整点器内后,两手的食指和中指放在整点器两端,将整点器夹住,再用右手食指将硬币顶向左端。然后两手拇指放在整点器两边的推钮上用力推动推钮,通过动槽的移动,分币等量交错,每槽5枚。检查无误后,两手松开,硬币自动回到原位。

(3)包装。两手的中指顶住硬币两端,拇指在卷里边、食指在卷外边将硬币的两端捏住。两手向中间稍用力,将硬币从整点器中提出放在准备好的包装纸中间。其余包装方法同手工整点硬币。

(4)盖章。盖章方法同手工整点硬币。

1.3 机器点钞技术

机器点钞就是使用点钞机整点钞券。点钞机点钞的操作程序如下:

1. 持票

用右手将已拆把的钞券移至点钞机下钞斗上面,右手拇指和食指捏住钞券上侧边,中指、无名指、小指松开,使钞券自然形成微扇面。

2. 清点

将钞券放入下钞斗,不要用力。钞券经下钞斗通过捻钞轮自然下滑至传送带,落至接钞台。下钞时,点钞员眼睛要注意传送带上的钞券面额,看钞券是否夹有其他票券、损伤券、假钞等,同时观察数码显示情况。

3. 记数

当下钞斗和传送带上的钞券下张完毕，且数码显示为"00"或"100"时，表示点数完毕。再进行一次复点即可。

4. 扎把

一把点完，计数为100张，即可扎把。扎把时，左手拇指在钞券上面，手掌向上，将钞券从接钞台里拿出，把钞券墩齐进行扎把。

5. 捆钞

捆钞是把已经扎把盖章后的钞券，按照一定的方向排列，按"#"字形每10把捆扎成一捆。捆钞有手工捆钞和机器捆钞两种。

(1)手工捆钞的操作程序。双手各取5把钞券，并在一起墩齐。然后将10把钞券叠放，票面向下，面上垫纸，并将票面的1/4伸出桌面。左手按住钞券，右手取绳子，右手拇指与食指持绳置于伸出桌面处，然后用左手食指按住绳子一端，右手将绳子另一端从右往下再往左上绕一圈与绳子的另一端合并，将钞券自左向右转两圈，形成一个麻花扣。

这时钞券横放在桌上，已束好的一头在右边，再将横放的钞券的1/4伸出桌面，左手按住绳子的一头，右手将绳子从右向钞券底下绕一圈，绕至钞券上面左端约占钞券长度的1/4处拧一个麻花扣，然后将钞券翻个面再拧一个麻花扣，最后左手食指按住麻花扣以防松散，右手捏住绳子的另一头，从横线穿过结上活结。捆好后再垫纸上贴上封签，加盖日期戳和点钞员、捆钞员名章。

(2)机器捆钞的操作程序。将线绳拧成麻花扣，按"#"字形放置在捆钞机底面平台的凹槽内。用两手各取5把钞券并在一起墩齐。然后将10把钞券叠起，票面向上，放在捆钞机的平台上，再放好垫纸。合上活动夹板，右手扳下压力扶手，反复操作，使钞券压至已调整好的松紧度。

如为电动捆钞机则按下"紧"开关。两手分别捏住绳子的两头，从上端绳套穿过，然后双手各自拉紧，从两侧把绳子绕到钞券的正面，使绳子的两头合拢拧麻花扣。然后用左手按住交叉点，右手捏住绳子的一头从钞券上面竖线穿过结上活扣，贴上封签，加盖点钞员、捆钞员名章和日期戳。

【实训项目小结】

本实训项目介绍了点钞的方法，学生们在学习时可根据不同的需要进行选择，如手工点钞中手持式点钞方法一般适合点新钞券，在银行培训和比赛中常常使用，手按式点钞一般适合点旧钞，在实际工作中使用较广泛；大额钞券一般要求用单指单张法清点，小额钞券可用多指多张法清点。

【实训项目任务】

任务一　点钞的种类和基本方法

任务二　手工点钞的常用方法

任务三　机器点钞技术

【实训项目报告】

目的	根据银行业务需要进行点钞训练
要求	要求学生熟练掌握单指单张和多指多张点钞法，掌握各种点钞技术的基本要求及技术，要求指法规范、扎把牢固、动作连贯
报告内容	一、实验内容 二、实验基本步骤 三、实验数据记录和处理
实验结果与分析	

实训项目 2

电脑传票输入操作

【实训目标与要求】

本实训项目中,要求学生学会并熟练数字输入过程中数字 0 ~ 9、小数点和回车键盘的操作指法;能运用正确的方法对百张传票进行准确、快速地翻动;能利用传票输入教学软件对小写数字和小写金额进行熟练、连贯地操作;能利用电脑传票输入教学软件对大写数字和大写金额进行熟练、连贯地操作;能准确、快速地从事各种业务中的数字输入操作。在实训结束后,要求学生达到每分钟 160 字的速度,其中传票需在 20 分钟内完成 18 题。

【实训项目准备】

1. 计算器或电脑数字小键盘。
2. 夹子。
3. 传票或训练试题。
4. 计时秒表。

【实训项目内容】

电脑传票本采用散页的形式,每本 100 页,每页主要包括小写数字和大写数字两部分,100 页中 0 ~ 9 字码和零到玖大写数字均衡出现。小写数字中,各行数字从第 1 页至第 100 页共为 625 个数码,其中 4 个数码的为 10 页、5 个数码的为 15 页、6 个数码的为 35 页、7 个数码的为 25 页、8 个数码的为 10 页、9 个数码的为 5 页;大写金额中,百万位的为 5 页、十万位的为 10 页、万位的为 25 页、千位的为 35 页、百位的为 15 页、十位的为 10 页。电脑传票样本如图 2.1 所示。传票右边三行为小写数字;左下方两行为大写数字;右上角为该张传票的套别和页码。

电脑传票输入是指将传票上的账号、金额、代码等各种数据按照计算机处理程序的要求在保证准确率的前提下通过计算机键盘快速输入系统的技术。在计算机技能被广泛使用的今天,这一技能被广泛运用到实际工作中,商场收银、会计记账、银行临柜人员等凡是和数字有关的岗位几乎都会用到这一技能,这些岗位操作人员电脑传票输入的技能水平直接影响着工作的正确性和效率。

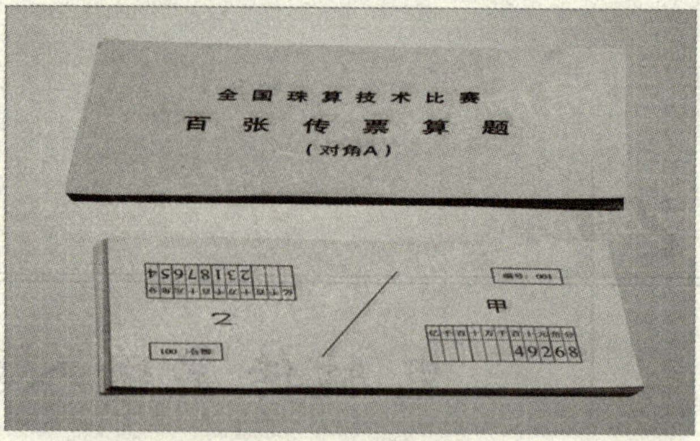

图 2.1　电脑传票样本

衡量电脑传票输入技能水平的指标有两个：一是准确率，二是速度。

在实际工作中，任何一个数据的错误输入都有可能产生严重的后果。一位操作人员每天录入电脑系统的数据成千上万，哪怕是 99% 的准确率，也意味着一天的工作中包含了几十个甚至上百个错误，这是绝不允许的。因此，数据输入的准确性至关重要，准确率是衡量电脑传票输入技术水平的首要指标。平时进行传票输入训练的时候，就要把准确率放在首位，严格要求自己必须达到 100% 的准确率。提高输入速度是学习电脑传票输入技能的主要目的。在保证 100% 准确率的前提下，要通过训练尽可能提高输入速度。

2.1　电脑传票输入基本方法

电脑传票输入强调手、眼、脑的高度配合与协调，基本技能主要包括输入坐姿、左手翻传票指法、右手键盘输入指法等要领。

2.1.1　坐姿

保持正确的坐姿。打字者应坐姿端正，两脚平放在地上，肩部放松，大臂自然下垂，前臂与后臂间略小于 90°，指端的第一关节与键盘成 80°。电脑传票输入中坐姿非常重要，这不仅关系到操作员的工作形象，更重要的是可以使操作员在自然、轻松的状态下工作，防止肌肉因过度紧张而过早地进入疲劳状态，使人既劳累又影响工作效率。操作前要选择高度合适的桌子和椅子，特别是键盘的高度以人坐端正后手臂能自然抬起的位置为准。由于在整个传票输入的过程中，眼睛只能盯在传票上，除非意识到输入错误需确认外不能看屏幕，而键盘是绝对不允许看的，因此传票应放置在座位正前方桌面上，并且尽量不要放置在键盘上面，避免在进行传票输入的过程中压住其他的按键。人坐端正后右手自然放置的位置就是键盘右半部小键盘数字区的位置。打字时除了手指悬放在基本键上，身体的其他任何部位都不能放在键盘和桌子上。

2.1.2　左手翻传票指法

左手翻传票的这个过程对输入的速度和准确率是非常重要的，具体操作如下：

（1）翻传票前的准备。在进行传票输入前，要将整本传票捻成扇形以便于翻页，具体方法为：

①根据数据的位置，确定扇形方向。例如输入的数据在传票的右半部分，扇形就要沿右下角展开(图2.2)；输入的数据在传票的左下部分或分布在整张传票上，扇形就要按上下方向展开。

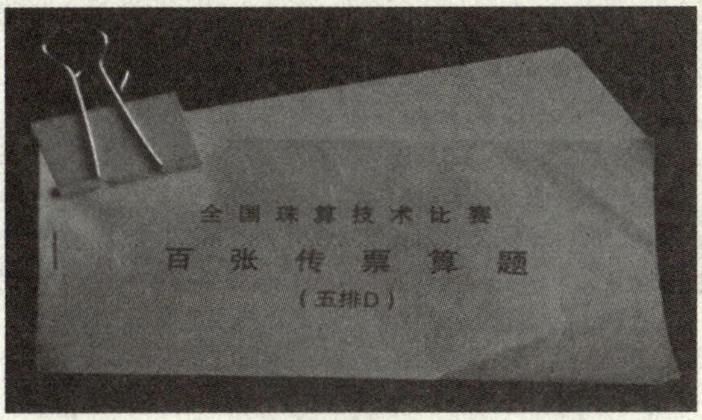

图2.2　传票扇形

②扇形展开的方法。现以数据在传票右半部分、扇形沿右下角展开时为例，左手翻传票讲解扇形展开的步骤。

首先，把传票本墩齐，左、右两手先轻轻捏住传票左、右两端(拇指在上，其余四指在下)，为捻成扇形做好准备。

然后，用右手捏紧传票，并将传票右上角以右手大拇指为轴向怀内翻卷，翻卷时左手捏紧传票的左上角。重复上述动作，直到把传票捻成幅宽适当、票页均匀的扇形。最后用夹子夹住传票的左上角，把扇形固定下来。

(2)传票翻动过程。用左手小指、无名指压住传票(左下方)，拇指指肚轻靠在要翻起的传票上，快速翻上后，食指迅速配合拇指把翻起的页码夹在中指和食指的指缝中间，拇指继续翻起下一页，每个动作都要快速干净利索。在翻传票时，捻本、翻页等基本要由左手来完成。在整个传票翻打的过程中，充分发挥了左手的功能。

翻页的角度不宜过大，以能看清楚数据便于输入为准，并在看数、默记、输入等动作上能协调一致，以利于提高输入速度。切忌在未看完数字前就急于翻页，又需再次掀动传票，形成忙乱现象。

2.1.3　右手键盘输入指法

电脑传票输入使用的是位于键盘右部的小键盘数字区(图2.3)。人在位置上坐端正后，右手自然抬起，两肩放松，手腕不可拱起，也不能搁在键盘或键盘抽上，手指略弯曲，自然下垂，食指、中指和无名指分别轻放在“4、5、6”三个基准键位上，大拇指略向内弯曲，置于“0”键上方，小拇指在回车键上方，这时中指可以感觉到“5”键位上凸起。

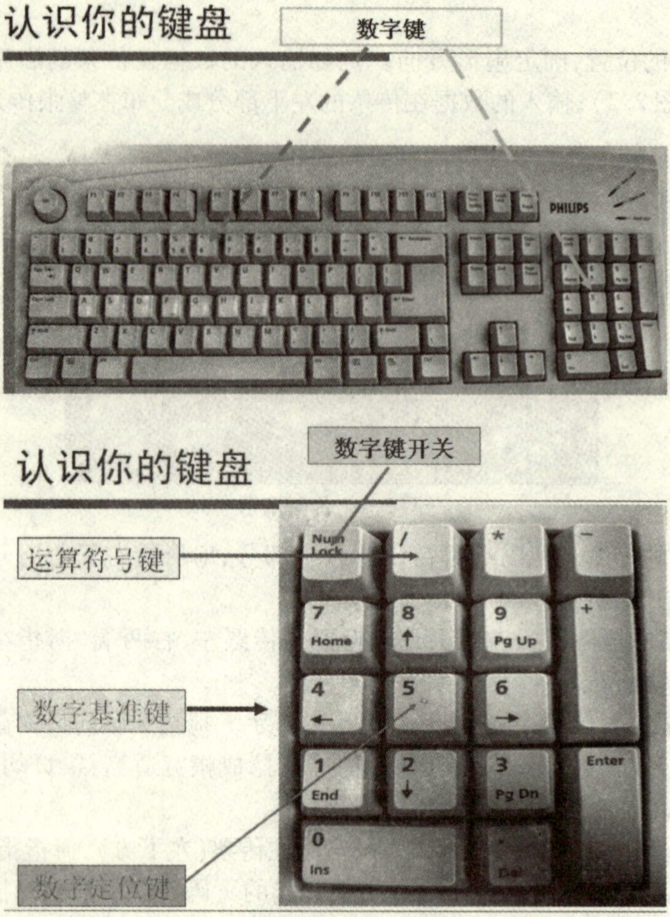

图 2.3　数字键盘

1. 在输入的过程中，五个手指的分工如下

(1)食指负责输入 1、4、7 键。

(2)中指负责输入 2、5、8 键。

(3)无名指负责输入 3、6、9 键和小数点键。

(4)大拇指负责输入 0 键。

(5)小拇指负责输入回车键。

2. 具体输入指法

(1)手指要放松，自然弯曲，稍微隆起，拇指内扣，用指尖击键。

(2)指关节用力而不是手腕，击键时瞬间发力立即反弹，击键完毕后手指立即回到基准键位上。

(3)手指要分工明确，不能串位使用。

3. **常见指法分析(图 2.4)**

(a)

(b)

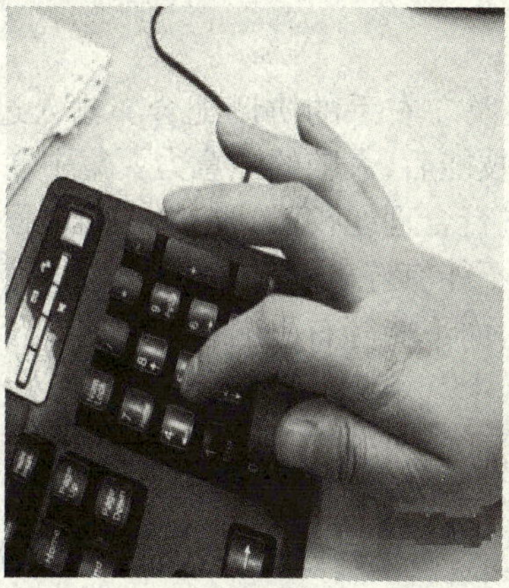

(c)

(d)

(e)

(f)

(g)

图 2.4　常见指法分析图

2.1.4　脑、眼、手的配合

在电脑传票输入的过程中，必须强调脑、眼及左右手的协调配合。输入过程中眼睛只能盯在传票的数据上。在掌握了电脑传票输入技能后，大脑的注意力要集中在传票数据上，保证数据不要看错，并提前记忆数据的内容和进行合理地校对。在输入的过程中，左右手要同时工作，右手的数据输入要掌握节奏，要连贯不能有停顿，在右手输入时大脑就要将正在输入的数据记忆下来并用左手翻到下一张传票，而不能等右手输入完成后才开始翻页。

2.2　电脑传票输入训练方法

电脑传票输入训练可以分为初学、熟练、自动和提升四个阶段，每个阶段的训练方法和训练侧重点都应有所不同，具体叙述如下：

2.2.1　初学阶段

一开始学习电脑传票输入，手指一般比较生硬，不听使唤，左手、右手翻传票和按键都很不习惯，每输入一个数字都需要考虑用哪个手指、手怎么动。这时候学习的重点是掌握正确的指法，培养良好的习惯，千万不要急于求成。训练的重点是指法的准确性，要在盲打的情况下保证按每一个键的准确无误，以尽快实现从初学阶段向熟练阶段的过渡。

2.2.2　熟练阶段

经过大约两个星期的训练，电脑传票输入就可以逐步进入熟练阶段。这时手指已不再僵硬，输入数字时也不需要经过太多的思考，输入速度达到每分钟 20 个数据以上。这一阶段的训练重点开始由单纯的右手指法训练转向传票输入训练，强调左手翻传票和右手键盘输入动作的协调，争取左右手同时进行，而不是右手输入完成后等待左手的传票翻页，并开始培养注意力的重心从控制右手的正确击键转向传票数据的正确读取和记忆。

2.2.3　自动阶段

自动阶段的标志是输入时右手已经不需要大脑的控制，只要眼睛看到一个数据，右手就自动完成输入,输入人员自己都不知道输入是如何实现的。这一阶段的训练重点是要找出影响自己输入速度的因素并努力克服。

2.2.4　提升阶段

当传票输入训练到达自动阶段后,输入水平的进一步提高开始变得困难,在保持原有训练强度的情况下,练习者很难再感觉到自己仍然在进步,这一现象的出现使得大多数练习者开始对传票输入水平的提高失去信心,从而开始逐渐放弃训练。这时,要想使自己的电脑传票输入水平进一步提高的首要任务是克服心理障碍,树立信心并下定使自己水平进一步提升的决心。其次,要充分认识到输入水平的提升需要一个从量变到质变的过程,并加大训练的强度,进行有意识的集中强化训练并坚持一段时间,以提高自己的输入速度。

【实训项目小结】

本章介绍了电脑传票输入的技能,电脑传票输入的基本方法和各个训练阶段需要注意的事项。学生在学习时要按照正确的方法进行训练,不断修正自己在练习过程中出现的偏差,以达到传票输入既快又准的效果,并帮助养成正确的输入习惯。

【实训项目任务】

任务一　电脑传票输入基本方法

任务二　电脑传票输入训练方法

【实训项目报告】

目的	使学生学会正确操作计算机小键盘输入技能,提高传票输入速度
要求	要求学生掌握正确的指法和操作姿势,培养学生良好的操作习惯,进一步提高工作效率和质量
报告内容	一、实验内容 二、实验基本步骤 三、实验数据记录和处理
实验结果与分析	

实训项目 3 人民币真伪鉴别技巧

【实训目标与要求】

掌握人民币真伪判断技巧;具有初步的人民币真伪判断能力。

【实训项目准备】

1. 人民币样钞资料。

2. 各种面值的人民币样钞。

【实训项目内容】

众所周知,假币泛滥直接危害群众的利益,影响社会稳定,并扰乱金融秩序,严重危害金融安全。在各个时期货币史上,与假币的斗争一直没有停止过,犯罪分子的制假水平及手段越来越高明,手法越来越隐蔽,从涂改、拓印、拼凑到手工油印、彩色复印、套色胶印,手段层出不穷,反假币斗争已成为关系到社会稳定和安全的一件大事。《中华人民共和国人民币管理条例》和《中国人民银行假币收缴、鉴定管理办法》颁布实施以后,假币收缴工作步入了规范化、法制化的轨道,金融机构在反假币斗争中的作用日益显现。随着金融机构反假币工作量和工作难度的增加,对相关业务人员的素质要求也越来越高,他们不仅要掌握各种货币的真伪辨别方法,还要熟悉假币收缴的程序,才能把好假币收缴关,真正起到拦截假币的作用。

现如今大家都接触和使用货币,为了保证货币的正常流通,除做好货币发行工作外,还必须严厉打击使用、伪造和贩卖假人民币的违法犯罪活动。做好反假币工作有利于维护人民币的良好形象和信誉,保护人民币的合法地位,稳定货币流通的正常秩序。因此,做好反假币工作具有十分重要的现实意义。

3.1 假人民币的类型和特点

从国内各地发现的假人民币看,大致可分为伪造币和变造币两种类型。

1. 伪造币的类型及其特征

伪造币是指仿照真币原样非法采用各种手段重新仿制的各类假人民币,其类型可分为以下几种:

(1)拓印假币。拓印假币的主要特征是:纸质较差,无挺度,纸张由三层组成,正背两面各为一薄纸，且纸面上涂有一层油质，中间为一白纸，墨色暗淡，无光泽；水印描绘在中间白纸上，失真度较大；在紫外光下，呈强烈荧光；纸幅一般比真票略小等。

(2)复印假币。复印假币又分为黑白复印、彩色复印和激光复印等。主要特征为：纸质为复印机专用纸，弹性差，手感光滑；线条呈点状结构；正反面出现色差，正面人像偏红或偏黄；水印用白色油墨加盖在背面；在紫外光下有强烈荧光反应等。

(3)石、木版印制假币。石、木版印制假币的主要特征是：通过石刻、木刻制版后进行套印，手法粗糙，人像、图案失真较大，水印多为手工描绘等。

(4)蜡版油印假币。蜡版油印假币又分为手工刻印和誊印两种。主要采用蜡纸进行刻印或通过电子扫描技术制成蜡版，然后油印而成。其主要特征是：纸质无弹性，正反两面黏合而成；水印手工描绘，失真度大；油墨无光泽，色彩暗淡；在紫外光下呈荧光反应等。

(5)照相假币。照相假币的主要特征是：纸面较光滑，纸质无弹性；人像、图案无立体感；无底纹线，墨色出现色差；水印描绘而成，失真度较大；纸幅比真币略小等。

(6)描绘假币。描绘假币主要采用手工描绘进行伪造而成，近年来此类假币有所减少，其特征是：底边凹印图案呈不规则状；人像、图案等失真度较大；在紫外光下有荧光反应等。

(7)剪制假币。此类假币主要是通过书报杂志上印有人民币图案剪下来而制成的假币，一般利用黄昏或夜晚进行使用，稍加注意，极易发现。

2. 变造人民币的类型及特征

变造人民币是将真币用各种手段变形、变态使其升值的假人民币。它是一种破坏人民币的非法行为。目前，变造人民币的主要类型有以下几种：

(1)涂改变造币。涂改变造币是使用消字、消色等方法，将小面额人民币的金额消去，描绘或刻印成大面额人民币的金额，以此来混充大面额钞券。其特征是：钞票金额数字部位有涂改和用刀刮过的痕迹。花纹、颜色图案及尺寸均与真钞不相符合。

(2)拼凑、挖补变造币。用剪贴的方法，使用多张真钞通过挖补，拼出数张假钞以达到混兑、混用，从中非法渔利的目的。其特征是：拼凑出的钞票纸幅比真钞短缺一截，或花纹不衔接，钞票背面有腰条纸或叠压粘贴痕迹。

(3)揭张变造币。揭张变造币是经过处理，将真钞揭开为正、背面两张，再贴上其他纸张，折叠混用，以达到非法获利的目的。其特征是：揭张后的钞票比原有钞票纸质薄，挺度差，一面用其他纸张裱糊，只要将票面打开，正反面一看即可发现。

3.2　真假人民币纸币的鉴别方法

真假人民币纸币的鉴别主要有两种方法：人工鉴别法和机具鉴别法。

3.2.1　人工鉴别法

人工鉴别伪造、变造人民币是初步的，也是最基本、最常用的鉴别方法。它要求工作人员在办理现金收、付、兑换、整点的过程中通过眼看、耳听、手摸等手段将可疑币剔出，并与真币对比,从而判别真伪。鉴别假币的基本方法,归纳起来是:看、摸、听、拓。

(1)眼看法。看凹印部位图案是否均由点线构成;看多色接线图纹的颜色相接处是否过渡平稳,有无搭接的痕迹;看钞票的水印是否清晰,有无层次和有无浮雕的效果,看有无安全线。

真币的图案清晰,色彩鲜艳,颜色协调,花纹、线条粗细均匀,层次分明。而假币则图案色彩层次暗淡不清,线条凌乱,粗细不一,水印呆板、失真、模糊,无立体感。

(2)手摸法。主要是触摸票面上凹印部位的线条是否有凹凸的感觉,纸质厚薄及挺括程度。真币纸张坚挺,厚薄适中,在特定部位有凹凸感,而假币一般纸质薄、挺括程度差,表面光滑无凹凸感。

(3)耳听法。钞票纸张是特殊的纸张,挺括耐折,用手抖动会发出清脆的声音,而假币由于制造设备落后,印刷的光洁度、挺括度都不如真币好,因此声音比较沉闷。

(4)笔拓法。把薄纸敷在钞票水印位置上用铅笔拓,由于真币水印部位层次丰富,立体感强,具有浮雕的立体效果,因此纸上会出现清晰的水印轮廓,而假币则没有这种现象。

3.2.2 机具鉴别法

机具鉴别法是运用仪器来鉴别假人民币的方法。目前鉴别假币的仪器可分为普及型和专用型两种。专用型鉴别仪器价格昂贵,操作复杂,是专门机构用来分析假人民币的制伪手段的专用设备,一般单位和基层行不宜配置。这里主要介绍几种普及型鉴别仪。

(1)紫外线灯管。利用紫外光照射,激发荧光物质发光,真币无荧光反应,假币有荧光反应。

(2)磁性触头。主要用于检测钞票特定部位有无磁感应。在磁性触头上擦拭,真币有磁性油墨,有反应,假币无磁性油墨,无反应。

(3)高倍放大镜。在放大镜下仔细观察,真币底纹线清晰、连续;假币底纹线模糊、间断。一般放大 5 ~ 20 倍就可鉴别出来。

(4)防伪点钞机或点钞机附加防伪装置。目前较通行的是紫外光自动停机、报警的反假装置。在机器点钞的运行过程中,如出现假币则机器会自动停机或报警。

在这里需要指出的是,人民币在流通过程中,随着时间的推移,票面会出现磨损,甚至会受到一些化学物质等的污染,从而造成真伪难辨。因此,在人民币真伪鉴别过程中,不能仅凭一点或几点可疑就草率判别真伪,还应考虑到钞票在流通过程中受到的诸多因素影响,进行综合分析后再确认。

3.3 人民币的发行

自 1948 年 12 月 1 日中国人民银行成立时,同时开始发行第一套人民币,迄今为止中国人民银行已发行五套人民币。

1. 第一套人民币

从 1948 年 12 月 1 日开始发行,共发行 12 种面额 62 种版别,没有主辅币之分。1955

年 5 月 10 日起该套人民币在市场上停止流通。

2. 第二套人民币

从 1955 年 3 月 1 日开始发行，共发行 11 种面额 16 种版别，具有主辅币之分，除分币外，1999 年 1 月 1 日起该套人民币在市场上停止流通。

3. 第三套人民币

从 1962 年 4 月 20 日开始发行，共发行 7 种面额 13 种版别，2000 年 7 月 1 日起该套人民币在市场上停止流通。

4. 第四套人民币

从 1987 年 4 月 27 日开始发行，共发行 9 种面额 17 种版别，其中 1 角券 2 种、2 角券 1 种、5 角券 2 种、1 元券 4 种、2 元券 2 种、5 元券 1 种、10 元券 1 种、50 元券 2 种、100 元券 2 种。

5. 第五套人民币

从 1999 年 10 月 1 日起开始发行，按发行时间分为 1999 年版和 2005 年版，共发行 8 种面额 15 种版别，包括纸币和硬币，其中 1 角 2 种、5 角 1 种、1 元 2 种、5 元 2 种、10 元 2 种、20 元 2 种、50 元 2 种、100 元 2 种，为丰富和满足群众对收藏人民币币种的需要，自 1984 年开始，中国人民银行还陆续发行了各种可流通的纪念币及特种纪念币。

3.4　第五套人民币的特点及鉴别特征

3.4.1　第五套人民币的特点

第五套人民币（1999 年版）的发行是我国货币制度建设的一件大事，是我国目前社会稳定、经济发展、文化艺术繁荣、科技进步的有力证明，也是为建国五十周年献上的一份厚礼。货币制度需要随着经济发展变化的实际情况进行适时调整。我国第四套人民币的设计、印制始于改革开放之初，由于当时的条件，第四套人民币本身存在一些不足之处，如：防伪措施简单，不利于人民币的反假；缺少机读性能，不利于钞票自动化处理等。凡此种种，都要求我们及时发行新版人民币。

另外，第五套人民币的面额结构在前四套人民币基础上也进行了一些调整，取消了 2 元券和 2 角券，增加了 20 元券。这是因为，随着经济的发展，在商品交易中 2 元券和 2 角券的使用频率越来越少，取消这两个券种不但对流通无碍，而且还能节省印制费用。但从收藏的角度看，这两种票券极具升值的潜力。随着物价水平的不断提高，在商品交易中 10 元面额的主币逐步承担起找零的角色，相对其他面额的货币来讲，10 元面额票券的使用量较多，致使客观上需要一种介于 50 元与 10 元面额之间的票券担当重任，以满足市场货币流通的需要。因此，为了调整人民币流通结构，完善币制，第五套人民币增加了 20 元券。

3.4.2　鉴别第五套（1999 年版）真假人民币的主要依据

第五套人民币 100 元钞的正、背面图案，如图 3.1 所示。

图 3.1　第五套(1999 年版)人民币 100 元钞的正、背面图案

1. 100 元(1999 年版)防伪特征

(1)发行时间。1999 年 6 月 30 日,时任国务院总理朱镕基发布国务院第 268 号令:“为了适应经济发展的需要,进一步完善我国的货币制度,提高人民币的防伪性能,现决定,自 1999 年 10 月 1 日起陆续发行第五套人民币。第五套人民币有 100 元、50 元、20 元、10 元、5 元、1 元、5 角和 1 角 8 种面额。”

(2)主要特征。第五套人民币 100 元面值票面主色调为红色。票幅长 155 mm,宽 77 mm。票面正面主景为毛泽东头像,左侧为“中国人民银行”行名、阿拉伯数字为“100”、面额“壹佰元”和椭圆形花卉图案。票面左上角为中华人民共和国“国徽”图案,票面右下角为盲文面额标记,票面正面印有横竖双号码。票面背面主景为“人民大会堂”图案,左侧为人民大会堂内圆柱图案。票面右上方为“中国人民银行”的汉语拼音字母和蒙、藏、维、壮四种民族文字的“中国人民银行”字样和面额。

(3)防伪特征。

①固定人像水印:位于正面左侧空白处,迎光透视,可以看到与主景人像相同、立体感很强的毛泽东头像水印。

②红、蓝彩色纤维:在票面上,可以看到纸张中有不规则分布的红色和蓝色纤维。

③磁性微缩文字安全线:钞票纸中的安全线,迎光透视,可以看到微缩文字“RMB 100”字样,仪器检测有磁性。

④手工雕刻头像:正面主景毛泽东头像,采用手工雕刻凹版印刷工艺,形象逼真、传神,凹凸感强,易于识别。

⑤隐形面额数字:正面右上方有一装饰图案,将钞票置于与眼睛接近平行的位置,面对光源作平面旋转 45°或 90°角,即可看到面额数字“100”字样。

⑥胶印微缩文字:正面上方图案中,多处印有胶印微缩文字“RMB100”“RMB”字样。

⑦光变油墨面额数字:正面左下方面额数字“100”字样,与票面垂直角度观察为绿色,倾斜一定角度则变为蓝色。

⑧阴阳互补对印图案:正面左下角和背面右下角均有一圆形局部图案,迎光透视,可以看到正背面图案合并组成一个完整的古钱币图案。

⑨雕刻凹版印刷:正面主景毛泽东头像、“中国人民银行”行名、面额数字、盲文面额标记及背面主景“人民大会堂”图案等均采用雕刻凹版印刷,用手指触摸有明显凹凸感。

⑩横竖双号码:正面采用横竖双号码印刷,横号码为黑色、竖号码为蓝色。

第五套人民币(1999 年版)100 元券防伪特征如图 3.2 所示。

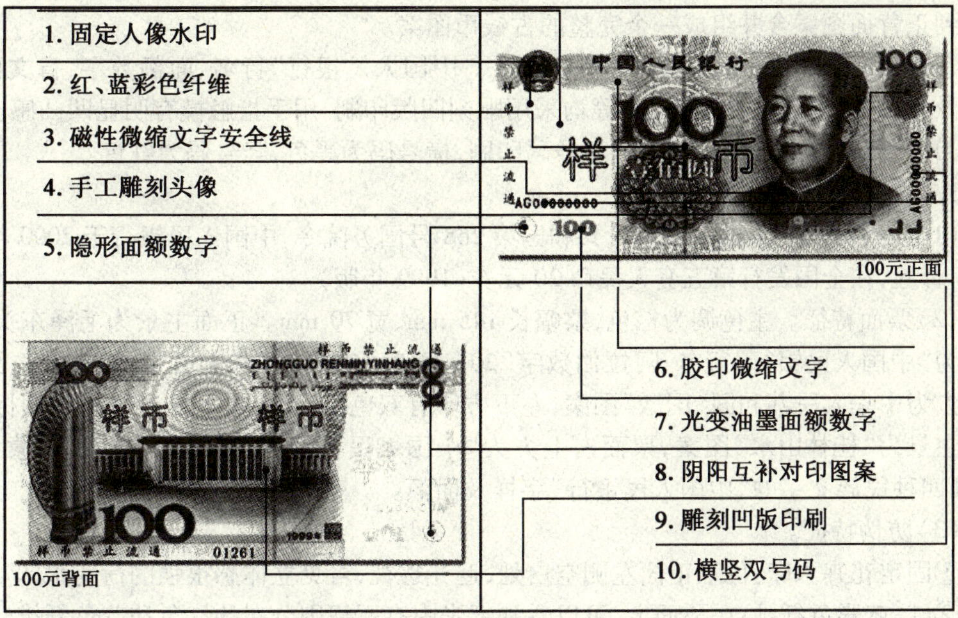

图 3.2　第五套人民币(1999 年版)100 元券防伪特征

2. 50 元券简介

(1)发行时间。根据中华人民共和国第 268 号国务院令,中国人民银行于 2001 年 9 月 1 日起,在全国发行第五套人民币 50 元券(1999 年版)。

(2)票面特征:主色调为绿色,票幅长 150 mm、宽 70 mm。正面主景为毛泽东头像,左侧为"中国人民银行"行名、阿拉伯数字"50"、面额"伍拾圆"和椭圆形花卉图案,左上角为中华人民共和国"国徽"图案,右下角为盲文面额标记,票面正面印有横竖双号码。背面主景为"布达拉宫"图案,右上方为"中国人民银行"的汉语拼音字母和蒙、藏、维、壮四种民族文字的"中国人民银行"字样及面额。

(3)防伪特征。

①固定人像水印:位于正面左侧空白处,迎光透视,可以看到与主景人像相同、立体感很强的毛泽东头像水印。

②红、蓝彩色纤维:在票面上,可以看到纸张中有不规则分布的红色和蓝色纤维。

③磁性微缩文字安全线:钞票纸中的安全线,迎光透视,可以看到微缩文字"RMB 50"字样,仪器检测有磁性。

④手工雕刻头像:正面主景毛泽东头像,采用手工雕刻凹版印刷工艺,形象逼真、传神,凹凸感强,易于识别。

⑤隐形面额数字:正面右上方有一装饰图案,将钞票置于与眼睛接近平行的位置,面对光源作平面旋转 45°或 90°角,即可看到面额数字"50"字样。

⑥胶印微缩文字:正面上方图案中,多处印有胶印微缩文字"50""RMB50"字样。

⑦光变油墨面额数字:正面左下方面额数字"50"字样,与票面垂直角度观察为金色,倾斜一定角度则变为绿色。

⑧阴阳互补对印图案:正面左下角和背面右下角均有一圆形局部图案,迎光透视,可

以看到正背面图案合并组成一个完整的古钱币图案。

⑨雕刻凹版印刷：正面主景毛泽东头像、“中国人民银行”行名、面额数字、盲文面额标记及背面主景“布达拉宫”图案等均采用雕刻凹版印刷，用手指触摸有明显凹凸感。

⑩横竖双号码：正面采用横竖双号码印刷，横号码为黑色，竖号码为红色。

3. 20 元券简介

（1）发行时间。根据中华人民共和国第 268 号国务院令，中国人民银行于 2000 年 10 月 16 日起，在全国发行第五套人民币 20 元券（1999 年版）。

（2）票面特征。主色调为棕色，票幅长 145 mm、宽 70 mm。正面主景为毛泽东头像，左侧为“中国人民银行”行名、阿拉伯数字“20”、面额“贰拾圆”和椭圆形花卉图案，票面左上方为中华人民共和国“国徽”图案，左下方印有双色横号码，右下方为盲文面额标记。背面主景为“桂林山水”图案，票面右上方为“中国人民银行”的汉语拼音字母和蒙、藏、维、壮四种民族文字的“中国人民银行”字样及面额。

（3）防伪特征。

①固定花卉水印：位于正面左侧空白处，迎光透视，可见立体感很强的荷花水印。

②红、蓝彩色纤维：在票面上，可以看到纸张中有不规则分布的红色和蓝色纤维。

③安全线：迎光透视，钞票纸中有一条明暗相间的安全线。

④手工雕刻头像：正面主景毛泽东头像，采用手工雕刻凹版印刷工艺，形象逼真、传神，凹凸感强，易于识别。

⑤隐形面额数字：正面右上方有一装饰图案，将票面置于与眼睛接近平行的位置，面对光源作平面旋转 45°或 90°角，可看到面额数字“20”字样。

⑥胶印微缩文字：正面右侧和下方及背面图案中，多处印有胶印微缩文字“RMB20”字样。

⑦雕刻凹版印刷：中国人民银行行名、面额数字、盲文面额标记等均采用雕刻凹版印刷，用手指触摸有明显凹凸感。

⑧双色横号码：正面采用双色横号码印刷。号码左半部分为红色，右半部分为黑色。

4. 10 元券简介

（1）发行时间。根据中华人民共和国第 268 号国务院令，中国人民银行于 2001 年 9 月 1 日起，在全国发行第五套人民币 10 元券（1999 年版）。

（2）票面特征。主色调为蓝黑色，票幅长 140 mm、宽 70 mm。正面主景为毛泽东头像，左侧为“中国人民银行”行名、阿拉伯数字“10”、面额“拾圆”和椭圆形花卉图案，左上角为中华人民共和国“国徽”图案，左下角印有双色横号码，右下方为盲文面额标记。背面主景为“长江三峡”图案，右上方为“中国人民银行”汉语拼音字母和蒙、藏、维、壮四种民族文字的“中国人民银行”字样及面额。

（3）防伪特征。

①固定花卉水印：位于正面左侧空白处，迎光透视，可以看到立体感很强的月季花水印。

②白水印：位于双色横号码下方，迎光透视，可以看到透光性很强的图案“10”水印。

③红、蓝彩色纤维：在票面上，可以看到纸张中有不规则分布的红色和蓝色，触摸有

明显凹凸感。

④全息磁性开窗安全线：正面中间偏左，有一条开窗安全线，开窗部分可以看到由微缩字符“￥10”组成的全息图案，仪器检测有磁性。

⑤手工雕刻头像：正面主景毛泽东头像，采用手工雕刻凹版印刷工艺，形象逼真、传神、凹凸感强，易于识别。

⑥隐形面额数字：正面右上方有一装饰图案，将钞票置于与眼睛接近平行的位置，面对光源作平面旋转45°或90°角，可以看到面额数字“10”字样。

⑦胶印微缩文字：正面上方胶印图案中，多处印有胶印微缩文字“RMB10”字样。

⑧阴阳互补对印图案：正面左下角和背面右下角均有一圆形局部图案，迎光透视，可以看到正背面图案合并组成一个完整的古钱币图案。

⑨雕刻凹版印刷：正面主景毛泽东头像、“中国人民银行”行名、面额数字、盲文面额标记及背面主景“长江三峡”图案等均采用雕刻凹版印刷，用手指触摸有明显凹凸感。

⑩双色横号码：正面印有双色横号码，左侧部分为红色，右侧部分为黑色。

5.5 元券简介

(1)发行时间。根据中华人民共和国第268号国务院令，中国人民银行于2002年11月18日起，在全国发行第五套人民币5元券(1999年版)。

(2)票面特征。主色调为紫色，票幅长135 mm、宽63 mm。正面主景为毛泽东头像，左侧为“中国人民银行”行名、阿拉伯数字“5”、面额“伍圆”和椭圆形花卉图案，左上角为中华人民共和国“国徽”图案，左下角印有双色横号码，右下角为盲文面额标记。背面主景为“泰山”图案，右上方为“中国人民银行”的汉语拼音字母和蒙、藏、维、壮四种民族文字的“中国人民银行”字样及面额。

(3)防伪特征。

①固定花卉水印：位于正面左侧空白处，迎光透视，可以看到立体感很强的水仙花水印。

②白水印：位于双色横号码下方，迎光透视，可以看到透光性很强的图案“5”。

③红、蓝彩色纤维：在票面上，可以看到纸张中有不规则分布的红色和蓝色纤维。

④全息磁性开窗安全线：正面中间偏左，有一条开窗安全线，开窗部分可以看到由微缩字符“￥5”组成的全息图案，仪器检测有磁性。

⑤手工雕刻头像：正面主景毛泽东头像，采用手工雕刻凹版印刷工艺，形象逼真、传神，凹凸感强，易于识别。

⑥隐形面额数字：正面右上方有一装饰图案，将票面置于与眼睛接近平行的位置，面对光源作平面旋转45°或90°角，可看到面额数字“5”字样。

⑦胶印微缩文字：正面胶印图案中，多处印有胶印微缩文字“RMB5”和“5”字样。

⑧雕刻凹版印刷：正面主景毛泽东头像、“中国人民银行”行名、面额数字、盲文面额标记和背面主景“泰山”图案等均采用雕刻凹版印刷，用手指触摸有明显凹凸感。

⑨双色横号码：正面印有双色横号码，左侧部分为红色，右侧部分为黑色。

6.1 元券简介

(1)发行时间。根据1999年6月30日中华人民共和国第268号国务院令，中国人民银行于2004年7月30日起,在全国发行第五套人民币1元纸币(1999年版)。新版人民币发行后与现行人民币等值流通,具有相同货币职能。

(2)票面特征。主色调为橄榄绿色,票幅长130 mm、宽63 mm。正面主景为毛泽东头像,左侧为"中国人民银行"行名、阿拉伯数字"1"、面额"壹圆"和花卉图案,左上角为中华人民共和国"国徽"图案,左下角印有双色横号码,右下角为盲文面额标记。背面主景为西湖图案,左下方印有面额"1YUAN",右上方为"中国人民银行"的汉语拼音字母和蒙、藏、维、壮四种民族文字的"中国人民银行"字样及面额。

(3)防伪特征。

①固定花卉水印:位于正面左侧空白处,迎光透视,可以看到立体感很强的兰花水印。

②手工雕刻头像:正面主景毛泽东头像,采用手工雕刻凹版印刷工艺,形象逼真、传神,凹凸感强,易于识别。

③隐形面额数字:正面右上方有一装饰图案,将票面置于与眼睛接近平行的位置,面对光源作上下倾斜晃动,可看到面额数字"1"字样。

④胶印微缩文字:背面下方胶印图案中,印有微缩文字"人民币"和"RMB1"字样。

⑤雕刻凹版印刷:正面主景毛泽东头像、"中国人民银行"行名、面额数字、盲文面额标记等均采用雕刻凹版印刷,用手指触摸有明显凹凸感。

⑥双色横号码:正面印有双色横号码,左侧部分为红色,右侧部分为黑色。

3.4.3 鉴别第五套(2005年版)真假人民币的主要依据

1.100元券简介

(1)发行时间。为了提高第五套人民币的印刷工艺和防伪技术,经国务院批准,中国人民银行对第五套人民币(1999年版)的生产工艺、技术进行了改进和提高。改进、提高后的2005年版第五套人民币100元券,于2005年8月31日发行流通。

(2)票面特征。主色调为红色,票幅长155 mm、宽77 mm。正面主景为毛泽东头像,左侧为"中国人民银行"行名、阿拉伯数字"100"、面额"壹佰圆"和花卉图案,左上角为中华人民共和国"国徽"图案,左下角为双色异形横号码,右下角为盲文面额标记。背面主景为"人民大会堂"图案,左侧为"人民大会堂内圆柱"图案,左下方印有面额"100YUAN",右上方为"中国人民银行"的汉语拼音字母和蒙、藏、维、壮四种民族文字的"中国人民银行"字样及面额,如图3.3所示。

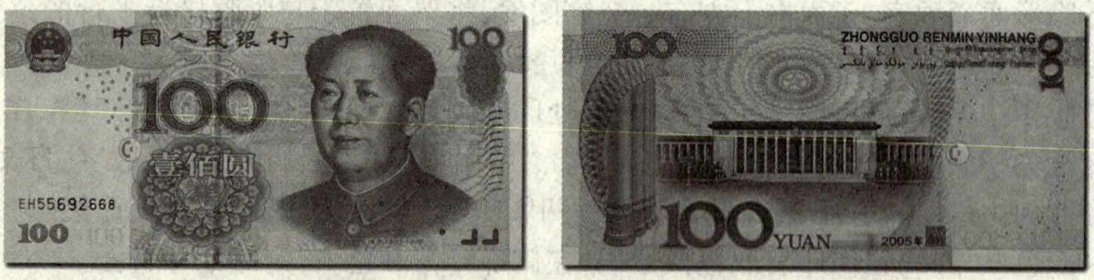

图3.3 第五套人民币(2005年版)100元钞的正、背面图案

(3)防伪特征。

①固定人像水印:位于正面左侧空白处,迎光透视,可以看到与主景人像相同、立体感很强的毛泽东头像水印。

②白水印:位于正面双色异形横号码下方,迎光透视,可以看到透光性很强的水印“100”字样。

③全息磁性开窗安全线:背面中间偏右,有一条开窗安全线,开窗部分可以看到由微缩字符“￥100”组成的全息图案,仪器检测有磁性。

④手工雕刻头像:正面主景毛泽东头像,采用手工雕刻凹版印刷工艺,形象逼真、传神,凹凸感强,易于识别。

⑤隐形面额数字:正面右上方有一装饰图案,将票面置于与眼睛接近平行的位置,面对光源作上下倾斜晃动,可以看到面额数字“100”字样。

⑥胶印微缩文字:正面上方胶印图案中,多处印有微缩文字“RMB”“RMB100”字样。

⑦光变油墨面额数字:正面左下方面额数字“100”字样,与票面垂直角度观察为绿色,倾斜一定角度则变为蓝色。

⑧胶印对印图案:正面左侧和背面右侧胶印底纹处均有一圆形局部图案,迎光透视,可以看到正背面的图案合并组成为一个完整的古钱币图案。

⑨雕刻凹版印刷:正面主景毛泽东头像、“中国人民银行”行名、面额数字、盲文面额标记及背面主景“人民大会堂”图案等均采用雕刻凹版印刷,用手指触摸有明显凹凸感。背面主景图案下方的面额数字后面,增加人民币单位元的汉语拼音“YUAN”;年号为“2005 年”。

⑩双色异形横号码:正面印有双色异形横号码,左侧部分为红色,右侧部分为黑色。字形由中间向左右两边逐渐变小。

⑪凹印手感线:正面主景图案右侧,有一组自上而下规则排列的线纹,采用雕刻凹版印刷工艺印制,用手指触摸,有极强的凹凸感。

第五套人民币(2005 年版)100 元券防伪特征如图 3.4 所示。

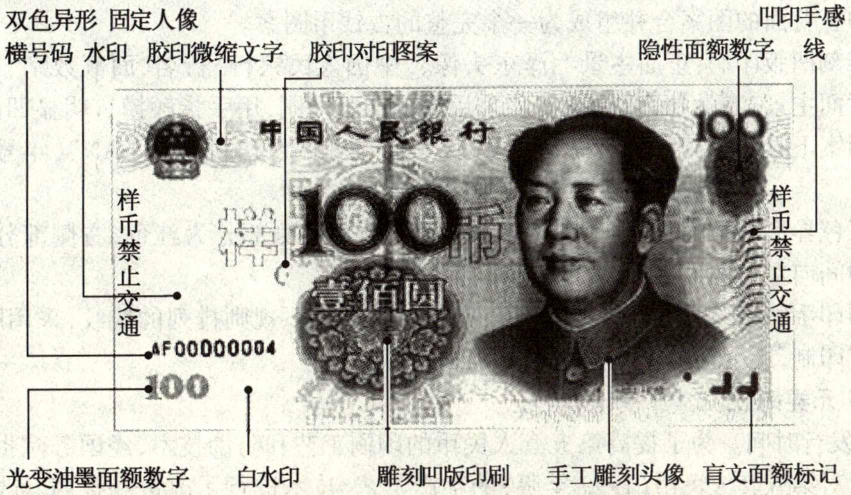

图 3.4　第五套人民币(2005 年版)100 元券防伪特征

2.50 元券简介

(1)发行时间。为了提高第五套人民币的印刷工艺和防伪技术,经国务院批准,中国人民银行对第五套人民币(1999 年版)的生产工艺、技术进行了改进和提高。改进、提高后的 2005 年版第五套人民币 50 元券于 2005 年 8 月 31 日发行流通。

(2)票面特征。主色调为绿色,票幅长 150 mm、宽 70 mm。正面主景为毛泽东头像,左侧为"中国人民银行"行名、阿拉伯数字"50"、面额"伍拾圆"和花卉图案,左上角为中华人民共和国"国徽"图案,左下角印有双色异形横号码,右下角为盲文面额标记。背面主景为"布达拉宫"图案,左下方印有面额"50YUAN",右上方为"中国人民银行"的汉语拼音字母和蒙、藏、维、壮四种民族文字的"中国人民银行"字样及面额。

(3)防伪特征。

①固定人像水印:位于正面左侧空白处,迎光透视,可以看到与主景人像相同、立体感很强的毛泽东头像水印。

②白水印:位于正面双色异形横号码下方,迎光透视,可以看到透光性很强的水印"50"字样。

③全息磁性开窗安全线:背面中间偏右,有一条开窗安全线,开窗部分可以看到由微缩字符"￥50"组成的全息图案,仪器检测有磁性。

④手工雕刻头像:正面主景毛泽东头像,采用手工雕刻凹版印刷工艺,形象逼真、传神,凹凸感强,易于识别。

⑤隐形面额数字:正面右上方有一装饰图案,将票面置于与眼睛接近平行的位置,面对光源作上下倾斜晃动,可以看到面额数字"50"字样。

⑥胶印微缩文字:正面胶印图案中,多处印有微缩文字"50"和"RMB50"字样。

⑦光变油墨面额数字:正面左下方面额数字"50"字样,与票面垂直角度观察为金色,倾斜一定角度则变为绿色。

⑧胶印对印图案:正面左侧和背面右侧胶印底纹处均有一圆形局部图案,迎光透视,可以看到正背面的图案合并组成为一个完整的古钱币图案。

⑨雕刻凹版印刷:正面主景毛泽东头像、"中国人民银行"行名、面额数字、盲文面额标记及背面主景"布达拉宫"图案等均采用雕刻凹版印刷,用手指触摸有明显凹凸感。背面主景图案下方的面额数字后面,增加人民币单位元的汉语拼音"YUAN",年号为"2005年"。

⑩双色异形横号码:正面印有双色异形横号码,左侧部分为红色,右侧部分为黑色。字形由中间向左右两边逐渐变小。

⑪凹印手感线:正面主景图案右侧,有一组自上而下规则排列的线纹,采用雕刻凹版印刷工艺印制,用手指触摸,有极强的凹凸感。

3.20 元券简介

(1)发行时间。为了提高第五套人民币的印刷工艺和防伪技术,经国务院批准,中国人民银行对第五套人民币(1999 年版)的生产工艺、技术进行了改进和提高。改进、提高后的 2005 年版第五套人民币 20 元券于 2005 年 8 月 31 日发行流通。

(2)票面特征。主色调为棕色,票幅长 145 mm、宽 70 mm。正面主景为毛泽东头像,左侧为“中国人民银行”行名、阿拉伯数字“20”、面额“贰拾圆”和花卉图案，左上角为中华人民共和国“国徽”图案，左下角印有双色横号码，右下角为盲文面额标记。背面主景为“桂林山水”图案，左下方印有面额“20YUAN”，右上方为“中国人民银行”的汉语拼音字母和蒙、藏、维、壮四种民族文字的“中国人民银行”字样及面额。

(3)防伪特征。

①固定花卉水印：位于正面左侧空白处，迎光透视，可以看到立体感很强的荷花水印。

②白水印：位于正面双色横号码下方，迎光透视，可以看到透光性很强的水印“20”字样。

③全息磁性开窗安全线：正面中间偏左，有一条开窗安全线，开窗部分可以看到由微缩字符“￥20”组成的全息图案，仪器检测有磁性。

④手工雕刻头像：正面主景毛泽东头像，采用手工雕刻凹版印刷工艺，形象逼真、传神，凹凸感强，易于识别。

⑤隐形面额数字：正面右上方有一装饰图案，将票面置于与眼睛接近平行的位置，面对光源作上下倾斜晃动，可以看到面额数字“20”字样。

⑥胶印微缩文字：正面右侧和下方胶印图案中，多处印有微缩文字“RMB20”字样。

⑦胶印对印图案：正面左下角和背面右下角均有一圆形局部图案，迎光透视，可以看到正背面的局部图案合并组成为一个完整的古钱币图案。

⑧雕刻凹版印刷：正面主景毛泽东头像、“中国人民银行”行名、面额数字、盲文面额标记及背面主景“桂林山水”图案等均采用雕刻凹版印刷，用手指触摸有明显凹凸感。背面主景图案下方的面额数字后面，增加人民币单位元的汉语拼音“YUAN”；年号为“2005年”。

⑨双色横号码：正面印有双色横号码，左侧部分为红色，右侧部分为黑色。

⑩凹印手感线：正面主景图案右侧，有一组自上而下规则排列的线纹，采用雕刻凹版印刷工艺印制，用手指触摸，有极强的凹凸感。

4.10 元券简介

(1)发行时间。为了提高第五套人民币的印刷工艺和防伪技术，经国务院批准，中国人民银行对第五套人民币(1999 年版)的生产工艺、技术进行了改进和提高。改进、提高后的 2005 年版第五套人民币 10 元券于 2005 年 8 月 31 日发行流通。

(2)票面特征。主色调为蓝黑色，票幅长 140 mm、宽 70 mm。正面主景为毛泽东头像，左侧为“中国人民银行”行名、阿拉伯数字“10”、面额“拾圆”和花卉图案，左上角为中华人民共和国“国徽”图案，左下角印有双色横号码，右下角为盲文面额标记。背面主景为“长江三峡”图案，左下方印有面额“10YUAN”，右上方为“中国人民银行”的汉语拼音字母和蒙、藏、维、壮四种民族文字的“中国人民银行”字样及面额。

(3)防伪特征。

①固定花卉水印：位于正面左侧空白处，迎光透视，可以看到立体感很强的月季花水印。

②白水印：位于正面双色横号码下方，迎光透视，可以看到透光性很强的水印“10”字

样。

③全息磁性开窗安全线:正面中间偏左,有一条开窗安全线,开窗部分可以看到由微缩字符“￥10”组成的全息图案,仪器检测有磁性。

④手工雕刻头像:正面主景毛泽东头像,采用手工雕刻凹版印刷工艺,形象逼真、传神,凹凸感强,易于识别。

⑤隐形面额数字:正面右上方有一装饰图案,将票面置于与眼睛接近平行的位置,面对光源作上下倾斜晃动,可以看到面额数字“10”字样。

⑥胶印微缩文字:正面上方胶印图案中,多处印有微缩文字“RMB10”字样。

⑦胶印对印图案:正面左下角和背面右下角均有一圆形局部图案,迎光透视,可以看到正背面的局部图案合并组成为一个完整的古钱币图案。

⑧雕刻凹版印刷:正面主景毛泽东头像、“中国人民银行”行名、面额数字、盲文面额标记及背面主景“长江三峡”图案等均采用雕刻凹版印刷,用手指触摸有明显凹凸感。背面主景图案下方的面额数字后面,增加人民币单位元的汉语拼音“YUAN”;年号为“2005年”。

⑨双色横号码:正面印有双色横号码,左侧部分为红色,右侧部分为黑色。

⑩凹印手感线:正面主景图案右侧,有一组自上而下规则排列的线纹,采用雕刻凹版印刷工艺印制,用手指触摸,有极强的凹凸感。

5.5 元券简介

(1)发行时间。为了提高第五套人民币的印刷工艺和防伪技术,经国务院批准,中国人民银行对第五套人民币(1999 年版)的生产工艺、技术进行了改进和提高。改进、提高后的 2005 年版第五套人民币 5 元券于 2005 年 8 月 31 日发行流通。

(2)票面特征。主色调为紫色,票幅长 135 mm、宽 63 mm。正面主景为毛泽东头像,左侧为“中国人民银行”行名、阿拉伯数字“5”、面额“伍圆”和花卉图案,左上角为中华人民共和国“国徽”图案,左下角印有双色横号码,右下角为盲文面额标记。背面主景为“泰山”图案,左下方印有面额“5YUAN”,右上方为“中国人民银行”的汉语拼音字母和蒙、藏、维、壮四种民族文字的“中国人民银行”字样及面额。

(3)防伪特征。

①固定花卉水印:位于正面左侧空白处,迎光透视,可以看到立体感很强的水仙花水印。

②白水印:位于正面双色横号码下方,迎光透视,可以看到透光性很强的水印“5”字样。

③全息磁性开窗安全线:正面中间偏左,有一条开窗安全线,开窗部分可以看到由微缩字符“￥5”组成的全息图案,仪器检测有磁性。

④手工雕刻头像:正面主景毛泽东头像,采用手工雕刻凹版印刷工艺,形象逼真、传神,凹凸感强,易于识别。

⑤隐形面额数字:正面右上方有一装饰图案,将票面置于与眼睛接近平行的位置,面对光源作上下倾斜晃动,可以看到面额数字“5”字样。

⑥胶印微缩文字:正面胶印图案中,多处印有微缩文字“RMB5”和“5”字样。

⑦雕刻凹版印刷：正面主景毛泽东头像、“中国人民银行”行名、面额数字、盲文面额标记及背面主景“泰山”图案等均采用雕刻凹版印刷，用手指触摸有明显凹凸感。背面主景图案下方的面额数字后面，增加人民币单位元的汉语拼音“YUAN”；年号为“2005 年”。

⑧双色横号码：正面印有双色横号码，左侧部分为红色，右侧部分为黑色。

⑨凹印手感线：正面主景图案右侧，有一组自上而下规则排列的线纹，采用雕刻凹版印刷工艺印制，用手指触摸，有极强的凹凸感。

【实训项目小结】

本实训项目介绍了人民币的发行，第五套人民币的票面特征及真假货币鉴别方法及技巧。

【实训项目任务】

任务一　假人民币的类型和特点

任务二　真假人民币纸币的鉴别方法

任务三　人民币的发行

任务四　第五套人民币的特点及鉴别特征

【实训项目报告】

目的	通过实训掌握第五套人民币的防伪特征及一般识别方法
要求	要求学生熟练掌握人民币真伪判断技巧；具有初步的人民币真伪判断能力，并能总结出 2005 年版第五套人民币与 1999 年版第五套人民币的区别
报告内容	一、实验内容 二、实验基本步骤 三、实验数据记录和处理
实验结果与分析	

实训项目 4

外币鉴别技巧

【实训目标与要求】

掌握中国境内主要外币真伪判断技巧;具有初步的外币真伪判断能力。

【实训项目准备】

1. 各种伪币资料。

2. 各种外币。

【实训项目内容】

业务知识:银行办理外币的兑入和兑出业务,称为外币兑换业务。目前,可在国内收兑的外币包括:美元、英镑、欧元、日元、澳大利亚元、奥地利先利、比利时法郎、加拿大元、港元、瑞士法郎、丹麦克朗、荷兰盾、挪威克朗、瑞典克朗、新加坡元、马来西亚林吉特、意大利里拉、澳门币、芬兰马克等。各国钞票虽然形式不同,但归纳起来主要包括货币发行机构、货币单位名称、货币券别(面值)、年版、号码、签字和盖章、图案和盲文标识等项目。

现介绍几种主要外币的防伪特征及其鉴别方法。

4.1 港　　元

现行香港流通的港币纸币主要是由香港上海汇丰银行、香港渣打银行和中国银行三家银行分别发行的,其中香港上海汇丰银行的发行量占总发行量的70%以上。

4.1.1 新港元纸币的防伪特征

1. 香港上海汇丰银行券的票面图案和防伪特征

目前流通的香港上海汇丰银行券,是该行自1993年起发行的纸币,面额有20元、50元、100元、500元和1,000元。票面正面左侧为铜狮头图案,中间为行名、中英文面额数字。背面主景图案是香港上海汇丰银行总行大厦及坐守大厦入口处的一对狮子雕像。右侧图案由20元到1,000元港币,分别为:旧火车站钟楼、龙舟竞赛、沙田万佛寺、香港总督府和香港立法局大楼。2000年12月,香港上海汇丰银行又发行了新版1,000元券。新版券保留了1993年版的基本设计,并增加了新的防伪措施。

香港上海汇丰银行券主要有以下防伪特征。

(1)水印:票面正面右侧有狮头水印图案。2000 年版 1,000 元港币在石狮图案上方增加“1000”字样白水印。

(2)安全线:票面采用了全埋深色安全线,其中,2000 年版 1,000 元港币还在票面正面右侧增加了一条全息开窗文字安全线。

(3)雕刻凹版印刷:票面正背面主景、行名、面额数字等均采用了凹版印刷,用手触摸有明显的凹凸感。

(4)凹印微缩文字:票面正面或背面多处印有凹印微缩文字“THEHONGKONGANDS-HANGHAIBNAKINGCORPORATIONLIMIT - ED”字样。

(5)对印图案:票面正面右侧及背面左侧花边均有一圆形局部图案,迎光透视,可见正背面组成了一个完整的图案。

(6)隐形面额数字:在票面正面右下角的长方形图案中印有隐形面额数字。将票面置于与视线接近的平行位置,面对光源,旋转钞票可见该面额钞票的面额数字。

(7)异形号码:票面正面左下和右侧分别印有横竖异形号码。该号码的特点是数字逐渐增大。

(8)无色荧光图案:在紫外光下,可以看到票面正面有明亮的荧光图案。

(9)无色荧光纤维:2000 年版 1,000 元港币在纸张中增加了红、蓝、绿三色荧光纤维,在紫外光下清晰可见。

2. 香港渣打银行券的票面特征和防伪特征

目前流通的香港渣打银行券,是该行自 1993 年 1 月起发行的纸币。面额有 10 元、20 元、50 元、100 元、500 元和 1,000 元。纸币的正面均采用了神话中的瑞兽作为设计主题,10 元券正面是鲤鱼图案、20 元券是神龟图案、50 元券是北狮图案、100 元券是麒麟图案、500 元券是凤凰图案、1,000 元券是龙的图案。背面中间是紫荆花,左侧是渣打银行大厦。2001 年 1 月,渣打银行又发行了新版 1,000 元钞票,新版钞票保留了 1993 年版的基本设计,并增加了新的防伪措施。

渣打银行券主要有以下防伪特征。

(1)水印:票面正面右侧有古罗马军人头像水印及字母“SCB”白水印。2001 年版 1,000元港币的白水印由“SCB”改为“1,000”。

(2)安全线:票面采用了全埋深色安全线,其中,2001 年版 1,000 元港币还在票面正面右侧增加了一条全息开窗文字安全线。

(3)雕刻凹版印刷:票面正背面主景、行名、面额数字等均采用了凹版印刷,用手触摸有明显的凹凸感。

(4)凹印微缩文字:票面正面右侧边框外印有凹印微缩文字“STANDARDCH AR-TEREDBANK”字样。

(5)对印图案:票面正面右侧及背面左侧均有一圆形局部图案,迎光透视,可见正背面图案组成了一个完整的圆形图案。

(6)无色荧光图案:在紫外光下,票面正面会出现明亮的荧光图案。

(7)有色荧光图案:在紫外光下,背面局部图案会出现明显的荧光反应。

(8)无色荧光纤维:2001 年版 1,000 元港币在纸张中增加了红、蓝、绿三色荧光纤维,在紫外光下清晰可见。

3. 中国银行券的票面特征和防伪特征

中国银行于1994年开始发行港元纸币，面额有20元、50元、100元、500元和1,000元，年版日期为1994年5月1日。1996年8月，中国银行又推出1996年版纸币，年版日期是1996年1月1日。1996年版中国银行港元纸币的面额、规格、主色调、主题图案和防伪特征等与1994年、1995年版基本相同。为提高防伪性能，1996年版中国银行券20元、50元、100元、500元和1,000元5种面额纸币的正面下部含隐形文字的花边图案有所改动。20元券的主色调为天蓝色，正面主景图为中银大厦、中国银行行标及水仙花，背面为香港中区和湾仔商业楼群的构图。50元券的主色调为紫色，正面主景为中银大厦、中国银行行标及菊花，背面为香港第一条海底隧道的繁荣景象。100元券的主色调为红色，正面主景为中银大厦、中国银行行标及荷花，背面为九龙半岛南端的尖沙咀风貌。500元券的主色调为棕色，正面主景为中银大厦、中国银行行标及牡丹花，背面为香港葵涌货柜码头的构图。1,000元券的主色调为金黄色，正面主景为中银大厦、中国银行行标及紫荆花，背面为港岛中区高楼林立的繁华景象。为了加强防伪，2001年1月，中国银行又发行了新版1,000元钞票。新版钞票保留了1996年版的基本设计，并增加了新的防伪措施。

中国银行券主要有以下防伪特征。

(1)水印：票面正面右侧有石狮水印图案。2001年版1,000元港币在石狮图案上方增加"1000"字样白水印。

(2)安全线：票面采用了全埋深色安全线。其中，2001年版1,000元港币还在票面正面右增加了一条全息开窗文字安全线。

(3)雕刻凹版印刷：票面正背面主景、行名、面额数字等均采用了凹版印刷，用手触摸有明显的凹凸感。

(4)凹印微缩文字：票面正背面边框上方印有凹印微缩文字"BANKOFCHINA"字样。

(5)对印图案：票面正面右侧及背面左侧花边均有"中"字图案，迎光透视，可见正背面色块组成了一个"中"字。

(6)隐形面额数字：在票面正面右下角的边框中印有隐形面额数字。将票面置于与视线接近的平行位置，面对光源，旋转钞票可见该面额钞票的面额数字。

(7)无色荧光图案：在紫外光下，可见票面正面有明亮的荧光图案。

(8)无色荧光纤维：2001年版1,000元港币在纸张中增加了红、蓝、绿三色荧光纤维，在紫外光下清晰可见。

4.2 美　元

美元的发行权归属于财政部，主管部门是该国国库，具体发行业务由美国联邦储备银行负责办理。美元纸币票面尺寸不论面额和版别均为156 mm×66 mm。正面主景图案为人物头像，主色调为黑色。背面的主景图案为建筑，主色调为绿色，但不同版别的颜色略有差异，如1934年版背面为深绿色；1950年版背面为草绿色；1963年以后各版背面均为墨绿色。

美元纸币的防伪特征如下。

(1)专用纸张:美钞的纸张主要是由棉、麻纤维抄造而成。纸张坚韧、挺括,在紫外光下无荧光反应。

(2)固定人像水印:1996 年版美元纸张加入了与票面人物头像图案相同的水印。

(3)红、蓝彩色纤维:从 1885 年版起,美钞纸张中加入了红、蓝彩色纤维丝。从 1885 年版到 1928 年版美钞的红、蓝彩色纤维是采用定向施放的,即红、蓝纤维丝分布在钞票的正中间,由上至下形成两条狭长条带。1929 年版及以后各版中的红、蓝彩色纤维丝则随机分布在整张钞票中。

(4)文字安全线:从 1990 年版起,5 美元至 100 美元各面额纸币的纸张中加入了一条全埋文字安全线。安全线上印有"USA"及阿拉伯或英文单词面额数字字样。1996 年版 50 美元、20 美元安全线上还增加了美国国旗图案。1996 年版美元的安全线还是荧光安全线,在紫外光下呈现出不同的颜色,100 美元、50 美元、20 美元、10 美元和 5 美元的安全线分别为红、黄、绿、棕和蓝色。

(5)雕刻凹版印刷:美元正背面的人像、建筑、边框及面额数字等均采用雕刻凹版印刷,用手触摸有明显的凹凸感。1996 年版美元的人像加大,形象也更生动。

(6)凸版印刷:美元纸币上的库印和冠字号码是采用凸版印刷的,在钞票背面的相应部位用手触摸可以感到有凹凸感。

(7)细线印刷:1996 年版正面人像的背景和背面建筑的背景采用细线设计,该设计有很强的防复印效果。

(8)凹印缩微文字:从 1990 年版起,在美元人像边缘中增加一条由凹印微缩文字组成的环线,微缩文字为"THEUNITEDSTATESOFAMERICA"。1996 年版 100 美元和 20 美元还分别在正面左下角面额数字中增加了"USA100"和"USA20"字样微缩文字,50 美元则在正面两侧花边中增加"FIFTY"字样微缩文字。

(9)冠字号码:美元纸币正面均印有两组横号码,颜色为翠绿色。1996 年版以前的美元冠字号码由 1 位冠字、8 位数字和 1 个后缀字母组成,1996 年版美元增加了 1 位冠字,用以代表年号。

(10)光变面额数字:1996 年版 100 美元、50 美元、20 美元和 10 美元正面左下角面额数字是用光变油墨印刷的,在与票面垂直角度观察时呈绿色,将钞票倾斜一定角度则变为黑色。

(11)磁性油墨:美元正面凹印油墨带有磁性,用磁性检测仪可检测出磁性。

4.3　欧　元

欧元是 2002 年 1 月 1 日开始发行的,在欧元区 12 个成员国家中(比利时、德国、希腊、西班牙、法国、爱尔兰、意大利、芬兰、葡萄牙、奥地利、荷兰和卢森堡)成为唯一的法定货币。

欧元共有 7 种券别的纸币,即面额为 5 欧元、10 欧元、20 欧元、50 欧元、100 欧元、200 欧元和 500 欧元。8 种券别的硬币,即面额为 1 欧分、2 欧分、5 欧分、10 欧分、20 欧分、50

欧分、1欧元和2欧元。

4.3.1 欧元纸币的设计及特征

欧元纸币由奥地利中央银行设计,主题是“欧洲的时代和风格”,描述了欧洲悠久的文化历史中7个时期的建筑风格。纸币的正面图案由象征着欧洲开放和合作精神的窗户、拱门组成。纸币背面图案中,描述了7个不同时代的欧洲桥梁和欧洲地图,寓意欧盟各国及欧盟与全世界的紧密合作和交流。同时,还有代表欧盟12个成员国的12颗五角星,它们紧紧环绕欧盟旗,象征着当代欧洲的活力和融洽。

欧元纸币有7种不同券别,采用了不同颜色为主色调,规格也随面值的增大而增大。除此以外,欧元纸币还有以下主要特征:

(1)用拉丁文和希腊文标明的货币名称。

(2)用5种不同语言文字的缩写形式注明的欧洲中央银行的名称。

(3)版权保护标识符号。

(4)欧洲中央银行行长签名。

(5)欧盟旗帜。

4.3.2 欧元纸币的防伪特征

(1)水印:欧元纸币均采用双水印,即与每一票面主景图案相同的门窗图案水印及面额数字白水印。

(2)安全线:欧元纸币采用了全埋黑色安全线,安全线上有欧元名称(EURO)和面额数字。

(3)对印图案:欧元纸币正背面左上角的不规则图形正好互补成面额数字,对接准确,无错位。

(4)凹版印刷:欧元纸币正面的面额数字、门窗图案、欧洲中央银行缩写及200欧元、500欧元的盲文标记均是采用雕刻凹版印刷的,摸起来有明显的凹凸感。

(5)珠光油墨印刷图案:5欧元、10欧元、20欧元背面中间用珠光油墨印刷了一个条带,从不同的角度可看到不同的颜色,而且可看到欧元符号和面额数字。

(6)全息标识:5欧元、10欧元、20欧元正面右边贴有全息薄膜条,变换角度观察可以看到明亮的欧元符号和面额数字;50欧元、100欧元、200欧元、500欧元正面的右下角贴有全息薄膜块,变换角度观察可以看到明亮的主景图案和面额数字。

(7)光变面额数字:50欧元、100欧元、200欧元、500欧元背面右下角的面额数字是用光变油墨印刷的,将钞票倾斜一定角度,颜色由紫色变为橄榄绿色。

(8)无色荧光纤维:在紫外光下,可以看到欧元纸张中有明亮红、蓝、绿三色无色荧光纤维。

(9)有色荧光印刷图案:在紫外光下,欧盟旗帜和欧洲中央银行行长签名的蓝色油墨变为绿色;12颗星由黄色变为橙色;背面的地图和桥梁则全变为黄色。

(10)凹印微缩文字:欧元纸币正背面均印有微缩文字,在放大镜下观察,真钞上的微缩文字线条饱满且清晰。

4.3.3　欧元纸币的鉴别方法

(1)看。迎光透视:主要观察水印、安全线和对印图案。晃动观察:主要观察全息标识,5 欧元、10 欧元、20 欧元背面珠光油墨印刷条状标记和 50 欧元、100 欧元、200 欧元、500 欧元背面右下角的光变油墨面额数字。

(2)摸。摸纸张:欧元纸币纸张薄、挺度好,摸起来不滑、密实,在水印部位可以感到有厚薄变化。摸凹印图案:欧元纸币正面的面额数字、门窗图案、欧洲中央银行缩写及 20 欧元、500 欧元的盲文标记均是采用雕刻凹版印刷的,摸起来有明显的凹凸感。

(3)听。用手抖动纸币,真钞会发出清脆的声响。

(4)测。用紫外灯和放大镜等仪器检测欧元纸币的专业防伪特征。

4.4　英　　镑

4.4.1　英镑的面额

英镑是大不列颠及北爱尔兰联合王国的国家法定货币,由英格兰银行发行。英镑以镑为货币单位。1971 年 2 月 15 日,英格兰银行实行新的货币进位制,辅币单位改为新便士(New Penny),1 英镑等于 100 新便士。目前,流通中的纸币有 5 英镑、10 英镑、20 英镑和 50 英镑,另有 1 新便士、2 新便士、5 新便士、10 新便士、20 新便士、50 新便士及 1 英镑的铸币。

4.4.2　英镑的正面和反面图案

英镑的正面是英国女王伊丽莎白肖像,反面的图案则根据钱币的面值各有不同。

(1) 50 镑:背面是英格兰银行第一任总裁约翰・霍布伦的肖像,左侧是银行的看门人,后面是他的住所。

(2) 20 镑:背面是英国 19 世纪物理学家、化学家麦克尔・法拉第的肖像,左侧则是他在皇家学会演讲时的场景。

(3) 10 镑:背面是英国 19 世纪作家查理斯・狄更斯肖像,左侧是 1836 年举行的一场板球赛。

(4)5 镑:背面是英国 19 世纪发明家乔治・史蒂芬森的肖像,左侧还有他发明的蒸汽火车头的图案。

4.5　日　　元

4.5.1　日元的面额

日元面额有以下几种:1 日元、5 日元、10 日元、50 日元、100 日元、500 日元、1,000 日元、5,000 日元、10,000 日元面额的纸币和 1 日元、5 日元、10 日元、50 日元、100 日元、500

日元面额的铸币。现行流通的日元主要是 1993 年版 1,000 日元、5,000 日元和 10,000 日元及 2000 年版 2,000 日元的纸币。此外还有一小部分 1984 年版纸币。

4.5.2 日元纸币的票面特征

10,000 日元的主色调为棕色,票面正面主景是日本教育家福泽谕吉的头像,背面主景是两只雉。

5,000 日元的主色调为深紫色,票面正面主景是日本教育家新渡户稻造的头像,背面主景是富士山。

2,000 日元的主色调为蓝黑色,票面正面主景是古代牌楼,背面主景是古代书法绘画。

1,000 日元的主色调为棕色,票面正面主景是日本小说家夏目漱石的头像,背面主景是两只仙鹤。

4.5.3 日元纸币的防伪特征

(1)专用纸张:日元的纸张呈淡黄色,含有日本特有植物三椏皮的纤维,纸张有非常高的韧性和挺度。

(2)水印:日元的水印图案与正面主景图案相同,由于采用了特殊工艺,故水印清晰度非常高。

(3)雕刻凹版印刷:日元正背面主景、行名、面额数字等均采用雕刻凹版印刷,图案线条精细、层次丰富,用手触摸有明显的凹凸感。

(4)凹印微缩文字:日元正背面多处印有"NIPPONGINKO"字样的微缩文字。

(5)盲文标记:日元的盲文标记由圆圈组成,用手触摸有明显的凸起,透光观察清晰可见。

(6)磁性油墨:日元正背面凹印部位的油墨是带有磁性的,可用磁性检测仪检测出磁信号。

(7)防复印油墨:日元采用了防复印油墨印刷图案,当用彩色复印机复印时,复印出来的颜色与原券颜色明显不同。

(8)光变面额数字:2,000 日元正面右上角的面额数字是用光变油墨印刷的,与票面呈垂直角度观察呈蓝色,倾斜一定角度则变为紫色。

(9)隐形面额数字:2,000 日元正面左下角有一装饰图案,将票面置于与视线接近平行的位置面对光源,作 45°或 90°旋转,可看到面额数字"2000"字样。

(10)珠光油墨:2,000 日元正面左右两侧边分别采用珠光油墨各印刷了一条条带,转换钞票角度可看到有颜色变化。

(11)隐形字母:2,000 日元背面右上角的绿色底纹处印有隐形字母,垂直角度下无法看到,将票面倾斜一定角度即可看到"NIPPON"字样,且前 3 个字母呈蓝绿色,后 3 个字母呈黄色。1984 年版 1,000 日元、5,000 日元、10,000 日元与 1993 年版相比,无凹印微缩文字,冠字号码为黑色,而 1993 年版的为深棕色。其他防伪特征基本一致。

4.5.4 日元的鉴别方法

(1)看:一是看钞票的颜色、图案、花纹及印刷效果。日元真钞正背面主景线条精细、层次丰富、立体感强，明亮处和阴影部分过渡自然。二是看日元纸张的颜色。日元纸张工艺独特，呈淡黄色。三是看水印和盲文标记。迎光透视，日元水印非常清晰，图案层次丰富，有较强的立体感。同时，也可以清晰地看到盲文标记。四是看光变面额数字和隐形图案。变换2,000日元票面，观察正面右上角的面额数字是否由蓝色变为紫色，正面左下角的装饰图案中是否有隐形面额数字“2000”字样及背面右上角绿色底纹处是否有隐形字母“NIPPON”字样。

(2)摸：一是摸纸张，日元纸张韧、挺，摸起来不滑、密实、挺括；二是摸凹印图案和盲文标记，有明显的凹凸感。

(3)听：用手抖动纸币，真钞会发出清脆的声响，假钞的声音发闷。

(4)测：用紫外灯、放大镜和磁性检测仪等工具检测日元的专业防伪特征。在紫外光下，日元纸张无荧光反应，同时可以看到2,000日元正背面的印章有明亮的荧光反应。日元正背面均印有微缩文字，用放大镜观察，真钞上的微缩文字线条饱满且清晰。用磁性检测仪检测日元正背面凹印图案是否有磁性反应。

4.6　瑞士法郎

4.6.1　瑞士法郎的面额

瑞士法郎是瑞士和列支敦士登的法定货币，由瑞士中央银行发行。瑞士国家银行从1995年开始发行新系列钞票。目前发行和流通的纸币有1,000法郎、100法郎、50法郎、20法郎、10法郎5种面额，另外还有5法郎、2法郎、1法郎和50升丁、20升丁、10升丁、5升丁、1升丁9种铸币。瑞士法郎实行百进位制，100升丁等于1瑞士法郎。

瑞士法郎纸币用色明快，设计与印工皆精。10法郎纸币上为瑞士出生的建筑师勒·柯布西耶的头像，虽然他的重要建筑活动多发生在瑞士以外。100法郎纸币上为雕塑家吉柯梅蒂和他的作品。

4.6.2　瑞士法郎的主要印制特征

瑞士法郎的印刷有其独到之处，即用瓦楞线组成的人像用深凹版印刷，形成一个细微的波纹水平线网，纬线厚度和高度的变化使肖像显出明亮区和阴暗区。垂直观察可见印刷的线条和分隔它们的空间，肖像显示正常形象；倾斜观察，高的线条遮住了白的空当，阴暗区变得密集，肖像变为深色，四根白色防伪线条清楚地显现出来。钞票的中部使用了蓝色荧光油墨；地印图案巧妙地隐藏在花饰图案中。

新系列瑞士法郎钞票在版式和防伪技术上都有很大的改变：①将横版改为竖版。②左侧由字母“A～H”划分域内均有一项防伪措施。③水印为正面人像。④安全线是开窗式。⑤钞票的上方有“＋”字形对印。⑥正面中间有动态全息标，全息标内有面额数字。⑦正面中间的几何图形内有缩印文字。⑧紫光灯下有荧光纤维丝和面额数字，正面人像的一半有反光。

4.7 澳大利亚元

澳大利亚元是澳大利亚的法定货币，由澳大利亚储备银行负责发行。1966 年 2 月 14 日，澳大利亚发行了现行流通的货币——澳大利亚元，以取代先前流通的澳大利亚镑。目前，澳大利亚流通的有 5、10、20、50、100 面额的纸币，另有 1、2、5、10、20、50 面额的铸币。1 澳大利亚元等于 100 分。所有硬币的正面图案均为英女皇伊丽莎白二世头像。全套钞票宽度相同，均为 65 mm，长度按面额递进，间隔 7 mm，最短的 5 元券长 130 mm，最长的 100 元券长 158 mm。

新版澳大利亚元是塑料钞票，经过近 30 年的研制才投入使用，以聚酯材料代替纸张，耐磨、不易折磨、不怕揉洗、使用周期长而手感强烈，具有安全性高、不易仿造、不断拓展的视窗技术、良好的兼容性、整洁度好、环保性能好、容易自动化处理、发行成本明显降低、良好的防伪特性等特点。

【实训项目小结】

本实训项目主要介绍了在我国境内各商业银行挂牌收兑的常见纸外币的票面特征，防伪特征及真伪鉴别方法。

【实训项目任务】

任务一　港元的防伪特征及其鉴别方法

任务二　美元的防伪特征及其鉴别方法

任务三　欧元的防伪特征及其鉴别方法

任务四　英镑的防伪特征及其鉴别方法

任务五　日元的防伪特征及其鉴别方法

任务六　瑞士法郎的防伪特征及其鉴别方法

任务七　澳大利亚元的防伪特征及其鉴别方法

【实训项目报告】

目的	通过实训掌握外币的防伪特征及一般识别方法
要求	要求学生熟练掌握外币真伪判断技巧，具有初步的外币真伪判断能力
报告内容	一、实验内容 二、实验基本步骤 三、实验数据记录和处理
实验结果与分析	

实训项目 5

人民币的挑残与兑换

【实训目标与要求】

掌握人民币挑残;具有残币、污损人民币兑换的判断能力。

【实训项目准备】

1. 人民币残币票样。

2. 收集残币兑换的资料。

【实训项目内容】

5.1 人民币的挑残

残缺人民币是指由于某种原因明显缺少了一部分的票币。残缺、污损人民币的标准有:

(1)票面缺少部分损及行名、花边、字头、号码、国徽之一的。

(2)票面裂口超过纸幅 1/3 或损及花边、图案的。

(3)纸质较旧,四周或中间有裂缝或票面断开又粘补的。

(4)由于油浸、墨渍造成票面肮脏的面积较大,或涂写字迹过多,妨碍票面整洁的。

(5)票面变色严重、影响图案清晰的。

(6)硬币残缺、穿孔、变形、磨损、氧化腐蚀损坏部分花纹的。

5.2 残缺、污损人民币的兑换

(1)全额兑换:能辨别面额,票面剩余 3/4(含 3/4)以上,其图案、文字能按原样连接的残损、污损人民币,金融机构应向持有人按原面额全额兑换。

(2)半额兑换:能辨别面额,票面剩余 1/2(含 1/2)至 3/4 以下,其图案、文字能按原样连接的残缺、污损人民币,金融机构应向持有人按原面额的一半兑换;币面呈十字形缺少 1/4 的,按原面额的一半兑换。

(3)不予兑换:凡人民币属于下列情况之一者,不予兑换,由银行收回销毁,不得流通使用。

①票面残缺1/2以上的。

②票面污损、熏焦、水湿、变色不能辨别真假的。

③故意挖补、涂改、剪贴、拼凑、揭去一面的。

不予兑换的残缺人民币由中国人民银行收回销毁,不得流通使用。

及时回收市场流通中的损伤、残缺人民币,保持人民币的整洁,维护国家货币的信誉,需要企事业单位、广大群众、银行等各方面的配合,不论是单位还是个人,如果留有不宜流通的损伤、残缺人民币,不要再次使用或对外找付,应挑拣、粘补整理好,随时送存银行或办理兑换。

【实训项目小结】

本实训项目介绍了人民币的残币判定标准及残币的兑换方法。

【实训项目任务】

任务一　人民币的挑残

任务二　残缺、污损人民币的兑换

【实训项目报告】

目的	通过实训掌握人民币的挑残及兑换
要求	要求学生掌握人民币的挑残及残币、污损人民币的兑换方法
报告内容	一、实验内容 二、实验基本步骤 三、实验数据记录和处理
实验结果与分析	

实训项目 6

数码字的正确书写

【实训目标与要求】

通过实训，熟练掌握阿拉伯数字（小写）的书写和中文数字（大写）的书写及读法规则；熟悉实际工作中的具体规定、订正规则及其运用方法。要求做到会写、会读，读法正确，写字规范。

【实训项目准备】

1. 数码字汉字字帖。

2. 数码字阿拉伯数字字帖。

【实训项目内容】

如何正确、规范和流利书写阿拉伯数字，是我国会计人员及银行相关工作人员应掌握的基本技能。重视工作中数码字的训练，有助于银行工作人员素质的提高，结合现实数码字书写的实际情况看，不仅存在大量不规范书写，而且存在“0”“6”不分，“7”“9”难辨的情况，况且还有把“1”改为“4”或改为“7”等错误现象，还有些人把汉字的书写艺术引入小写数字领域，主张在会计记录中将数字“1234567890”写成美术字。所有这些，都不是财会工作中合乎规范的书写方法，也不合乎手工书写的正常习惯。记账过程中书写的阿拉伯数字，同数学中或汉文字学中的书写方法并不一致，也不尽相同。

财经工作常用的数字有两种：一种是阿拉伯数字，一种是中文大写数字。通常将用阿拉伯数字表示的金额数字简称为“小写金额”，用中文大写数字表示的金额数字简称为“大写金额”。阿拉伯数字也称“公用数字”，原为印度人创造，8 世纪传入阿拉伯，后又从阿拉伯传入欧洲，始称为“阿拉伯数字”。由于它字数少，笔画简单，人们普遍乐于使用，因此很快传遍世界各地。阿拉伯数字是世界各国的通用数字。阿拉伯数字与中文大写数字有不同的规范。对财经工作人员书写的要求是正确、规范、清晰、整洁、美观。具体来说：

（1）正确。正确是指对所发生的经济业务的记录，一定要正确反映其内容，反映其全过程及结果，反映其全貌，所用文字与数字一定要书写正确。

（2）规范。规范是指对有关经济活动的记录书写一定要符合财会法规和会计制度的各项规定，符合对财经工作人员的要求。

（3）清晰。清晰是指账目条理清晰，书写时字迹清楚，举笔坚定，无模糊不清的现象。

(4)整洁。整洁是指账面清洁,横排、竖排整齐分明,无杂乱无章现象。书写工整,无大小不均、参差不齐及涂改现象。

(5)美观。美观是指结构安排要合理,字迹流畅,字体大方,显示个人功底。

6.1 数码字书写

6.1.1 位数准确

用数字来计算时,数的“位数”是由该数首位数的数位决定的。如1,234,首位数“1”的数位是千位。所以这个数是千位数,即一千二百三十四,也叫四位数。

6.1.2 书写清楚,容易辨认

书写数字必须字迹清晰、笔画分明、一目了然。各个数字应有明显的区别,以免混淆。

6.1.3 书写流畅,力求规范化

为了使计算工作迅速、准确,数字书写力求流畅、美观、规范化。

6.2 阿拉伯数字的书写与读法

过去只有印刷体是统一字形的,手写体是根据人们的习惯和爱好去写,没有统一的标准字体。近年来随着经济发展,金融、商业等部门逐步采用一种适合商业、金融记数和计算工作需要的阿拉伯数字手写体,其标准书写字体如图6.1、图6.2所示。

图6.1 财会人员数码字书写规范

图6.2 银行工作人员数码字书写规范

6.2.1 书写要求

会计工作中离不开阿拉伯数字,数码要写标准字体,在有金额分位格的账表、凭证上,阿拉伯数字的书写,结合记账规则的需要,有特定的书写要求:

(1)书写数字应由高位到低位,从左到右,占横格的1/3~1/2高度。一个一个地认真书写,各自独立,不可潦草,不可模棱两可,不得连笔写,以免分辨不清。如:0(6),1(7),3(8),7(9)。

(2)账表凭证上书写的阿拉伯数字应使用斜体,斜度大约45°~60°。目的:避免上下

行数字重叠,发生混淆;书写美观。

(3)数字高度约占账表凭证金额分位格的1/3～1/2,这样既美观又便于改错。

(4)除"7"和"9"上低下半格的1/4、下伸次行上半格的1/4处外,其他数字都要靠在低线上书写,不要悬空。

(5)"0"要写成椭圆形,细看应接近轴对称与中心对称的几何图形,下笔要由右上角按逆时针方向划出,既不要写得太小,又不要开口,不留尾巴,不得写成D型,也不要写成C型。

(6)"1"的下端应紧靠分位格的左下角。

(7)"4"的顶部不封口,写"∠"时应上抵中线,下至下半格的1/4处,并注意中竖是最关键的一笔,斜度应为60°,否则"4"就写成正体了。

(8)"6"的上半部分应斜伸出上半格的1/4的高度。

(9)写"8"时,上边要稍小,下边应稍大,注意起笔应写成斜"S"形,终笔与起笔要封口,以防止将3改为8。

(10)金额小写前面要加写符号"￥"。

作用:①说明金额小写所代表货币的性质;②拦头书写,防止增添、涂改。

注意:在填制凭证时,小写金额前一般均冠以人民币符号"￥",书写时在"￥"与数字之间,不能留有空位,以防止金额数字被人涂改,而且小写金额前填写"￥"以后,数字之后就不要再写"元"了。

举例:人民币叁仟玖佰柒拾陆元整　　　￥3,976.00

(11)金额的结尾没有"角、分"数时应写上"00"。无论有无分位格,凡有角无分、无角无分的,一律添"0"写满数位。

(12)从最高位起,后面各分位格数字必须写完整。

总之,数码的宽窄与长短比例要匀称,字形要完全一致,不许多笔或少笔,同样的数字要笔顺一致,字体一致,宽窄一致,圆直相接要吻接,自然、柔软、平滑。力求美观大方,眉目清新。还要以下笔刚直为特点,圆为椭圆,角有角尖。1、4、7下笔全神贯注,不留不滞,飞流直泻,钢筋铁骨,给人以松柏挺拔之感,5、6、8、9的直笔也应具此势。6与9旋转180°后来看是9与6,不应有任何痕迹。2与3上部类同,3与5下部相似。

6.2.2　阿拉伯数字的读法

(1)万以下数的读法。从最高位起,顺着位次每读一个数字,接着就读出这个数字所对应的数位名称。例如,54,321应读成五万四千三百二十一。

(2)万以上数的读法。对于千万、百万、十万这些数位上的数,读出数字和数位上的一个字,数位名称第二个字"万"不读出来。例如,987,654,321应读成九亿八千七百六十五万四千三百二十一。

(3)中间有"0"的数的读法。对于数字中间的"0",只读出数字"零",而不读出数位名称。如果数字中间有连续几个"0"时,可以只读一个零。例如,3,605读成三千六百零五,8,002读成八千零二。

(4)后面有"0"的数的读法。对于数字最后面的"0",既不读出"零"也不读出数位的名称。例如,2,100 读成二千一百。

提示:对财经人员来说,头脑中要有个概念,万是五位数,十万是六位数,百万是七位数。万以下的数字,每先读一个数字,然后再读出一个数位名称;万以上的数只读一个万;数字中间的"0"一定要读出来,数字中间有两个以上的"0"可只读一个零;数字尾部的"0"不读出来;壹拾几的"壹"字,一定要读出来。

6.2.3 读数歌诀与写数歌诀

(1)读数歌诀:一撇前仟位,两撇前佰万,三撇前拾亿,好读又好记。

(2)写数歌诀:

1 字落笔左下角,2 字压线两边分,
3 字上下一般大,4 字斜画均斜行,
5、7 两横皆平写,6 字略大看得清,
8 字上下一般大,7、9 还得出格外,
0 字压线向右倾,书写规范又匀称。

6.3 中文大写金额数字书写

6.3.1 中文大写金额数字用法

中文大写金额主要用于发票、支票、汇票、存单等重要凭证的书写,为了易于辨认,防止涂改,应一律用正楷或者行书体书写。如壹(壹)、贰(贰)、叁(叁)、肆(肆)、伍(伍)、陆(陆)、柒(柒)、捌(捌)、玖(玖)、拾(拾)、佰(佰)、仟(仟)、万(万)、亿(亿)、圆(元)、角(角)、分(分)、整(整)、零(零)等字样。不得用中文小写一、二、三、四、五、六、七、八、九、十或廿、两、毛、零(或0)、元等字样代替,不得任意自造简化字。大写金额数字到元或者角为止的,在"元"或者"角"字之后应当写"整"字或者"正"字;大写金额数字有分的,分字后面不写"整"或者"正"字。

6.3.2 "人民币"与数字之间不得留有空位

有固定格式的重要凭证,大写金额栏一般都印有"人民币"字样,书写时,金额数字应紧接在"人民币"后面,在"人民币"与大写金额数字之间不得留有空位。大写金额栏没有印有"人民币"字样的,应在大写金额数字前填写"人民币"三字。

6.3.3 有关"零"的写法

一般在填写重要凭证时,为了增强金额数字的准确性和可靠性,需要同时书写小写金额和大写金额,且二者必须相符。当小写金额数字中有"0"时,大写金额应怎样书写,要看"0"所在的位置。

(1)金额数字尾部的"0",不管有一个还是有连续几个,大写金额到非零数位后,用一个“整(正)”字结束,都不需用“零”来表示。如“￥4.80”,大写金额数字应写成“人民币肆元捌角整”;又如“￥200.00”时,应写成“人民币贰佰元整”。

(2)对于小写金额数字中间有“0”的,大写金额数字应按照汉语语言规律、金额数字构成和防止涂改的要求进行书写。

举例说明如下:

①小写金额数字中间只有一个“0”的,大写金额数字要写成“零”字。如“￥306.79”,大写金额应写成“人民币三佰零陆元柒角玖分”。

②小写金额数字中间连续有几个“0”的,大写金额数字可以只写一个“零”字。如“￥9,008.36”,大写金额应写成“人民币玖仟零捌元三角陆分”。

③小写金额数字元位是“0”,或者数字中间连续有几个“0”,元位也是“0”,但角位不是“0”时,大写金额数字中间可以只写一个“零”,也可以不写“零”。如“￥3,480.40”,大写金额应写成“人民币叁仟肆佰捌拾元零肆角整”,或者写成“人民币叁仟肆佰捌拾元肆角整”;又如“￥920,000.16”,大写金额应写成“人民币玖拾贰万元零壹角陆分”,或者写成“人民币玖拾贰万元壹角陆分”。

④小写金额数字角位是“0”而分位不是“0”时,大写金额“元”字后必须 写“零”字。如“￥637.09”,大写金额应写成“人民币陆佰叁拾柒元零玖分”。

6.3.4　数字前必须有数量字

大写金额“拾”“佰”“仟”“万”等数字前必须冠有数量字“壹”“贰”“叁”……“玖”等,不可省略。特别是壹拾几的“壹”字,由于人们习惯把“壹拾几”“壹拾几万”说成“拾几”“拾几万”,所以在书写大写金额数字时很容易将“壹”字漏掉。“拾”字仅代表数位,而不代表数量,前面不加“壹”字既不符合书写要求,又容易被改成“贰拾几”“叁拾几”等。如“￥120,000.00”大写金额应写成“人民币壹拾贰万元整”,而不能写成“人民币拾贰万元整”,如果书写不规范,“人民币”与金额数字之间留有空位,就很容易被改成“人民币叁(肆、伍……)拾万元整”等。

6.3.5　票据的出票日期必须使用中文大写

为防止变造票据的出票日期,在填写月、日时,月为壹贰和壹拾的,日为壹至玖和壹拾、贰拾、叁拾的,应在其前加“零”,日为拾壹至拾玖的,应在其前面加壹。例如,3月15日应写成零叁月壹拾伍日,票据出票日期使用小写填写的,银行不予受理。票据和结算凭证上金额、出票或者签发日期、收款人名称不得更改,更改的票据一律无效。票据和结算凭证金额以中文大写和阿拉伯数码同时记载的,二者必须一致,否则票据无效,银行不予受理。票据和结算凭证上一旦写错或漏写了数字,必须重新填写单据,不能在原凭单上改写数字,以保证所提供数字真实、准确、及时、完整。

下面列举在书写大写金额时容易出现的问题并进行解析。

(1)小写金额为6,500元。

正确写法:人民币陆仟伍佰元整

错误写法：人民币：陆仟伍佰元整

错误原因："人民币"后面多一个冒号。

(2)小写金额为3,150.50。

正确写法：人民币叁仟壹佰伍拾元零伍角整

错误写法：人民币叁仟壹佰伍拾元伍角整

错误原因：漏写一个"零"字。

(3)小写金额为105,000.00元。

正确写法：人民币壹拾万零伍仟元整

错误写法：人民币拾万伍仟元整

错误原因：漏记"壹"和"零"字。

(4)小写金额为60,036,000.00元。

正确写法：人民币陆仟零叁万陆仟元整

错误写法：人民币陆仟万零叁万陆仟元整

错误原因：多写一个"万"字。

(5)小写金额为35,000.96元。

正确写法：人民币叁万伍仟元零玖角陆分

错误写法：人民币叁万伍仟零玖角陆分

错误原因：漏写一个"元"字。

(6)小写金额为150,001.00元。

正确写法：人民币壹拾伍万零壹元整

错误写法：人民币壹拾伍万元另壹元整

错误原因：将"零"写成"另"，多出一个"元"字。

6.4 数字书写错误的订正方法

更正书写错误的方法在填写单据、登记账簿时，必须用碳素笔和钢笔认真书写，不得使用圆珠笔或铅笔。在书写时，要专心细致，防止发生书写的错误。如果不慎发生书写错误，应按正确的方法进行更正，不得随意涂改、刮擦、挖补，更不能用药水消字。对于会计凭证、账簿记录中所发生的错误应视不同情况按照规定的方法加以更正。

6.4.1 划线订正法

不论是错写一个或错写几个数字，均应将这一数字的全数用红线划掉，然后再在原数的上面空白处，写上订正后的正确数字，并在红线上加盖更正人私章以明确责任。

注意：不能用红笔写正确数字的原因是红字表示相反的意思，如财政赤字、企业亏损。

(1)小写数字错写的更正方法。

例如，将"683.46"元，错写成"682.46"元。

正确的更正方法　　错误的更正方法

683.46　　　　　　3

~~682.46~~　　　　　68~~2~~.46(或在原数上改)

(2)大写数字错写的更正方法。

例如,将“人民币贰仟陆佰柒拾捌元整”,错写为“人民币贰仟柒佰陆拾捌元整”。

正确的更正方法:人民币贰仟陆佰柒拾捌元整

~~人民币贰仟柒佰陆拾捌元整~~

错误的更正方法:　　陆佰柒

人民币贰仟~~柒佰陆~~拾捌元整

6.4.2　银行的各种结算凭证涂改后无效,应另行填写

6.4.3　严禁一些不良的更正方法

练　习　题

(一)数字书写

(1)每天练习阿拉伯数字书写12遍。

(2)每天练习中文大写数字的书写(6遍)。

零、壹、贰、叁、肆、伍、陆、柒、捌、玖、拾、佰、仟、万、亿、元、角、分、整。

(二)正确读出下列各数,并用大写数字表示出来

1. 25.12　大写:
2. 37.09　大写:
3. 522.17　大写:
4. 8,605 .40　大写:
5. 603,002　大写:
6. 200.006.34　大写:
7. 34,506,000　大写:
8. 14,567,008　大写:

(三)根据下列小写金额写出大写金额数字

1. ¥10.50　大写:
2. ¥125.36　大写:
3. ¥1,206.00　大写:
4. ¥45,678.09　大写:
5. ¥603,675.43　大写:
6. ¥170,000.00　大写:
7. ¥9,865,400.30　大写:
8. ¥12,345,678.91　大写:

(四)根据下列大写金额写出小写金额数字

1. 人民币壹角肆分

小写:

2. 人民币壹拾贰元叁角捌分

小写:

3. 人民币壹佰壹拾壹元零壹分

小写:

4. 人民币贰仟零肆元整

小写:

5. 人民币壹拾万叁仟元伍角整

小写:

6. 人民币叁仟柒佰零玖万陆仟伍佰壹拾捌元零陆分

小写:

7. 人民币肆拾万元整

小写:

8. 人民币伍拾万零陆元柒角玖分

小写:

(五)根据所给的正确结果订正相应的错误数字

正确结果	错误数字	正确结果	错误数字
5,026.43	5,026.34	1,000.41	1,000.14
7,652.95	7,625.93	168,469	168,466
815,361	815,163	3,265.43	2,365.43
8,006,470	800,647	4,508.31	4,506.41

【实训项目小结】

本实训项目主要介绍了数码数字的书写与订正。数码字的书写与订正是银行工作人员必须掌握的一项技能。实训中,注意阿拉伯数字的书写要求:

(1)笔顺自上而下,先左后右。

(2)除 6、7、9 外,其他数字的高度均以账页表格的下 1/2 为准;其斜度以向左倾斜 60°为准。

(3)6 的起笔应高出其他数字 1/4;7 与 9 的上部低于其他数字 1/4,其下部超出其他数字 1/4。

(4)0 的起笔与结笔应相互连接。

(5)书写数字不可回笔;数字之间不能连写。

【实训项目任务】

任务一　数码字书写

任务二　阿拉伯数字的书写与读法

任务三　中文大写金额数字书写

任务四　数字书写错误的订正方法

【实训项目报告】

实训项目报告:数码字的正确书写

目的	要求学生掌握数码字的正确书写
要求	能够正确地书写数码字、阿拉伯数字,并懂得数字的读法,能够书写中文大写数字
报告内容	一、实验内容 二、实验基本步骤 三、实验数据记录和处理
实验结果与分析	

实训项目 7

五笔输入

【实训目标与要求】

通过实训，熟练掌握五笔字型的输入，要求学生了解汉字的三个层次，掌握汉字的五种笔画及其代号并了解汉字正确的书写顺序；掌握键名汉字的编码方案，掌握高频字的编码方案；掌握成字字根汉字的输入方法；掌握键外汉字的输入方法。

【实训项目准备】

1. 五笔字型输入软件。

2. 计算机一台。

【实训项目内容】

目前，已经通过验证的汉字输入法达 100 多种。其中，五笔字型输入法是使用最广泛的方法之一。五笔字型输入法除“王码五笔”外，还有“智能五笔”“万能五笔”等，在五笔字型 98 版软件中同时提供了 86 版软件，为照顾广大初学者，本项目以 86 版为标准编写，86 版五笔字型字根表如图 7.1 所示。

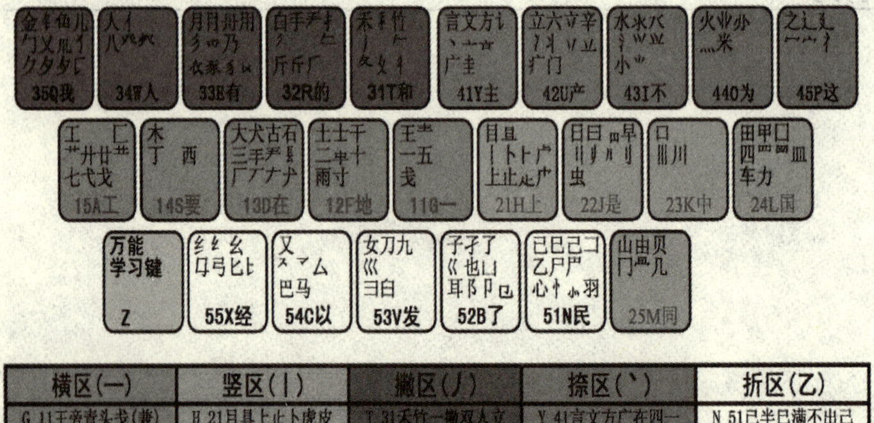

横区(一)	竖区(丨)	撇区(丿)	捺区(丶)	折区(乙)
G 11王旁青头戋(兼)五一	H 21目具上止卜虎皮	T 31禾竹一撇双人立反文条头共三一	Y 41言文方广在四一高头一捺谁人去	N 51已半巳满不出己左框折尸心和羽
F 12土士二干十寸雨	J 22日早两竖与虫依	R 32白手看头三二斤	U 42立辛两点六门疒	B 52子耳了也框向上
D 13大犬三羊古石厂	K 23口与川 字根稀	E 33月彡乃用家衣底	I 43水旁兴头小倒立	V 53女刀九臼山朝西
S 14木丁西	L 24田甲方框四车力	W 34人和八 三四里	O 44火业头 四点米	C 54又巴马 丢矢矣
A 15工戈草头右框七	M 25山由贝 下框几	Q 35金勺缺点无尾鱼犬旁留乂一点夕氏无七(妻)	P 45之宝盖 摘礻衤	X 55慈母无心弓和匕幼无力

图 7.1　王码 86 版五笔字根表

7.1　了解汉字

汉字是一种拼形文字，它是将一些构字的基本单位按照一定的规律组合成不同的汉字，构成相对独立的结构。五笔字型是王永民发明的一种字根拼形输入方案，五笔字型将构成汉字的基本单位称为“字根”。这些字根多数取自于传统的汉字偏旁，少数是根据这套编码方案的需要而确定的。每个字根所对应于键盘上的字母称为“编码”。五笔字型方案规定以130个字根为字根的基本单位编码，笔画起辅助作用。在计算机上要输入某个汉字，就首先要找出构成这个字的字根，根据字根对应键盘上的字母编码，在五笔字型输入状态下输入这几个字母键。

7.1.1　汉字的字型层次

汉字可以划分为三个层次：笔画、字根和单字。

笔画：汉字的笔画归纳为横、竖、撇、捺、折五种。

字根：由若干笔画复合连接，交叉形成的相对不变的结构组合就是字根。它是构成汉字的最重要、最基本的单位。

单字：这些基本单位的拼形组合就构成了单字。

7.1.2　汉字五种笔画

笔画是书写汉字时，一次写成的连续不断的线段。对汉字加以分析，只考虑笔画的方向，不计长短、轻重，可以得出汉字的五种笔画。汉字的五种基本笔画是“一、丨、丿、㇏、乛”，除基本笔画外，对其他笔势变形进行了归类，因为在汉字的具体形态结构中，基本笔画常因笔势和结构上的匀称关系而产生某些变形，但它们仍具有基本笔画的形态特征。笔画键位表见表7.1。

表7.1　笔画键位表

笔画名称	笔画代码	笔画走势	笔画及其变形	键位及键名代码
横	1	左→右	横，提	G(11)F(12)D(13)S(14)A(15)
竖	2	上→下	竖，竖左勾	H(21)J(22)K(23)L(24)M(25)
撇	3	右上→左下	撇	T(31)R(32)E(33)W(34)Q(35)
捺	4	左上→右下	捺，点	Y(41)U(42)I(43)O(44)P(45)
折	5	带转折	各种带转折的笔画	N(51)B(52)V(53)C(54)X(55)

7.1.3　汉字的字型

五笔字型汉字编码是把汉字分解成构字的基本单位：字根。而字根组字又按一定的规律构成，这种组字规律就称为汉字的字型。汉字可以分为三种字型：左右型、上下型、杂合型，这些字型的代号分别为1、2、3，见表7.2。

表7.2 汉字字型表

	左右型(1)	上下型(2)	杂合型(3)
横1	G(11)	F(12)	D(13)
竖2	H(21)	J(22)	K(23)
撇3	T(31)	R(32)	E(33)
捺4	Y(41)	U(42)	I(43)
折5	N(51)	B(52)	V(52)

1. 左右型汉字

如果一个汉字能分成有一定距离的左右两部分或左中右三部分，则称这汉字为左右型汉字。有的左右型汉字的一边由一部分构成，另一边由两部分或三部分构成。如，"汪、哈、旧、棵、地、倍"等字是左右型汉字。

2. 上下型汉字

如果一个汉字能分成有一定距离的上下两部分或上中下三部分，则这个汉字称为上下型汉字。也有一些上下型汉字的上面由一部分构成，下面由两部分构成。或者上面由两部分构成，下面由一部分构成。如，"字、靠、盖、复、花"等字是上下型汉字。

3. 杂合型汉字

如果组成一个汉字的各部分之间没有简单明确的左右或上下型关系，则这个汉字称为杂合型汉字，即内外型汉字或单体型汉字。如，"团、用、才、乘、未"等。

7.1.4 汉字的结构

一切汉字都是由基本字根组成的，基本字根在组成汉字时，按照它们之间的位置关系可以分成四类基本结构。分析汉字的结构是为了正确确定不同汉字的字型。

(1)单。单指基本字根本身就单独构成一个汉字，这类字在130个基本字根中占比例很大，有近百个。如，"由、雨、竹、斤、车"等。

(2)散。散指构成汉字不止一个字根，且字根之间保持一定的距离，不相连也不相交。如，"讲、肥、明、张、吴"等。

(3)连。连指一个基本字根连一单笔画。如，"丿"下连"目"成为"自"，"丿"下连"十"成为"千"，"月"下连"一"成为"且"等。这类字虽然不多，但容易看成是上下型关系，它们的字形应该属于杂合型。另一种情况是指"带点结构"。如"勺、术、太、主"等。这种一个基本字根之前或之后的孤立点，一律视作与基本字根相连，这样的字一律视作"连"的结构。单笔画与字根之间存在连的关系，字根与字根之间不存在连的关系。

(4)交。交指多个字根交叉套叠构成汉字，如，"申"是由"日、丨"，"里"是由"日、土"构成的等。这类汉字的字型应属于杂合型。

7.2　五笔字型键盘分区

汉字由字根组成，字根由笔画构成，笔画、字根、整字是汉字结构的三个层次。五笔字型汉字编码所选字根多数是一些传统的汉字部首，少量的选用一些不是部首的笔画结构作为字根，也造出了一些“字根”来。

五笔字型的基本字根有130种，加上一些基本字根的变型，共有200个左右。按照每个字根的起笔代号，分为五个“区”。它们是1区——横区，2区——竖区，3区——撇区，4区——捺区，5区——折区。每个区又分为五个“位”，区和位对应的编号就称为“区位号”。这样，就把200个基本字根按规律放在25个区位号上，这些区位号用代码11、12、13、14、15；21、22、23、24、25；…；51、52、53、54、55来表示，分布在计算机键盘的25个英文字母键上。

每个区位上有一个最常用的字根称为“键名字根汉字”，键名字根汉字既是组字频度高的字根，又是很常用的汉字。首先应熟记键名字根，以帮助各键位上其他字根的理解和记忆。下面是各区位上的键名字根，每个字根左面括号里的数字代码表示这个字的区位号。

1区(横区)：王(11) 土(12) 大(13) 木(14) 工(15)

2区(竖区)：目(21) 日(22) 口(23) 田(24) 山(25)

3区(撇区)：禾(31) 白(32) 月(33) 人(34) 金(35)

4区(捺区)：言(41) 立(42) 水(43) 火(44) 之(45)

5区(折区)：已(51) 子(52) 女(53) 又(54) 纟(55)

键名字根汉字的键盘分配如图7.2所示。

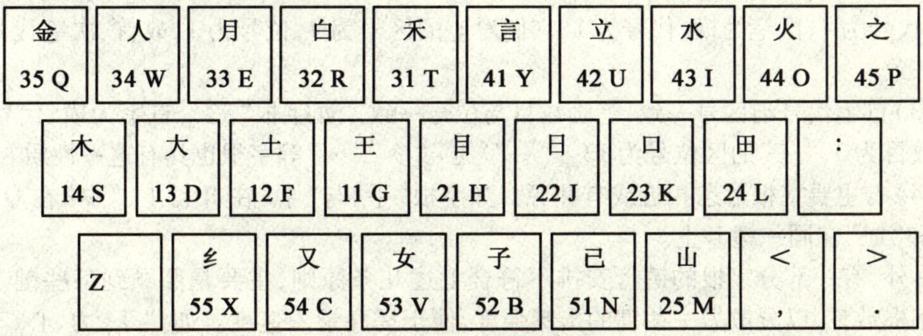

图7.2　键名字根键盘图

7.2.1　认识汉字字根

汉字输入是通过手对键盘的操作而完成的，由于每个字根在构成汉字时的频率不同，而十个手指在键盘上的用力及灵活性又有很大区别。为了提高输入速度，五笔字型的字根键盘分配，将各个键位的实用频度和手指的灵活性结合起来，把字根代号从键盘中央向两侧依大小顺序排列。将使用频度高的字根放在各区的中间位置，便于灵活性强的食指和中指操作。这样做，键位便于掌握，代号好记，击键效率便于提高。

字根键盘如图7.3所示。

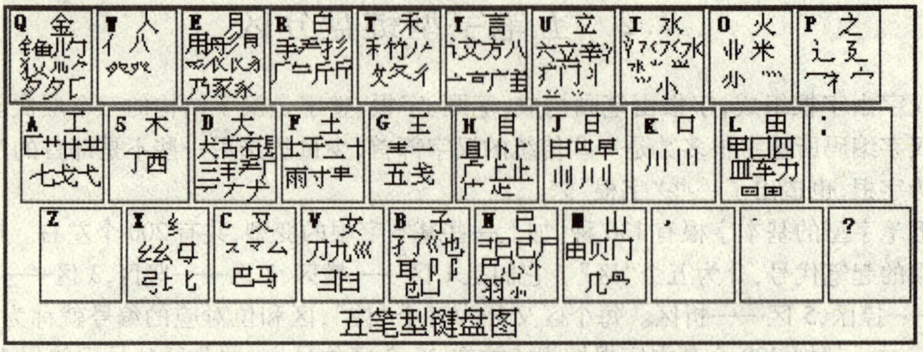

图7.3　字根键盘

字根是汉字输入的必要工具。输入汉字的基础,就是要记住字根及它们在键盘上的排列位置,这对初学者是一大难关。但只要仔细分析字根在键盘的分布规律并掌握字根之间的联系,记住这些字根就不会太困难。首先应熟记各区位上的键名字根。然后根据键名字根及其联想,掌握其他的字根。字根在键盘上的分配规律首先考虑的是基本字根的首笔笔画代号,将所有字根分为横、竖、撇、捺、折五类,放在五个区上。各个区上有五个位,如何将同类字根分配在五个位上,这是字根键盘分配的第二个因素,这个因素既考虑各个字的组字频度,又考虑键盘的指法击键频度。这样,字根键位易于记住,击键效率便于提高。

其记忆规则如下:

(1)基本字根与键名字根形态相近如G(11)键上的键名字根是"王",形态相近的有"五"字根,键名字根为"大"键上有"犬","已"键上有"巳、己、尸"等。

(2)字根首笔代号与区号一致,次笔代号与位号一致。如"文、方、广"等字,首笔为点即捺,代号为4,次笔为横,代号为1,它们对应的区号为4,位号为1,故首、次笔代号与区位号一致。

(3)首笔代号与区号一致,笔画数目与位号一致。如字根"三",首笔为横,代号为1,笔画数目为3,"三"的区位号为13。"一""刂""彡""灬"等字根也具有这一性质。

(4)与主要字根形态相近或有渊源。如字根"手"与"扌"在R键上,"夕"在Q键上,"四"和"皿"在同一键L上。

另外,有一部分字根的键盘安排不符合上述几条原则,主要是照顾到某些键上有一定的字根数量,以分散另一些键的击键强度,便于提高录入速度。如,"丁、力、心、车、乃、匕、巴、马"等字可以从相容性去分析。

7.2.2　字根的分区

五笔字型提供了一套"字根助记词"。每一句字根助记词基本上概括了一个区位上的字根。使初学者能够很顺口地"读出"每个区位上的字根,增强了学习的趣味性,可以加快记忆速度。

这种原则是每个键位上的字根在形、音、义等方面具有丰富的联想记忆规律,在记忆时,要多用联想的记忆方法。

1. 第一区字根

字根详解：

(1)G(11)键上，键名字根“王”及“戋”的首、次笔都为“横”，代码为11。“五”与“王”字形态相近。“一”的首笔为1，笔画数为1，也放在11区位上。

(2)F(12)键上，键名字根“土”的首、次笔代号为12，“士、干”与“土”字形态相近。“二”字的首笔为1、笔画数为2。“十、寸、雨”这三个字的首笔为1，次笔为2，代号为12。

(3)D(13)键上，键名字根“大”与“犬”形态较近，且首、次笔代号为13。“三”字的首笔为1，笔画数为3。“石、古”形态接近，“石”字的首、次笔代号为13。

(4)S(14)键上，键名字根“木”字的首末笔代号为14，西字的首笔为1，下部像四，故放在14位。

(5)A(15)键上，“工、匚”形态相近，“匚”字首、末笔代号为15。“七、弋、戈”形态相近，且首、次笔代号为15。“廿、艹”形态相近，“廿”的首、次笔代号为15。

字根助记词：

11 王旁青头戋(兼)五一，

12 土士二干十寸雨，一二还有革字底，

13 大犬三羊石古厂，羊有直斜套去大，

14 木丁西，

15 工戈草头右框七。

2. 第二区字根

字根详解：

(1)H(21)键上，键名字根“目”首笔为竖，代号为2，形状与21键上的字母H相近。“上、止”首、次笔代号为21，且形态相近。“丨”笔画数为1，与“卜”形近。

(2)J(22)键上，“日、曰、虫”字根形态相近。“早”是一个复合字根，解码时不能分成“日”和“十”。“刂”等字根的特征为“两竖”，其首笔代号为2，笔画数为2，它们的形态非常接近，应进行联想记忆。

(3)K(23)键上，键名字根“口”与字母K的发音接近，可产生联想。“川”的特征是3竖，所以应放在33键上。

(4)L(24)键上，主要字根以大框为特征。“田、甲”字形相近，“囗”为田字框。“车”的繁体字与“甲”形似。“四”首笔代号为2，字义为4，放在24键上，而“四、皿”等字根的字形又很相近，应产生联想记忆。“力”的读音为LI，因此放在L键上。

(5)M(25)键上，“山、由、冂、几、贝”字根的首笔代号为2，次笔代号为4，“山、由”两字根形相似。而“冂、几、贝”几个字根形近，与M字母的形相似。

字根助记词：

21 目具上止卜虎皮，

22 日早两竖与虫依，

23 口与川，字根稀，

24 田甲方框四车力，

25 山上贝，下框几。

3. 第三区字根

字根详解：

(1)T(31)键上，大多数字根的首、次笔代号为31，“攵、夂”两字根形近。“彳”与“竹”形近，“丿”的笔画数为1，因此放在31上。

(2)R(32)键上，键名字根“白”的首、次笔代号为32。“手”首笔为3加两横，形相似；“扌”读作“提手”，因此与“手”放在同一键上。

(3)E(33)键上，字根“乃、用”与键名字根“月”形近；“彡”首笔为撇(3)，笔画数为3。

(4)W(34)键上，键名字根“人”的首、次笔代号为34，“亻”为“人旁”，与“人”形似。“八”首、次笔代号为34。

(5)Q(35)键上，键名字根“金”与“钅”相近。其余字根“勹、儿、夕”首、次笔代号为35。

字根助记词：

31 禾竹一撇双人立，反文条头共三一，

32 白手看头三二斤，

33 月(衫)乃用家衣底，爱头豹头和豹脚，舟下象身三三里，

34 人八登祭取字头，

35 金勺缺点无尾鱼，犬旁留乂，多点少点三个夕，氏无七(妻)。

4. 第四区字根

字根详解：

(1)Y(41)键上，键名字根“言”首、次笔代号为41，“讠”即“言旁”。“亠、广、文、方”字根的首、次笔代号为41。

(2)U(42)键上，以两点为特征。“六、辛”与键名字根形似。“门”的首、次笔代号为42。“疒”首笔为4，有2点，这几个字根形近。

(3)I(43)键上，以三点为特征。“氵”与键名字根“水”意同，其他与键名“水”来源相同。

(4)O(44)键上，以四点为特征。而首笔代号为捺(4)，笔画数为4。键名字根“火”及“灬”形似。“米”外形有四个点，所以放在44键上。

(5)P(45)键上，“之、辶、廴”形似，且首、次笔代号为45。“冖、宀”因为宝盖形近，且“冖”首、次笔代号为45。“礻”和衣旁“衤”助记词读作“摘示衣”。

字根助记词：

41 言文方广在四一，高头一捺谁人去，

42 立辛两点六门疒，

43 水旁兴头小倒立，

44 火业头，四点米，

45 之宝盖，摘礻(示)(衣)。

5. 第五区字根

字根详解：

(1)N(51)键上，键名字根“已”与“巳、己、尸”的形近，且首、次笔代号为51。“心”为

外来户,“乙”折笔的笔画数为1,与位号一致。

(2)B(52)键上,大多数字根的首、次笔代号为52。“子、孑、了”形近;“耳、阝、卩”意同且形近。

(3)V(53)键上,键名字根“女”及“刀、九”的首、次笔代号为53,“巛、彐、臼”折笔为3,因此放在53。

(4)C(54)键上,键名字根“又”的首、次笔代号为54,“厶”的首、次笔代号为54,“巴、马”首笔为折,因相容关系放在54键上。

(5)X(55)键上,“纟、幺”的首、次笔代号为55,且形近;“弓”的首、末笔代号为55,“匕”的首笔代号为5,因相容性放在55键上。

字根助记词:

51 已半巳满不出己,左框折尸心和羽,

52 子耳了也框向上,两折也在五耳里,

53 女刀九臼山向西,

54 又巴马,经有上,勇字头,丢矢矣,

55 慈母无心弓和匕,幼无力。

以上是五个区的字根分配原则,这种原则使每个键位上的字根在形、音、义等方面具有丰富的联想记忆规律,在记忆时,要多用联想的记忆方法。

7.2.3　键名汉字的输入

键名汉字是组字频度较高、各个区位上最常用的2个字根,除“纟”外,其他24个字根本身就是一个汉字。键名汉字有25个键名汉字的输入方法是把键名所在的键连击四下。如:

大:DDDD　口:KKKK

工:AAAA　人:WWWW

要注意的是,由于每个汉字最多输入四个编码,输入了四个相同字母后,就不要再按空格键或回车键了。

7.2.4　成字字根汉字的输入

(1)成字字根指除汉字以外本身又是字根的汉字,其输入方法为:击字根所在键一下,再击该字根的第一、二、末笔单笔画,即

键名(报户口)+首笔代码+次笔代码+末笔代码

如,“手”字,先按键名R,再按首笔代码T,次笔代码G,最后按末笔代码H。屏幕上就出现“手”字。

注意:“报户口”后面的首、次、末笔一定是指单笔画,而不是字根;如果成字字根只有两个笔画,即三个编码,则第四码以空格键结束。如,十:FGH,刀:VNT。

(2)五种单笔画的输入方法为:在成字字根中,还有五种单笔画作为成字字根的一个特例,它的编码有特殊规定,将单笔画所在键击两次后,再击两个L键。这是因为单笔画并不是常用的汉字,加了两个“后缀”L键,用于区别常用汉字的简化输入。

一：GGLL　丨：HHLL　丿：TTLL　㇏：YYLL　乛：NNLL

由于键名字、成字字根的输入方法与一般汉字输入方法不同，所以必须熟悉和记住什么字根是成字字根，什么字根是键名字根。键名字根或成字字根还是构成汉字的基本单位。为此，应将键名字根和成字字根反复输入练习多次，以便熟悉和记忆。

7.2.5　合体字输入

由字根组合的汉字叫合体字，它们的输入有两种：由至少四个字根组成的汉字依照书写顺序击入一、二、三、末字根；由不足四个字根组成的汉字按书写顺序依次击入字根后加末笔字型交叉识别码。大致分以下几类：

1. 有4个编码的合体字

这一部分介绍的合体字是指字根数在4个或4个以上的情况，不足4个的情况将在下一部分介绍。

单字的取码规则是：依书写顺序，取第一、二、三、末四个字根编码。例如：

露：雨口止口 FKHK

缩：纟宀亻日 XPWJ

裂：一夕刂衣 GQJE

唐：广彐丨口 YVHK

2. 单体结构拆分原则

由两个以上字根通过连、交两种方式之一所构成的结构，称为单体结构。如，牛、生、习等。

合体字有的含有单体字有的不含，虽然单体结构形的汉字并不很多，但是含有单体结构的合体汉字却不少，其中的很多合体汉字还是很常用的汉字，如，使、单、制、伸等。

将不含有单体结构的合体汉字拆分为字根串时，按其自然的界限进行，一般来说困难不太大。但是，在对单体型汉字和单体结构的合体汉字进行拆分时，相对说来就要困难一些。所以，能否熟练地对单体结构进行拆分，这是掌握“五笔字型”汉字输入方法的关键所在。

(1)连笔结构拆分成单笔与基本字根。

如，“户”拆成“丶，尸”。

(2)交叉结构或交连混合结构。

按书写顺序拆分成几个已知的最大字根，注意在拆分时不要把笔画割断了，例如“果”就不能拆成“田、木”和“旦、小”，前者把笔画割断，后者“一”加补“日”上不能构成基本字根。正确的方法是“日、木”。同样，“完”拆分为“宀、二、儿”。

上述原则归纳为四个要点，在实际拆分述程中要很好掌握这四点。

“取大优先，兼顾直观，能散不连，能连不交。”

①取大优先，指的是在各种可能的拆法中，保证按书写顺序每次都拆分出尽可能大的字根，以保证拆分出的字根数最少。如“适”应拆分为“丿、古、辶”。而不能拆分成“丿、十、口、辶”。“除”应拆分成“阝、八、禾”而不能拆分成“阝、八、丿、木”。又如：

判：UDJ　　草：AJ

余：WT 皇：RG

②兼顾直观，指尽量照顾直观性。

丰：DH 久：QY

卡：HH 末：SG

③能散不连，如果一个单体结构可视为几个字根的散的结构，就不要视为连的结构。

午：TF 占：HK

非：DJD 严：GOD

④能连不交，一个单体结构能按连的结构拆分，就不要按交的结构拆分。如“于”拆成“一、十”。

天：一大 GD

于：一十 GF

通过拆分一定数量的单体结构，输入一定数量的汉字，就可以有效地处理任何非基本字根的单体结构。上述原则和方法对读者来说，就会显得十分自然。因此，本节的基本规则对五笔字型汉字的输入会起到重要的作用。

3. 不足4个码的合体字

由单字的取码规则可知，一个汉字只要键入这个汉字的一、二、三、末字根就可得到该字，这是针对四个字根以上的汉字。如果是两个字根或三个字根构成的汉字，信息量不足，就会造成许多重码。

如“叭”与“只”都是由字根“口”和“八”组成，即编码皆为KW。

由于“叭”是左右型汉字，“只”是上下型汉字，为区分起见可加上字型代号，如，叭：K W 1，只：K W 2。

于是，这两个字的编码就不会相同了，最后一个数字叫字型识别码。这是对字根不足的一个补充。但字型识别码是一位数字，不能表示一个字母代码。

另外，对于“洒”“沐”“汀”三字，都是对应IS两字根组成的字，并且字型都相同，为左右(1)型：如输入字根码和字型码，都为：43 14 1，也不能区别。但是这三字最后一笔是不同的。如果加上最后一个笔画代号，即，洒：I S 1，沐：I S 4，汀：I S 2。

这样一来，三个字的编码就有明显的区别了，最后一个数字，叫末笔识别码。这也是对字根不足的另一个补充。末笔识别码也是一位数字，仍然不能表示一个字母代码。

按五笔字型编码规则，不足4个码的合体字，应加上一个补充代码，这个补充代码就是“末笔字型交叉识别码”。主要包括：识别码的构成、用识别码输入汉字和识别码注意事项。

(1)识别码的构成。

将汉字的末笔代号作为十位，字型代号作为个位所构成的两位数，即“末笔代码＋字型代码”，就称为汉字的“末笔字型交叉识别码”。如果“洒”字末笔为“一”代码1、字型为左右型(1)，识别码为11(一)；“沐”字末笔为“丶”(4)，字型为左右型(1)，识别码为41(Y)。

由于汉字的笔画有5种，字型有3种，因此末笔字型交叉识别码共5×3＝15(种)，见表7.3。

表 7.3　末笔字型识别码表

末笔笔画	左右型 1	上下型 2	杂合型 3
横 1	11G	12F	13D
竖 2	21H	22J	23K
撇 3	31T	32R	33E
捺 4	41Y	42U	43I
折 5	51N	52B	53V

(2)利用识别码输入汉字。

“末笔字型交叉识别码”只适用于不足四个字根组成的字。输入时,首先按顺序打字根代码,最后加上一个末笔字型交叉识别码。例如,

伏:WDY(41)(其中 Y 为识别码),卡:HHU(42)(其中 U 为识别码)。

在使用末笔字型交叉识别码输入汉字时,要注意以下几点:

①“键名”和一切成字字根都不再用识别码。如“厂”是成字字根汉字,编码为 DGT,虽不足四码,也不用识别码。

②如果一个字加了识别码仍不足四码,则必须打空格键。

③为了有足够多的区分能力,对于“进”“连”等带“走之”的字和全包围字,它们的“末笔”规定为被包围部分的末笔。如,

“圆”:末笔“丶”,代号 4;字型杂合,代号 3;识别码为 43(I)。

“远”:末笔“乙”,代号 5;字型杂合,代号 3;识别码为 53(V)。

④对于“九、刀、七、力、匕”等字根,当它们参加“识别”时一律规定用“折笔”作末笔,如,仇: WVN 34 54 51;化: WXN 34 55 51。

⑤“我”“贱”“成”等字的“末笔”,遵从“从上到下”的原则,撇“丿”应为末笔。

⑥单独点:“义”“太”“勺”等字中的“单独点”,均被认为与附近字根“连”的关系,故为杂合型。其末笔代码为 43 (I)。

注意:识别码只在由少数字根组成的汉字中才能起到作用。由少数字根组成的字,按字根编码时,它的信息量往往不足,具有相同编码的汉字就比较多,造成大量的重码。在输入过程中,就会经常进行选择,严重影响录入速度。为了弥补这一点,有必要加上识别码,从二码加到三码,从三码加到四码,这样重码的机会就大为减少了。但是加识别码是五笔字型汉字输入中的一个难点。虽然识别码都是各区的前三个位,即食指和中指分管的键位,击键容易,但思维过程相对复杂,每个识别码有六个思维过程:末笔画、末笔代号、字型、字型代号、末笔代号加字型代号组成区位号、对应键位。而很多使用频度较高的字都没有四个字根,如果必须加识别码,录入速度也会减慢。

为分解这个难点,五笔字型编码方案对常用字采取了简化输入方法,即省略一个字的后面一两个码,这样很多理论上需要加识别码的字,实际输入时就可省略识别码。而不能省略,必须加识码的字在应用文章中出现频率极低。因此初学者不必一遇到不足四个字根汉字,都思考识别码。应大胆地先用简码(90% 以上的机会),不行再加上识别码(5.7% 的机会)。

根据统计,按汉字频度顺序排列的 6,000 个字中,必须加末笔字型识别码的汉字,共

589 个。这些汉字占单字的 5.7%，在应用文章中占 1.7%。

7.2.6　高频字的输入

高频字是汉语中使用频度最高的 25 个汉字。

五笔字型给予它们最简捷的输入方法：每个字只击一下高频字所在键，再按一下空格键。如“我”字，只按一下 Q 键和空格键，“发”字，按 V 键和空格键。绝大多数高频字具有所在键上的字根，只有“我、为”两个高频字没有所在键上的字根，主要是从键盘分配规律上考虑。高频字的键盘分配如图 7.4 所示。

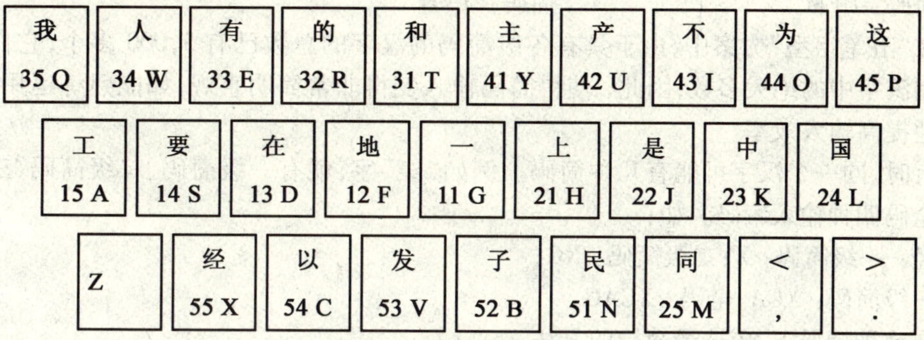

图 7.4　高频字的键盘分配

7.3　简码输入

根据每一键位上的字根形态特征，在五个区的 25 个位上，每键安排一个使用频度最高的汉字，称为一级简码，即前面介绍的高频字。这类字只要按一下所在的键，再按一下空格键即可输入。一级简码字见表 7.4。

表 7.4　一级简码表

一区	一 G	地 F	在 D	要 S	工 A
二区	上 H	是 J	中 K	国 L	同 M
三区	和 T	的 R	有 E	人 W	我 Q
四区	主 Y	产 U	不 I	为 O	这 P
五区	民 N	了 B	发 V	以 C	经 X

7.3.1　二级简码

五笔字型将汉字频度表中排在前面的常用字定为二级简码汉字，共 589 个，占整个汉字频度的 60.04%。

二级简码的汉字输入方法：只打入该字的前两个字根码再加上空格键。如：

红：纟 工 YT　　张：弓 长 XT

妈：女 马 VC　　克：古 儿 DQ

7.3.2 三级简码输入方法

三级简码由单字的前三个字根码组成，只要一个字的前三个字根码在整个编码体系中是唯一的，一般都选作三级简码，共计有4,000个之多。此类汉字，只要打其前三个字根代码再加空格键即可输入。虽然因为需要加打空格键，从而没有减少总的击键次数，但由于省略了最末一个字根或者"交叉识别代码"的判定，故可达到易学易用和提高编码输入速度之目的。如：

毅：全码：UEMC　　　　唐：全码：YVHK

简码：UEM　　　　　　简码：YVH

在"五笔字型"方案中，由于具有各级简码的汉字的总数已有5,000多个，它们已占了常用汉字中的绝大多数，因此，使得简码输入变得非常简明直观，如能熟练运用，可以大大地提高输入效率。

有时，同一个汉字可能有几种简码。例如"经"字，就有一级简码、二级简码、三级简码及全码四种输入编码。如：

经：一级简码：X；二级简码：XC；

三级简码：XCA；全码：XCAG。

在这种情况下，应选最简捷的方法。

7.3.3 帮助键Z的使用

五笔字型字根键盘的五个区中，只使用了25个英文字母，Z键上没有任何字根。读者也许要问，为什么Z键没起到作用呢？

其实"Z"键在五笔字型输入方案中有很重要的使用。在初学者对字根键位不太熟悉，或对某些汉字的字根拆分困难时，可以通过"Z"键提供帮助。"Z"键作为帮助键，一切"未知"的字根都可以用"Z"键来表示。在一个汉字的字根输入中，不知道是第几个字根，也可以打"Z"键代替，系统将检索出那些符合已知字根代码的字，将汉字及其正确代码显示在提示行里。需要哪个字，就打一下这个字前的数字，就可以将所需要的字从提字行中"调"到当前的光标位置上。如果具有相同已知字根的汉字较多(多于5个)，第一次提示行里没找到，按空格键，提示行出现后面的5个字，供选择。如还没有，再按空格，直到响铃，表示这类字已出现完。同时，由于提示行中的每一个字后面都显示它的正确编码，初学者也可以从这里学习到自己不会拆分的汉字的正确编码。因此，"Z"键既是帮助键，也是学习键。

【实训项目小结】

本实训主要介绍五笔的基本原理。汉字都是由笔画或部首组成的。为了输入这些汉字，把汉字拆成一些最常用的基本单位，叫作字根，字根可以是汉字的偏旁部首，也可以是部首的一部分，甚至是笔画。取出这些字根后，把它们按一定的规律分类；再把这些字根依据科学原理分配在键盘上，作为输入汉字的基本单位；当要输入汉字时，我们就按照汉字的书写顺序依次按键盘上与字根对应的键，组成一个代码；系统根据输入字根组成的代码，在五笔输入法的字库中检索出所要的字。

【实训项目任务】

任务一　了解汉字

任务二　五笔字型键盘分区

任务三　一级简码

【实训项目报告】

实训项目报告:五笔输入实训

目的	使学生学会五笔输入技能,提高汉字输入速度及准确率
要求	要求学生掌握汉字的五种笔画及其代号,掌握键名汉字的编码方案、高频字的编码方案,成字字根及键外汉字的输入方法
报告内容	一、实验内容 二、实验基本步骤 三、实验数据记录和处理
实验结果与分析	

实训项目 8 银行服务规范及技巧

【实训目标与要求】

通过实训,要求学生掌握银行服务规范及技巧,正确理解银行的服务理念,提供优质服务方法并能够处理一些突发事件。

【实训项目准备】

礼仪服务资料。

【实训项目内容】

现在的金融企业大多数是服务性金融企业,不仅要具有先进的设施、优雅的环境,更要有良好的服务。应该说,银行每一位员工都应该懂得最基本的礼仪礼节。

8.1 银行工作人员服务礼仪

8.1.1 服务及服务原则

服务是指服务行业人员从事的劳动,即服务主体(服务人员)为直接满足服务客体(客户)的需求,通过一定的方式、方法和手段而进行的劳动。

服务的基本特征是:

(1)服务是一种无形的劳动,不生产有形产品且具有不可储藏性。

(2)实施过程和消费过程同时进行,服务的生产和消费具有不可分离性。

(3)服务能直接满足客户的某种需求,没有中间转换环节。因此,每一项服务工作、每一个服务过程都只有达到服务质量要求,才能实现客户满意。

商业银行贯彻以客户为中心的服务原则,一般体现在如下几个方面:

(1)根据客户的需求开发服务产品,创新服务功能。

(2)从满足客户需要出发创新经营管理体制,完善业务管理制度,改造业务经办流程。

(3)以让客户满意为宗旨建立商业银行的服务文化。

8.1.2 银行客户服务理念

1."客户永远是对的"

"客户永远是对的"这句话是一种服务要求,它的含义是:

(1)客户的正确批评使我们改进,但对不合理的要求,也要用良好的态度予以拒绝。

(2)客户的误解性批评多数是善意的,应该理解,不可发生冲突。

(3)对客户合理的要求,要尽可能满足。

要做到“客户永远是对的”,应做到如下几点:

(1)认识到“客户永远是对的”的原则有助于解决问题,首先承认自己可能犯下的错误(不管事实如何),然后提出解决问题的方式,请求客户帮助自己想办法解决问题,这样客户会更乐于作出努力;相反,与客户在差异问题上出现争执,最终会出现难以挽回的局面。

(2)任何时候都必须从客户的感受出发来思考问题。

(3)在处理争议和客户疑问时三思而后“言”。

(4)始终让自己保持轻松的心态和快乐的心情。

(5)从平时对待每件事情、每个人做起,对每件事情采取负责任、不拖延的态度,对每个人充分重视和尊重。

2.“我们永远不说不”

其基本含义是:我们永远不让客户感到失望。

(1)在为客户服务时,绝对不能回绝客户的合理要求。

(2)要按“首问负责制”的要求,主动、热情地帮助客户解决遇到的问题。

(3)确实遇到自己不能解决的问题,要为客户明确继续解决问题的方向,在交流中应当保持良好的服务态度。

3.“100 - 1 = 0”

其基本含义是优质服务必须坚持一贯,如果在 100 次服务中,仅有一次没有让客户满意,这一次劣质服务带来的坏影响就可能抵消 100 次优质服务所产生的好影响,服务效果有可能就等于 0。这个等式说明服务质量对服务品牌的重要性。

4.“1 = N”

这是一个反映服务效应原理的经验公式。它的含义是有 1 名客户直接表示不满,可能会失去 N 个客户:真诚服务 1 名客户,可能会吸引来 N 名客户。

据美国学者调查,每发生 1 名直接投诉的客户,其实还有多名在沉默中不满的客户,这几名客户每人都有可能对另外几名亲朋好友造成消极影响,而这几名亲朋好友会再向另外一些人传播这个坏的消息。其结果就是:如果有 1 名客户直接表示不满,将会有 N 人受到影响。

8.2　银行职员的仪容

8.2.1　银行职员的面容要求

银行职员的面部修饰的基本要求有四点:不蓄胡须,鼻毛不外现,干净整洁,口无异味。

1. 不蓄胡须

在正式场合,男士留着乱七八糟的胡须,一般会被认为是很失礼的,而且会显得邋里邋遢。个别女士长出类似胡须的汗毛,应及时清除,并予以治疗。应当在自己的办公桌里备一个电动剃须刀,随时使用。男士应当在家里留一个剃须刀,在单位留一个备用的剃须刀。

2. 鼻毛不外现

鼻腔要时刻保持干净,不要让鼻涕或别的东西充塞鼻孔,经常修剪一下长到鼻孔外的鼻毛,严禁鼻毛外现。平时还要注意经常修剪鼻毛。注意清洁鼻子内外,起码不要让人看到“乌溜溜”的鼻孔。有鼻液更要及时用手帕或纸巾擦干净。不应当众用手去擤鼻涕、挖鼻孔、乱弹或乱抹鼻垢,也不要当众揪拔自己的鼻毛,更不要用力“哧溜、哧溜”地往回吸,那样既不卫生又让人恶心。一定要在没有人的地方清理,用手帕或纸巾辅助进行,还应避免响声太大,用完的纸巾要自觉地放到垃圾箱不要让它在外面“显露”。

3. 干净整洁

商务礼仪中对面容最基本的要求是:时刻保持面部干净清爽,无汗渍、油污等不洁之物。修饰面部,首先要做到清洁。清洁面部最简单的方式就是勤洗脸。午休、用餐、出汗、劳动或者外出之后,都应即刻洗脸。

银行员工要注意面容清洁卫生,保持牙齿、眼睛、眼镜、耳朵、鼻子等处的清洁,显示出职业精神。

男员工应注意保持面部的滋润和清洁,每天都要及时清洁面容,洗发,剃净胡须,鼻孔内毛发应及时修剪。

眼角的分泌物要及时清理,随时注意。如果眼睛患有红眼病等传染病,要避免外出。如果视力不好,可以戴眼镜。眼镜要注意随时擦洗,上面不要留下灰尘。

4. 口无异味

牙齿洁白,口腔无异味,是对口腔的基本要求。为此应坚持每天早、中、晚刷三次牙。尤其是饭后,一定要刷牙,以去除残渣、异味。另外,在重要应酬之前忌食蒜、韭菜、葱、腐乳等会让口腔发出刺鼻气味的东西。

8.2.2 银行职员的指甲要求

手上的指甲应定期修剪,最好每周修剪一次。手指甲的长度以不超过手指指尖为宜。长时间不修剪指甲,不仅指甲缝容易藏污纳垢,不卫生,而且工作起来不方便。女员工不得使用醒目的甲彩。

8.2.3 银行职员的化妆要求

在商务活动中,恰如其分地化妆不但可以增加个人形象的分数值,还能展示良好的精神风貌,体现出对自身职业的尊重。但是,如果不把握好化妆礼仪,则可能起到相反的作用。众所周知,对银行的白领丽人而言,化妆是一种礼貌。基本规范为化妆上岗,淡妆上岗。

1. 自然

化妆要化得生动、真实,具有生命力。化妆的最高境界,莫过于“天然去雕饰”,避免人工修饰的痕迹过浓。一般而言,银行职员的妆容应清新自然。

2. 美化

化妆的基本作用就是增加美丽度，并适度矫正自然条件的某些不足，做到避短不扬长。银行职员的化妆以美化为基本要求，应力戒怪异。

3. 协调

化妆不排斥个性化的追求，但必须有“法”可依，不能我行我素。在浓淡、颜色等方面的选择上，应遵循一定的规则。懂得化妆之道者，理当令自己的妆容在整体上相互协调，强调整体效果。

◆延伸阅读——化妆程序：

首先应对面部进行必要的清洗；清洁后再对眉部、眼部、耳部、鼻部和口部进行必要的局部修饰、梳理、清理、修剪和修饰，如图8.1所示。一般情况下，金融行业的从业人员在工作岗位之上维护自我形象所进行的必要的化妆，大体上可分为：打粉底—画眼线—施眼影—描眉形—上腮红—涂唇彩—喷淡香水七个步骤。

图8.1 化妆基本要求图

步骤一，打粉底；

步骤二，画眼线；

步骤三，施眼影；

步骤四，描眉形；

步骤五，上腮红，用大号的腮红刷蘸取浅粉红色的粉质腮红，以斜扫的方式，扫上腮红；

步骤六，涂唇彩，最后用粉色唇膏将唇彩涂于嘴唇上，增加整个妆容的粉嫩感；

步骤七，喷淡香水，化完妆再将品牌香水轻量地喷洒在衬衣袖口段。

8.2.4 银行职员的发型要求

整洁的头发配以大方的发型，往往能给人留下神清气爽的良好印象。健康、秀美、干净、清爽、卫生、整齐是对头发最基本的要求。银行男士头发以短为宜。银行男士头发的具体标准为：前不覆额、侧不掩耳、后不及领、面不留须。

8.2.5 银行职员的饰品要求

银行女职员最好剪短发，头发长度不宜超过肩部。如果是长发，可将其挽束起来，不适合任意披散，要给人以精明干练的感觉。

银行工作人员基本上不能佩戴太夸张的饰品，耳环最好不要戴。戒指最好也不戴，如果要戴，请戴在无名指或中指上，手链手镯之类禁止佩戴。男士应当尽量避免带戒指。手表也要求佩戴稳重、大方、不张扬、轻便款型的腕表。

银行人员银行徽标要佩戴在正确的位置：佩戴工牌的位置应在左胸上侧，男员工佩戴在左胸口袋的上侧中间位置，于口袋上侧边沿保持 1 cm 距离，而不适宜直接佩戴在口袋上；女员工应佩戴在左胸上侧 3 ~4 cm 为宜。银行女职员发型、饰品要求图如图 8.2 所示；银行男职员发型、饰品要求图如图 8.3 所示。

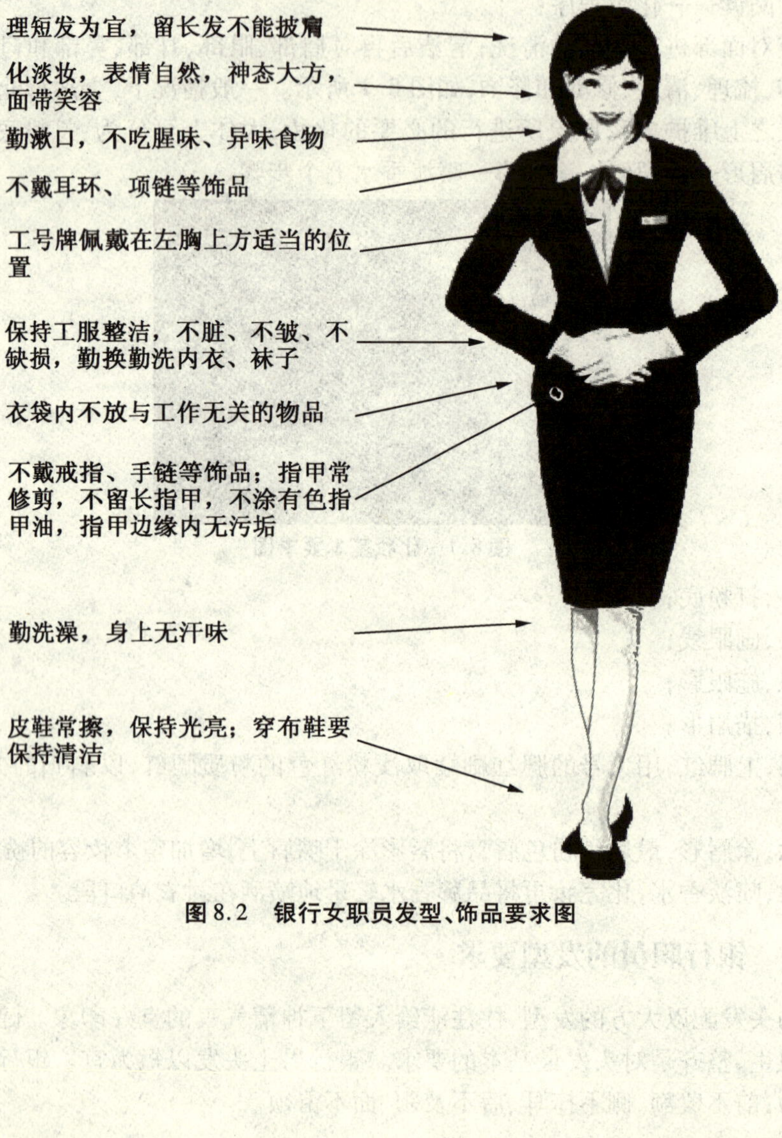

图 8.2 银行女职员发型、饰品要求图

图 8.3　银行男职员发型、饰品要求图

8.3　银行职员的仪态

银行职员的仪态是指银行职员身体显现出来的样子，如站立、行走、弓身、就座、眼神、手势和面部表情等。专业的银行职员商务仪态包括：大方握手、开朗谈话、自信应答，让客户相信你是值得信赖的人。肢体语言的表达，坐如钟、立如松，优雅、干净、利落、大方的举止，可以给顾客留下非常深刻的印象。

8.3.1　银行职员的眼神和笑容

1. 银行职员的眼神

目光交流处于人际交往重要位置。相互间信息交流，总是以目光交流为起点，目光交流发挥着信息传递的重要作用。人际交往中，目光中流露出的感情语言有着极重要的作用，它可以传递出银行人的细微感情，传递许多用语言和手势无法准确表示的信息。

目光属于表情范围,各种表情中特别是眼、眉、嘴等形态变化最为客户注目。眼睛是心灵的窗户,目光是心灵的语言,要注意客户用眼睛所说的话,通常目光的交流总是在先。因此,目光要尽量让客户看起来柔和、友好。目光受情感制约,人的眼睛的表现力极为丰富和微妙,只有把握好自己的内心情感,目光才能充分发挥作用。但凡炯炯有神的目光,都会给人以感情充沛、生机勃发的感觉。

见面时,不论是陌生的还是熟悉的,不论是偶然相遇还是如期约会,都要首先睁大眼睛,目视对方,面带微笑,显现喜悦和热情。如果你希望给对方留下很深的印象,就要凝视对方,目光长久交流。

与人交谈时,不要不停眨眼,不要眼神飘忽。最忌讳目光闪烁,盯住对方或逼视、斜视、瞟视。这会使对方产生不信任感。注视客户时,应以对方面部中心为圆心,以肩部为半径这个视线范围就是目光交流的范围。

交谈应始终保持目光接触,表示对对方很尊敬,对话题感兴趣。左顾右盼,不看着对方说话表示藐视,或者心不在焉、不感兴趣。随着话题、内容的变换,目光应做出及时恰当的反映,或喜,或惊,用目光会意,使整个交谈融洽、有趣。交谈结束时,目光抬起,表示结束。道别时,目光表现出惜别。

人的眼神很复杂,里面容纳许多不为人知的道理。在与客户交往的过程中,慢慢学会理解对方心理、情绪和思绪。眼神交流的艺术很复杂,并且目光表达不同的含义,与人的气质、性格甚至品性有关。自己要时刻保持情感健康、精神饱满。

2. 银行职员的微笑

微笑,是人类最基本的动作。微笑,似蓓蕾初绽,真诚和善良在微笑中洋溢着感人肺腑的芳香。微笑的风采,包含着丰富的内涵。它是一种激发想象和启迪智慧的力量。在顺境中,微笑是对成功的嘉奖;在逆境中,微笑是疗伤的良药;在交往中,微笑是增进感情的黏合剂。

在为客户服务时,每个服务人员都要做到顾客至上,同心服务。建议银行柜台服务人员在为客户服务时,最好能够站着服务,这样才能与客户的眼神直接对视,也才便于用点头微笑来为客户做好视线服务。

人是微笑的唯一载体,微笑是人的面部表情,是双唇轻启、牙齿半露、眉梢上推、脸部肌肉平缓向上向后舒展而带来的一种效果,有时像慢镜头中的花朵开放,有时像遮月的薄云缓缓退走,有时也像平缓的沙滩上掠过了一串淡淡的浪花。

银行职员微笑种类很多很细,但归纳起来大体可分为以下几种:

(1)真诚的微笑:具有人性化的、发自内心的、真实感情的自然流露。

(2)信服的微笑:带有信任感、敬服感的内心情怀的面部表示,或是双方会心的淡淡一笑。

(3)友善的微笑:亲近和善的、友好的、原谅的、宽恕的、诙谐的轻轻一笑。

(4)喜悦的微笑:成功或胜利后的高兴、愉悦心情的自然流露。

(5)礼仪的微笑:陌生人相见微微点头的招呼式、应酬式的笑容,平时谦恭的、文雅的、含蓄的、深沉的或带有其他礼仪成分的浅笑。

(6)职业的微笑:服务行业或其他一些临时性宣传、表演职业,保持微笑是起码的要求，无论心情好坏，无论自己有没有微笑的动因，都需要自觉地面带笑容。

微笑是全世界的通用语言。喜怒哀乐是会传染的。既然如此，我们为何不用微笑去感染他人，催化成愉悦欢快的环境氛围呢？

微笑的价值：在美国，一个小女孩被一根电线电伤了脸部，把左边脸的神经烧坏了，因而引来一场官司，当地电力公司成为被告。在法庭上，原告辩护律师要小孩把脸转向陪审团笑一笑，结果只有右脸颊会笑，左脸根本笑不起来。只花了 12 分钟，陪审团一致通过，小孩可获得 20 万美元的赔偿金，从此决定了微笑的法定价值。

· 微笑必须采取主动。

· 微笑可以练习。（图 8.4、图 8.5、图 8.6）

· 请看着我的眼睛！

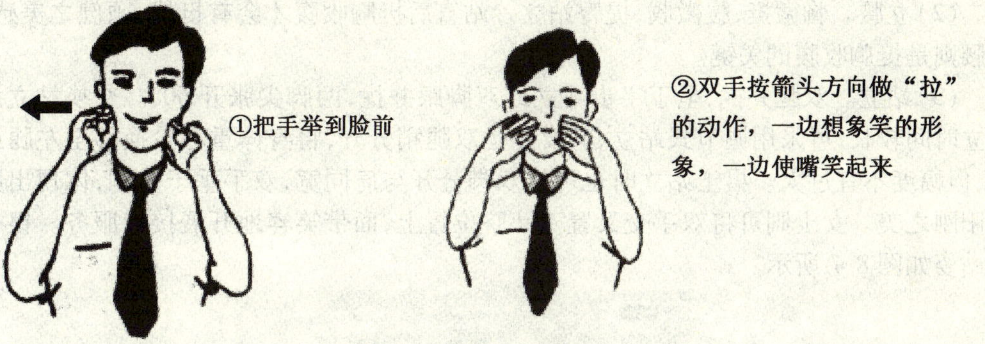

图 8.4　微笑练习方法一

图 8.5　微笑练习方法二

图 8.6　微笑练习方法三

8.3.2 银行职员的站姿

银行大堂经理、银行保安经常需要站立服务，需要注意如下礼仪：

1. 标准的站姿

从正面观看，全身笔直，精神饱满，两眼正视，两肩平齐，两臂自然下垂，两脚跟并拢，两脚尖张开60°，身体重心落于两腿正中；从侧面看，两眼平视，下颌微收，挺胸收腹，腰背挺直，手中指贴裤缝，整个身体庄重挺拔。

具体可分为以下几个方面：

（1）立正站直。头、颈、身躯和双腿应与地面垂直，身体的中心在两腿之间；两肩平齐，双臂自然下垂，手中指贴裤缝，或双手握空心掌，或采用体前交叉、体后交叉的握腕式站立。

（2）立腰。胸微挺，腹微收，提臀站立。站直后挺胸收腹才会有挺拔、硕健之美感，而立腰则是挺胸收腹的关键。

（3）站立。双腿并拢，呈丁字步站立或双脚跟并拢，两脚尖张开60°。交换站立。如站立时间较长，可采用调节式站立，其要领是双腿稍分开，将身体重心轮换移至左腿或右腿，但幅度不宜过大。男士站立时也可将双脚分开与肩同宽，双手垂于体侧，体现出男士的阳刚之美。女士则可将双手交叉置于肚脐位置上，面带笑容地开展接待服务。银行职员站姿如图8.7所示。

图8.7 银行职员站姿图示

2. 不良站姿及站姿忌讳

（1）站立时，切忌无精打采或东倒西歪。

（2）站立时，双手不可叉在腰间或抱在胸前。

（3）需站立服务时，不能将身体倚靠在墙上，或倚靠其他物品作为支撑。

（4）需站立服务时，不许弯腰驼背，两肩高低不一。

（5）注意不能将手插在裤袋里，或做其他小动作。

（6）注意双臂不摆，双腿不抖，站立时双腿间宽度适当。

8.3.3　银行职员的蹲姿

(1)下蹲拾物时,应自然、得体、大方,不遮遮掩掩。

(2)下蹲时,两腿合力支撑身体,避免滑倒。

(3)下蹲时,应使头、胸、膝关节在一个角度上,使蹲姿优美。

(4)女士无论采用哪种蹲姿,都要将腿靠紧,臀部向下。

蹲姿禁忌:

(1)弯腰捡拾物品时,两腿叉开,臀部向后撅起是不雅观的姿态。

(2)下蹲时注意内衣"不可以露,不可以透"。

8.3.4　银行职员的坐姿

由于金融行业的工作特点,所以许多银行柜员的业务工作都是采用坐姿的形式完成的。因此坐姿对于银行柜员来说是十分重要的。同样,坐姿也有美丑之分。常言道:"坐有坐相",正确的坐姿不仅能给人以端庄安详之感,正确的坐姿还会给客户传达稳重、坚实之意。

1. 坐姿的规范要求

(1)坐相要端正,上体自然垂直,两腿自然弯曲,双脚平落地上,双膝并拢,双脚距离与肩宽大致相等。

(2)入座时走到座位前再转身,转身后右脚略向后退,轻稳入座。

入座要轻而稳,着裙装的女性入座时,右脚先向后收半步,然后站起。应将裙子向前拢一下;起立时右脚先向后收半步,然后站起,如图 8.8 所示。

图 8.8　银行职员坐姿——入座图示

(3)坐在椅子上,一般只坐满椅子的 2/3,不要靠椅背,直腰,挺胸,上体自然挺直(图 8.9)。面带笑容,双目平视,嘴唇微闭,微收下颌。休息时可轻轻靠背。

(4)女子落座双膝必须并拢,双手自然弯曲放在膝盖或工作台上(图 8.10)。如坐在有扶手的椅子上时,除放在工作台上,稍事休息时,男士也可将双手分别搭在扶手上,而女士则最好只搭一边,以示高雅。

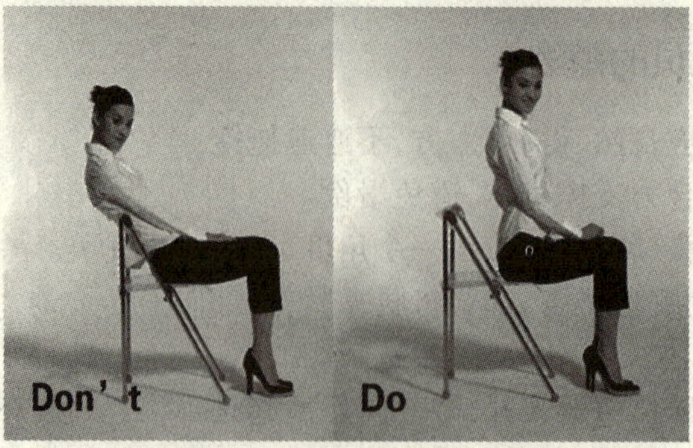

图 8.9　银行职员坐姿——落座图

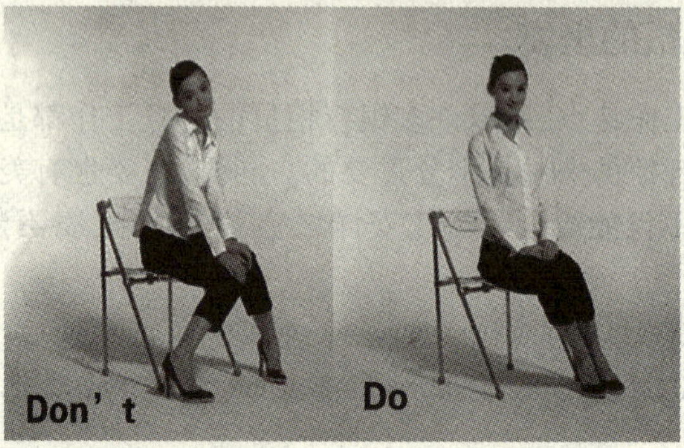

图 8.10　银行职员坐姿中双膝演示图

(5)谈话时,可以侧坐,可选用上体与腿同时转向一侧,面向对方形成优美的 S 形坐姿。

2. 不良步态及坐姿忌讳

(1)切忌座椅时前俯后仰、东倒西歪,如图 8.11 所示。

图 8.11　银行职员不良坐姿演示图

(2)不可以跷腿、跷脚或将双膝分开,工作场合不要跷二郎腿。

(3)不可过于放松或瘫坐在椅子内。

(4)离座时,须以语言或动作向对方示意,随后轻起离座,切忌一跃而起。起立时,须右脚向后收半步而后起立。

8.3.5 银行职员的走姿

走姿是人体所呈现出的一种动态,是站姿的延续。走姿是展现人类动态美的重要形式,正确的走姿,能走出风度,走出优雅,更能显示银行职员的活力与魅力。

“走姿稳健”是银行职员对走姿的赞美,它是指银行职员的走姿应当大方稳重。所以,有时我们也把走姿称为步态。虽然金融工作大部分是在坐和站中完成的,但正确的步态既是完成工作的仪态组成,也是展现金融行业从业人员整体形象的重要组成。

1. 走姿的规范要求

(1)挺胸,抬头,收腹,使身体略微上提;双目平视前方,面带微笑;双肩水平,双臂自然摆动;身体前移时重心始终在脚掌前部。

(2)女士行走时走直线交叉步为宜,走一条直线,上身不要晃动,尽量保持双肩水平。

(3)步幅不要太大,跨步时两脚间距离适中,以一个脚长为宜;步频保持相对稳定,不要太快也不要太慢。

我们用几个步骤来分解正确姿势。首先,走路时记得要抬脚,脚踏出去的时候膝盖不可弯曲,接着身体自然平移,重心始终保持在身体中央。背部保持挺立,胳膊平稳放在身体两侧,不要任意晃动。可以假想头上顶着一本书,这样走路时就不会往下看了。

(4)服务操作中行走线路靠右;如遇客户相向而行,应自然注视对方,主动点头致意或问好,并主动放慢速度以示礼让,即使事情紧急,也不与客户抢道而行。

(5)低处取物时不要撅臀部、弯上身、低垂头,而是借助蹲和屈膝的动作,以一膝微屈为支撑点,将身体重心降低,另一腿屈膝,要稍弯下取拿物品。

2. 不良的步态及走姿忌讳

(1)行走时切忌摇头晃脑或左顾右盼。

(2)行进中身体重心不能太过前倾,以使人看上去走态不稳,也不要太过后“坐”,给人拖着步子走路的感觉。

(3)走路脚尖始终超前,内八字或外八字都会引起步态的晃动,看上去极不雅观。

(4)走交叉步时,臀部摆动应自然,幅度不要过大,更不得扭腰。

(5)双手摆动应自然,不要将双手贴着裤缝走路,那样会使步态显得僵硬。

8.3.6 银行职员的手势

手势是人际沟通时不可缺少的体态语言。手势除了在人际沟通时起到辅助作用,表达一定的思想内容,还可以表现出言者高雅的气质与风度。

优美得当的手势还可以帮助银行职员在工作中辅助语音来传情达意。但是不当的手势习惯也会给交往和工作带来不良的影响。因此,我们应该合理地使用手势,提高手势对语音的积极作用,为交际形象增辉。

(1)手势是通过手和手指活动所传达的信息。不同的手势传递不同的信息。银行人手势必须规范,向客户指示办理业务,邀请客户来会议室等,手势大方,姿态优雅。如图8.12所示。

图8.12　银行员工手势图

(2)鼓掌。鼓掌有赞许、鼓励、祝贺、欢迎之意。在我们准备理财产品发布会结束后,对演讲的理财师表示感谢。在大客户和上级领导来参观时,我们要鼓掌感谢。

(3)攥紧拳头。表示力量,每天给自己打气,给自己这样的暗示:我要做最优秀的银行职员,并握紧拳头表达坚定的信心。

(4)引起客户的注意。

(5)在理财产品发布会上,要伸出手指,请大家注意了,我们要发行新产品了。现在我来介绍一下。

(6)安静。老练、机智、沉思(在上级交代任务后,要静心思考)。

(7)背手。

①背手常显示一种权威,但在银行人极度紧张、不安时,常常背手可以缓和这种紧张情绪。

②另外,如果背手伴以俯视踱步,则表示沉思。

(8)塔尖式手势。

①自信的表现。

②身体后仰,则显得高傲。

(9)双臂交叉放在胸前。暗示一种敌意的态度,自我放松或置身事外、袖手旁观、看客户笑话之意。

指示手势的标准:手掌自然伸直,手指并拢,拇指自然稍稍分开,手腕伸直,使手与小臂成一直线,肘关节自然弯曲,掌心向斜上方,手掌与地面成45°。

交谈手势:与人交谈使用手势时,动作不宜过大,手势不宜过多,不要用拇指指向自己(应用手掌轻按左胸),不要击掌或拍腿,更不可手舞足蹈。

8.3.7　银行职员递物、接物

(1)传递物品,用于给客户传递凭证及接交证件等。

①双手为宜。

②主动上前。

③递于手中。

④方便接拿。

⑤尖、刀刃内向。

⑥正面朝上。

(2)接取物品(图8.13)。

①目视对方。

②双手或右手。

③起身站立。

④主动走近对方。

⑤不抢取物品。

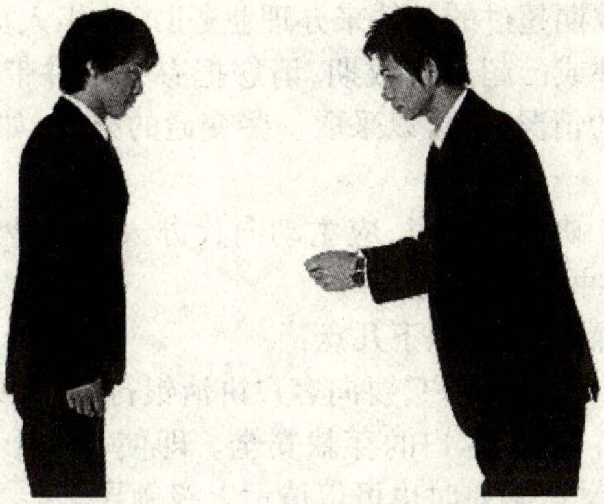

图8.13　银行员工递物图

8.3.8　银行职员的仪态禁忌

举止忌:忌姿势歪斜,手舞足蹈,以手指人,拉拉扯扯,相距过近,左顾右盼,目视远处,频频看表,舒伸懒腰,玩弄东西,抓耳挠腮;这给人轻浮的表现。银行最重要的是给人稳重、大气的感觉。

说话忌:忌问客户履历、子女私事、工资收入、私人财产,衣饰价值,批评尊长,非议宗教,嘲弄异俗。

语气忌:忌大声辩论,高谈阔论,恶言恶语,寻根问底,争吵辱骂,出言不逊。

礼貌忌:忌冷落客户,独谈到底,轻易表态,打断异议,纠缠不止,随意插话,随意辞别;我们要礼貌对待每个客户,不能对待客户有大小之区分。

卫生忌:忌蓬头垢面,忌衣装鞋帽或领口袖口不洁。在正式场合忌挖眼屎、擤鼻涕、抠鼻孔、挖耳秽、剔牙齿、剪指甲等不卫生的动作。

8.4　柜台服务典型问题的回答技巧

银行柜台服务所遇到的问题很多,情况也很复杂,柜员面对这些问题不能紧张,也不必慌乱,而应该妥善处理。

8.4.1　柜员办理业务过程中注意事项

(1)要专心为客户办理业务,切不可一边办业务一边和同事闲谈或停办业务处理个人私事,要对客户表示尊重,否则客户将非常反感。

(2)当需要暂时离开岗位处理紧要情况时,需向客户"请假",要和客户打招呼,取得客户同意和理解方可离岗,避免浪费客户等待时间。

(3)在办理业务的过程中,可以与客户进行简短的交流沟通,增强信任感和亲近感。

8.4.2 在办理业务中客户缺少相应证件怎么办

客户在办理业务时,证件不全是常有的现象,处理不得当就很容易引起不必要的冲突。例如,客户未带本人身份证,应讲清实名制的要求,请客户带身份证来办理业务;客户带着非有效证件或有效期超过的证件来办理业务时,临柜人员应主动向客户解释:"您提交的证件是非有效证件或已超过有效期,请您把有效证件带来再办理此业务,我们可为您优先办理。"在这样的情况下,可以采取一些变通的办法,如优先办理等,尽量处理好和客户的关系。

如果代办人办理业务缺少证件时,应主动向代办人讲清业务规定,请他带齐证件再来办理,切不可为了避免冲突而违规操作。

在处理上述问题时,需要注意以下几点:

(1)不能用生硬的口气回答客户,要向客户讲清银行的规章制度,要使客户明白这样做是为了保护客户的利益,确保客户的存款安全。即使客户十分急躁,也要注意说话的内容以及语气,切不可冲动。必要时也可以请示上级领导。

(2)客户办理业务所需证件、资料要交代清楚,避免客户多次往返。

(3)避免使用以下服务忌语:

①"这是规定,我也没办法。"

②"跟你说过了,必须要××证才能办。"

③"没有证件,谁来也没用。"

8.4.3 交接班时客户多怎么办

柜员应尽量避开在高峰期交接班,交接班时应在柜台上放置"暂停服务,请稍候!"的告示牌。如果接班的员工到时客户很多,可以延迟接班时间,并增开窗口为客户办理业务,等柜面空些的时候再进行交接。如果正在交接时有很多客户进来,应尽量加快交接时间,并向客户做好解释工作。正在给客户办理业务时不能交接,要在该笔业务办理完毕后再予交接。

避免使用以下服务忌语:

(1)"我要换班了,你等会儿。"

(2)"你先等会儿,我正准备交接了。"

(3)"我要换班,你到别的地方办吧。"

8.4.4 计算机发生故障怎么办

在银行计算机发生故障时,会给客户带来不便,尤其是在营业厅内客户较多的情况下,客户情绪会不稳定,很容易发生冲突。这时柜员应在柜台上放置"机器故障,请稍等!"的告示牌,柜员应站立服务,做好解释说明工作。

尽快与机房取得联系,如果机房告知时间不长就可以排除故障,则告诉客户:"此时机器正出故障，时间不会太长，请谅解。"若计算机故障不能在短期内修复，应告诉客户："对不起，我们的计算机可能在短期内修复不了，如果您不急，可留下电话号码，等故障排除后再通知您，给您造成的不便，我们深表歉意。"

尽量让客户感到你也很着急，在紧张地打电话联系；还可与客户展开一些话题交流，以化解客户等待时的不满。若联网计算机线路故障，应向客户说明："计算机是联网的，其他网点也一样。"以免客户因不明情况而跑冤枉路，再次引起客户的不满。同时，柜员也要和大堂服务人员相互配合，做好客户服务工作，以保证服务质量。

计算机发生故障时应注意以下几个问题：

(1)不能只对顾客说："机器故障，请稍等"，只顾办理其他事情；也不能给客户乱许愿、乱表态，如"过半个小时再来，就好了"，等等。

(2)做柜面解释工作，态度要诚恳和蔼，面带笑容，因不能为客户办理业务，更应注意自己的服务态度，以防发生服务投诉事件，影响银行形象。

(3)在客户有急事而不能等，且符合办理应急取款处理的手续时，应主动给客户办理应急付款业务，不能因为怕麻烦而不给客户办理。

服务忌语：

(1)"电脑坏了，我没办法！"

(2)"不知道什么时候能办，你就等吧！"

(3)"我又不是电脑，我怎么知道什么时候好！"

(4)"机器坏了，我也没辙，我不也在等吗？"

(5)"电脑坏了我也没办法，你有意见可向我们行长投诉。"

8.4.5　遇到素质低的客户怎么办

银行服务对象的素质不可能一样，总是有好有坏。柜员经常会碰到一些素质相对较差的客户，这时服务技巧就显得尤为重要。

对待客户要有耐心，特别要注意多使用文明语言。并通过耐心细致的讲解、真诚的语言、可亲的笑容感染客户，使客户感到理亏和难为情，同时也达到教育其他客户的目的。

对正在气头上，火气特别大的客户，要采取冷处理的方式：面对客户，脸带笑容，让客户把话说完，尽量平息客户的火气，然后再耐心解释。营业部经理和值班主任应主动前来劝解。

对个别客户的不理解、责怪甚至谩骂，要保持冷静的头脑，平和应对。讲话之前先要考虑一下这句话该不该讲，会不会伤害客户，会不会给客户抓住把柄。

绝对不能讲损害客户自尊心的话，也不说"火上浇油"的话，更不能同客户争吵。要向客户多讲"对不起""抱歉"等敬语。

服务忌语：

(1)"你不办就算了，跟你这样的人没什么话可说！"

(2)"素质真差，怎么这么不讲理！"

(3)"你瞎嚷嚷什么，没看正办着吗！"

(4)"有你这种人吗？"

8.4.6 碰到客户忘记密码怎么办

首先要安慰客户不要着急,帮助客户回忆密码。如果客户确实记不起密码,就告知客户凭身份证办理挂失,并提醒客户今后要记住密码,以免带来不便。同时,应当具有一定的防范心理和法律意识,对一些可疑的客户,要加以警惕,阻止犯罪行为发生,维护广大客户的合法权益。

要注意向客户讲清楚,银行采取上述措施是为了保证客户的资金安全。也要提示客户密码输入的次数,避免客户的存折或银行卡不能正常使用。

服务忌语:

(1)"真弄不清,连自己的密码都记不住。"

(2)"这存折是你的吗?"

8.4.7 遇到老人不会操作怎么办

遇到一些年龄较大的客户,尤其是一些老人,更应当予以适当的照顾。如果老人忘记密码或输入错误时,应耐心请他回忆,不要催得过急。如果老人确实记不起密码,就请他拿出身份证核对,经确定是本人的存款时,就按规定给老人办理。如果没带身份证,就给老人说明情况,请他下次带证件再来。

给老人作示范时,要耐心,让老人觉得有亲切感、安全感。

服务忌语:

(1)"不会操作还留什么密码。"

(2)"这么简单的事都要忘记,不要自己来取钱了。"

(3)"年纪这么大还来什么,每次来都这样,烦死了。"

(4)"每个月都来拿的,怎么到现在还不会按?"

(5)"算了,让你家人来办吧!"

8.4.8 遇到假钞怎么办

在确定是假钞的情况下,首先应当敬告客户:"对不起,这张是假钞,按照国家有关规定应予以没收,请您配合。"并按假钞没收规程处理。

如果客户要求将假钞递给他看时,应告之客户:"对不起,我们有规定,假钞不可以递出柜台,但我可以在柜台内告诉您假钞的特征,以免您以后再上当。"然后用假钞鉴别仪当场进行检验,并解释没收假钞的依据。解释时要有理、有据、有节。

如遇客户吵闹,应礼貌劝说。如果客户继续吵闹,可请上级管理人员处理,要维护营业厅的正常交易秩序,保护广大客户的合法权利,避免营业场所吵闹影响正常交易活动。

假钞没收后须告知客户:如果对没收的货币真伪有异议的,可以在7天内向中国人民银行或中国人民银行授权的鉴定机构申请鉴定。

遇到假钞时要注意以下几个问题:

(1)处理必须果断,态度不能暧昧,不能让客户存有通过吵闹就可索回的侥幸心理。

(2)必须措辞得当,有礼有节,自始至终使用文明用语,不能向不正当行为妥协。

(3)假钞不能出柜,以防止客户不交还,形成尴尬局面。

(4)不能只重视服务而忽视国家的法律规定,要维护金融市场的正常秩序。

服务忌语:

(1)"钱就是假的,认倒霉吧。"

(2)"假的就是假的,还有什么看的。"

(3)"假的就得没收,没什么可说的!"

(4)"我们没收假钱可是为了你好。"

(5)"别多说了,这钱我们没收了,不可能给你了。"

(6)"假钱我们收了就不能再给你了,没事就走吧!"

【实训项目小结】

服务是指服务行业人员从事的劳动,即服务主体(服务人员)为直接满足服务客体(客户)的需求,通过一定的方式、方法和手段而进行的劳动。本实训主要介绍银行工作人员在办理业务为客户提供服务时应该懂得的基本礼仪。

【实训项目任务】

任务一　银行职员服务礼仪

任务二　银行职员的仪容

任务三　银行职员的仪态

任务四　柜台服务典型问题的服务技巧

【实训项目报告】

实训项目:银行服务规范及技巧实训

目的	通过实训,学习银行服务规范及技巧
要求	通过本实训要求学生能正确理解银行的服务理念,提供优质服务,并能够处理一些突发事件
报告内容	一、实验内容 二、实验基本步骤 三、实验数据记录和处理
实验结果与分析	

实训项目 9

银行营销技巧

【实训目标与要求】

通过实训，要求学生掌握银行营销的方法及技巧，正确理解银行的营销理念。

【实训项目准备】

银行营销资料。

【实训项目内容】

与客户建立良好关系的目的是销售产品，而销售并不能单纯理解为买与卖的关系，不同的客户对商品有不同的需求，因此，有人说“顾客真正购买的不是商品，而是解决问题的办法”。客户经理要分析客户，更要分析产品，根据不同客户的偏好采取不同的方式进行推销，激发客户的兴趣点，提升销售的成功率。

9.1 推销产品的不同方式

9.1.1 开门见山式

这种方式比较适合关系较为融洽的客户，是在一种互相信任的基础上进行的。

(1)当客户发现原产品的性能有缺陷时，直接推荐其他替代产品。

(2)客户经理发现客户不习惯使用原种产品时，根据客户偏好，推荐一种比较适合的银行产品或服务。

(3)原产品不能给客户带来方便和利益时，客户经理应主动向客户推荐其他产品。

(4)银行新产品推出后，客户经理及时告知客户，向客户提出使用建议。

(5)直接向客户推荐产品，要基于诚信的原则，既介绍产品的优势，也要讲明产品中存在的弱点。

9.1.2 耐心引导式

这种方式适合在客户关系不太密切或客户主管人比较有主见，且双方互为尊重的情况下使用，同时也适用于向准客户营销。

(1)发放客户需求调查表，根据产品的性能制定调查内容，引导客户发现自己的潜在需求。

(2)根据欲推出的产品性能模式为客户解决问题。

(3)邀请客户参加银行的新产品首发式。

(4)编制产品使用案例,让客户了解其他客户使用该产品的情况。

(5)为客户举办金融产品知识讲座。

(6)为客户示范产品的使用过程,引起客户的兴趣。

(7)引导推销的过程中,要着重宣传产品和服务性能的优势,培养客户和准客户对产品的兴趣和消费需要。

9.1.3　一对一式

这种方式是在客户提出需求的前提下进行的,是银行为客户量身定做的银行产品或金融服务。

(1)对客户提出的需求,及时向上级主管人或主管部门反映,以期尽快开发产品或服务项目。

(2)与客户共同对产品或服务的性能和可行性进行研究分析,鼓励客户直接参与产品开发过程。

(3)产品或服务的创新过程中不断与客户进行沟通,延续客户对新产品的兴趣和需求。

(4)举行隆重的新产品合作仪式,满足客户的精神需求。

(5)引导客户推广和宣传新产品和服务。

9.1.4　广告式

这种方式适合适用范围广、同业竞争较强的银行产品和金融服务。

(1)反复在媒体、公众场合播放广告,吸引公众的注意。

(2)散发产品宣传单。宣传单通俗易懂,将专业术语"翻译"成漫画、小品、故事等,让客户感到一目了然,且有趣味性。

(3)搞大型的路演活动。路演活动一定要请媒体作深入宣传,否则效果较差。

(4)开展社区金融咨询服务。选择周末或假期在社区开展咨询活动,使产品直接贴近大众。

(5)选择业务集中的区域或行业开展局部广告宣传活动。

9.1.5　促销式

从银行全方位开展,提高银行产品知名度,使更多的人接受并使用银行产品的活动。

(1)馈赠促销。通过向客户赠送一些礼品和允许客户享受银行的某种特殊权益或便利条件,鼓励客户使用银行产品。

(2)关系促销。通过推出长期关系优惠政策,促进客户与银行保持一种长期的关系。

(3)联合促销。与企业或商家联合,配合生产和流通部门的经营提供金融服务。

(4)公关促销。结合公益事业开展促销活动。如美国运通信用卡的客户每发生一次交易,银行会捐赠给美国反饥饿基金会2美分。扩大销售的同时,也提升了企业的形象。

(5)组合促销。通过广告、公共关系、销售推广等方式的有机组合,开展促销活动。

9.2 部分银行产品推销技巧

9.2.1 个人理财产品

在发达国家,个人理财业务一直是金融业的一个重要利润来源点。随着我国经济的发展,百姓对理财的需求也越来越大。个人理财业务也成为我国商业银行竞争的一个焦点。目前由于中国金融业仍采取分业经营模式,所以还不能使客户的资产大幅度增值,但理财业务市场前景较好,潜在利润较大,银行应以占领市场为目的,以理财业务为手段,稳定一批客户。

(1)确定目标客户群。起步阶段的个人理财业务应以有一定资产的个人和私营企业主为主要目标。

(2)成立"个人理财中心"或以银行个人名字命名的"个人理财工作室"。

(3)选择目标客户,定期举办个人理财小课堂。

(4)向目标客户发放个人理财问卷。

(5)在媒体上连续刊登或播发个人理财方案。

(6)通过产品创新带动个人理财业务。

(7)让客户获利。客户的存款到期,介绍新的存款种类,或者能够增加收益的存款组合。

(8)根据客户的性格特征,推荐不同的投资组合方式。

(9)向客户提供的不是一种产品,而是一个方案。

9.2.2 个人消费信贷产品

随着个人信用和资金实力的日益增强,消费信贷以其资金额度小、风险分散的优势,成为商业银行新的利润增长点,近年来成为各商业银行竞争的焦点之一,纷纷投入信贷资金,扩大消费信贷规模,使业务的品种越来越多。客户经理拓展这一部分业务的策略是:

(1)加大宣传力度,提高客户的消费信贷意识。

(2)银行自身转变观念,开发适销对路的个人消费信贷品种,方便客户。

(3)根据不同居民的需求特点、经济能力,开办多种形式的偿还贷款方式。

(4)简化贷款手续,客户经理通过内部营销、内化贷款的前期调查、信用证明、审贷等环节,使贷款像商品一样出售。

(5)与商家联合推出消费信贷业务品种,定点使用,集中体现效果,并扩大影响,吸收实效客户,降低营销成本。

(6)跟踪客户使用情况,减少风险。

(7)减少各环节的无效因素,降低成本,在保持盈利的情况下,实行薄利经营,让客户享受更多的实惠。

9.2.3　银行卡

(1)在目标客户范围内努力扩大发卡量。发卡不能盲目追求量的增加,应在目标客户的前提下实现量的最大化增长。银行卡金卡的目标客户是收入较高且稳定的人群,普通卡的目标客户是在银行有代理业务的大型企业或政府部门。

(2)用卡营销比发卡营销更重要。盲目发卡会造成睡眠卡的增多,从而加大银行的成本,因此银行卡的营销要把重点放在提高持卡人的用卡意识上。

(3)联合促销。与大型商家、宾馆以及影响力较大的企业或单位联合,设计和发行联名卡、专用卡,并联合开展刷卡优惠等活动,刺激人们购卡、用卡的积极性。

(4)免费服务。在发卡过程中按照客户的分类,分别实行上门送卡、邮寄资料等免费服务,减少客户在办卡和用卡过程中的障碍。

(5)让持卡消费者直接感受增值。定期送礼物给持卡人;每一个新的卡种投放时,全部产品都有一定期限的优惠行为;对能够给银行带来较大收益的客户实行免年费的做法。

(6)功能延伸。努力开发银行卡的使用功能,存取款、打电话、购物、缴费代理、股票买卖、异地通存通兑、网上银行服务等,集多功能于一身,广泛涉猎不同领域的客户需求,以达到吸引客户、稳定客户的目的。

(7)精品战略。为银行卡的新品种起一个好名字,通过综合性的服务和功能开发,使之成为银行卡中的精品,如招商银行的"一卡通",就是创造精品的最好例证。精品战略的关键在于优质的服务和产品功能的顺利畅通。

(8)自助机器分销。通过增添自助设备,保证现有自助设备的畅通,降低持卡客户对银行网点的依赖,体现银行卡的多元化优势。

(9)开发银行卡客户的商用价值。鼓励和引导商户在内部使用银行卡。

9.2.4　网上银行

网上银行就是通过互联网完成银行业务操作,是网上的虚拟银行。网上银行是一种新型的银行。由于网上银行的历史较短,客户对网上银行的认知较少,在营销方面有很多空白,只要充分利用自身优势和不断创新,网上银行的营销是极有潜力的。

网上银行的目标客户是白领阶层和大中型企业。

(1)向客户介绍网上银行有关知识。国内很多客户并不是不喜欢使用网上银行,而是对网上银行有一种"庭院深深"的畏惧。在传统的思想观念影响下,对网上银行抱着怀疑的态度,客户经理要经常向客户介绍网上银行的功能和优势,让客户从思想上接受网上银行的理念。

(2)向客户提供免费或较低开户费用的网上银行基本账户。对于客户来说,打破传统观念的第一步总是十分困难的,银行有必要降低门槛,让客户免风险进入。客户经理要做好现场辅导,用"手把手"的方式教会客户使用网上银行。

(3)与客户交流中尽量使用现代信息工具,培养客户的科技进步意识。网上银行不仅仅是一种新型的金融服务模式,它还是一种全新的观念。客户经理在与客户的日常交往中,要注意把这种新的观念潜移默化地传输给客户。大到手续费的支付,小到发一个E-mail,让客户在不知不觉中跟上科技进步的步伐。

(4)向客户赠送网上银行购物卡。通过这种优惠活动,诱导客户访问银行网站,增强客户尝试使用网上银行产品的欲望,并具体实施。

(5)简化网上银行的操作步骤。通过技术处理,使网上银行的访问更容易,操作更方便,不至于花费客户太多的精力。

(6)提供更好的服务。网上银行以其"3A"的良好服务著称,在这之外还要向客户提供其他特色服务,如个人理财、咨询等。

(7)增加多种与客户联系的渠道。网上银行与客户的沟通与交流相对要少,所以银行要创造性地开设与客户联系的方式和渠道,如在网上开设专题栏目,通过网络与客户进行交流,搜集各种信息在网上提供给客户,吸引客户浏览网站。

(8)充分利用价格优势。网上银行由于没有网点的费用开支,降低了经营成本,应在盈利的前提下尽可能地给客户优惠的价格和免费服务项目。在业务宣传时,要重点宣传网上银行的价格优势,改变客户"高科技高收费"的习惯思维。

【实训项目相关资料】

案例1:从小餐馆看银行客户关系管理

拓展客户难,维持客户更难,经济越是不景气,客户资源就越是稀缺,于是客户关系管理越来越风靡。在我过去的印象中,这是高科技公司搞的一种与IT技术相关联的管理新理论,不排除其中有管理软件公司炒卖CRM软件的嫌疑。

没想到的是,有一天,我竟然从一家小餐馆的服务员那里看到了让我惊叹不已的客户关系管理。前段时间出差去广州,一天中午和华南理工大学工商管理学院院长蓝海林教授一行四人开车到校园外吃饭。我们驱车来到一家湖南菜馆。餐厅不大,一位服务员热情地迎了上来,带我们就座。她的热情不是那种被强迫出来的职业笑容,而是一种洋溢出来的热情,一开始给我们印象就不错。很快,服务员一个小小的举动让我们非常有好感。蓝教授要点可乐,一人一听。她马上建议说,一听可乐5块钱,四听就是20元,不如买一大瓶可乐,才8块钱,量也差不多。能够从消费者的角度出发,考虑如何给消费者创造更大的价值,这个来自湖南农村、没什么文化、刚刚16岁的小姑娘顿时让人刮目相看。菜上得很快,味道也不错,大家吃得很舒心。这位服务员已经赢得了大家的喜欢,于是大家跟她聊了起来。不经意中,她问起蓝教授姓什么,蓝教授说姓蓝,她说从没听说过这姓,表示不相信,说蓝教授骗她,直到蓝教授无奈拿出名片。她很认真地记下了蓝院长的名字,然后,不经意中她逐个要走了我们其他人的名片。到这时我们才发现,她实际是在进行高妙的客户关系管理,她要力争在我们吃一餐饭的时间里,了解到我们的名字,了解我们的职业和背景,跟我们熟络起来,好让我们成为回头客。这时,蓝院长开玩笑问她,下次我再来,能不能叫得出来我的名字。小李骄傲地回答,肯定能,我还能记得你们今天吃了什么菜哩!

吃完了饭去结账的时候,在服务台那里看到几个服务员正在进行一项有趣的游戏,她们一人拿出一厚摞名片,互相比,看谁的名片多。原来,不仅是她一个服务员,那里所有的服务员都在进行客户关系管理。估计她们在客人少的时候,通过玩名片这种游戏,背名片、背客人的模样、背客人点过的菜。

好棒的客户关系管理!我不知道以后我还会去这个湖南菜馆几次,但就冲着试试这个服务员下次是否真的记得我,我都肯定要再去一次。是啊,有这样优秀的客户关系管理,有老客户不断回头,何愁生意不盈门!

评析:服务员的客户关系管理,大约有这样几个要点:

第一,从客户的角度出发,为客户设计增值的解决方案,哪怕这种方法表面上会损失自己一定的既得利益。

第二,优质的产品是管理好客户关系的基石。如果菜做得很差,服务员的一切心血都将白费。

第三,与客户的第一次亲密接触至关重要,一定要在第一次会面的短暂时间内,创造轻松愉快的沟通氛围,了解客户的基本情况,并设法索要对方名片。

第四,记住客户的模样和名字,以及他点过的菜,下次来的时候就能够直呼其名,并且记得他的偏好。

第五,一有闲暇就背名片,大脑就是她的客户数据库。当然,到一定程度的时候,她这一套客户关系管理需要用IT技术来提高效率。

近日我正在为一家银行进行管理辅导。银行是纯粹的服务业,它所面临的挑战是各银行之间的产品差异性很小,而利率等关键要素都是由人民银行掌控的,因此,银行开拓客户和维护客户忠诚度,更主要是靠服务和一套流程。显然,银行对于客户关系管理的需求非常迫切。从小餐馆也看到了银行业客户关系管理的共通道理。

首先,客户经理要有为客户提供超值服务的理念,否则仅仅只想赚别人的钱,而不琢磨怎么为别人创造价值,客户是不会买账的。

其次,客户经理要有意愿、有足够的沟通技巧在最短的时间内与陌生客户建立良好的沟通,还要不断了解客户的更多信息,如同你是他的财务顾问或是理财顾问。

再次,公司一定要有一套客户关系管理的流程、机制以及氛围。

第四,对银行来讲,引入IT技术支持客户关系管理应当比小餐馆要早一些。古有智者云:治大国如同烹小鲜!餐馆业务很小,银行业务很大,但只要是服务业,其客户关系实如出一辙。从全球趋势来看,制造业已经开始越来越多地穿上服务业的外衣,即使通用电气这样有百年历史的制造业巨擘,现在服务业收入的比重也已经超过75%,国内如联想集团的转型也是冲着软件和服务去的。

在这个客户稀缺的时代,什么是核心竞争力呢?几乎对所有的企业而言,至少有一项不可或缺,那就是管理客户关系的能力——把一次性客户转化为长期客户,把长期客户转化为终身忠诚客户。

案例2:美国小银行的人情味

美国现有3,000多家小银行,在具有全球影响的花旗、美洲等跨国银行的眼皮底下,它们是如何生存下来的呢?

初到美国,我想当然地把手中的余钱存入美洲银行。但很快就发现,附近的几家小银行利息很高,其中定期存款利息高出一个多百分点。把钱存入小银行保险吗?答案是肯定的。根据美国有关银行的法律,所有银行均由联邦储蓄保险公司承保,如破产,每个储户最多可从该公司得到10万美元的本金。因为个人存款超过10万美元的并不多,这样一来,储户最多只会损失利息。

那么,小银行是靠什么赢得顾客的呢?

当我第一次走进马里兰州的联合银行时,它的服务即给我留下深刻印象。

银行工作人员杰克正在与一位老太太交谈。杰克说:"你这一个多月就没出来散散心?"老太太说:"没有。我怎么也忘不了他。32年啦,朝夕相处,眼前总是他的身影。"原来,老太太的丈夫刚去世。"那当然。不过,也许他在天堂比在人间更幸福。你应该为他感到高兴才是。"老太太脸上露出了笑容。

老太太走后,我问杰克:"你和客户都这么熟吗?"他说:"那倒不一定。但绝大多数到这里存贷款的人我都能叫出名字。"事实的确如此,我去过两次后,两位接待过我的职员都知道我的姓,其中一位甚至记住了我的零存整取账号。

小银行主要为社区服务,前来存贷款的都是常客。相互之间熟悉了,自然就建立起感情和信用。无论是存钱,还是分期付款买房、买车、买家具,银行与顾客之间都很信任。小银行存款利息高,周围的人自然愿意把钱放在这里;贷款利息虽然比大银行高,但购买家用物品或急用,额度小,大银行不一定看得上,手续也更复杂,所以居民还是愿意就近就便。

小银行的服务也有特色,存贷款利率种类特别多。比如定期存款,有1个月、2个月、3个月的,也有半年、1年、2年、3年、4年、5年的;既有整存整取的,也有零存整取,还有存款利率随行就市、跟涨不跟落的。最低存款额也比大银行低。小银行还可应顾客的要求,上门服务且不另收费。

小银行还讲人情味,办事通融。

我在另一家小银行切维切斯开立了活期账户,申请了支票,办理了自动取款卡。根据规定,我在活期账户上的存款余额至少应在500美元以上,否则就被罚款20美元。但开户后半年,我因购物,在账户的余额一度只剩450美元。银行即在下月账单里扣去20美元。我抱着试试看的心理来到办理开户的那个营业部,向一位女职员作了解释。我说,我开户时间不长,把超支这项规定给忘了,希望银行通融。那位女士回头与当天值班经理嘀咕几句,便告诉我可以,扣款下月退还。而我的一位同事在一家大银行因为同样的缘故被罚20美元却再也没有退还。

小银行的环境相当好,给顾客以亲切、热情之感。绝大多数小银行营业厅里,都有煮咖啡的器具,咖啡、糖和牛奶也放在一旁。在等候或办完存贷手续后,顾客可自泡一杯咖啡。在座椅旁还有小糖果,顾客可随手拿一个。

【实训项目小结】

所谓银行市场营销是指把可赢利的银行服务的流向引导到经过选择的客户的一种管理活动,从某种意义上讲,市场营销的实质应该是全员营销。而所谓全员营销,包括多层含义:一是银行各个层面、各个部门、各个员工都有市场营销的责任;二是银行不仅要营销可赢利的产品、服务,还要营销银行的企业理念、企业文化;三是营销的对象不仅仅是能给银行带来直接经济效益的客户,而且包括那些虽不能给银行带来直接经济效益,但却有助于改善营销环境的客户,如政府、同业、媒体、银行员工等。

【实训项目任务】

任务一　推销产品的不同方式

任务二　部分银行产品推销技巧

【实训项目报告】

实训项目:银行营销技巧实训

目的	通过实训,学习银行营销的方法及技巧
要求	通过本实训,要求学生能正确理解银行的营销理念。掌握营销的方法及技巧,并会实际应用
报告内容	一、实验内容 二、实验基本步骤 三、实验数据记录和处理
实验结果与分析	

下　篇

综合业务技能实训

实训项目 10 日初处理

【实训目标与要求】

1. 掌握日初业务的处理，了解营业前准备工作的内容。

2. 熟悉日初签到及现金、重要单证出库的要求及处理程序。

【实训项目准备】

1. 打扫卫生，清洁设备，整理日常用具。

2. 安全检查。

【实训项目内容】

10.1 签　　到

柜员使用自己的操作码和密码在银行业务系统签到，准备办理业务，注意密码必须定期更换。银行柜员签到流程图如图 10.1 所示。

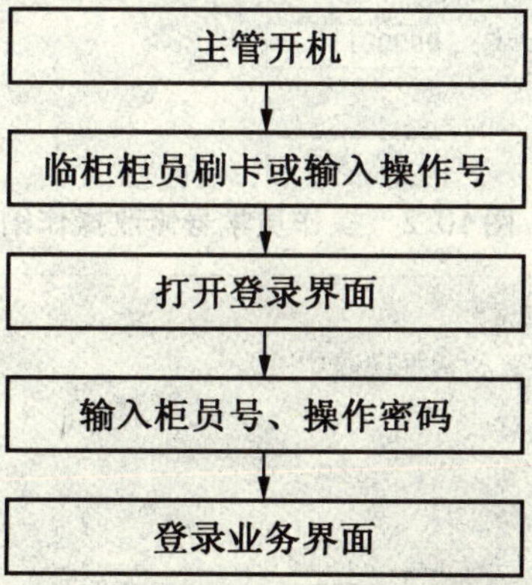

图 10.1　银行柜员签到流程图

操作要点：

(1) 主管开机。

柜员签到是在柜员终端进行，在签到前必须由三级以上主管进行主机开机。

(2) 柜员刷卡或输入操作号。

柜员用自己的权限卡刷卡，登录签到界面。

(3)输入柜员号、操作密码。

①柜员号。柜员号是柜员在一个中心范围内的唯一标识,也是柜员进入综合应用系统的唯一合法身份,通常为4位字符(字母或数字),由系统运行中心按营业机构编码分配。经管辖行批准后,九级主管对所属柜员号可进行增加、减少、修改。

②操作密码。每个业务人员首次使用权限卡时或权限卡处于待启用状态时,由会计结算部门负责人在计算机上为其启用权限卡,设定初始密码。

操作密码的设置可使用数字或英文字母进行组织,但不得使用初始密码或简单地重复数字、顺序数字,并要严格保密,防止泄露,且每月至少要更换一次操作密码。

输入密码、柜员号后,签到完成,进入柜台交易画面。

(4)如需要修改密码,进入修改密码界面。

若修改密码,需通过输入交易代码,进入“修改密码”界面。直接在“新密码”栏两次输入新的密码,否则回车即可。

10.1.1　操作员密码修改

对私/公业务柜员第一次登录本系统,首先应修改个人资料,避免其他人修改登录密码及个人资料,同时也方便教师根据学生姓名及学号统计及查询实验成绩,避免其他人修改登录密码。如图10.2、图10.3所示。

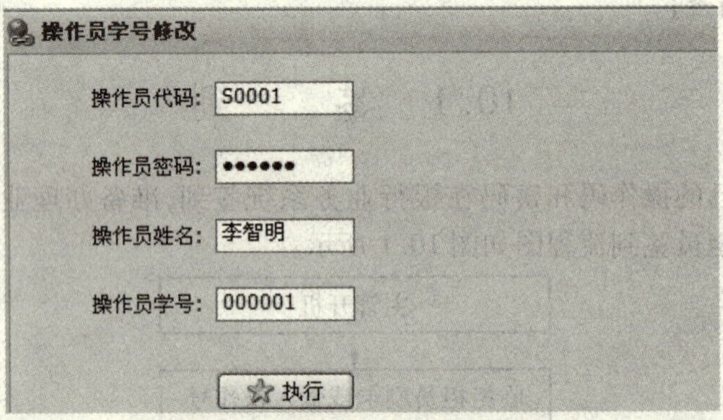

图10.2　操作员学号修改操作图

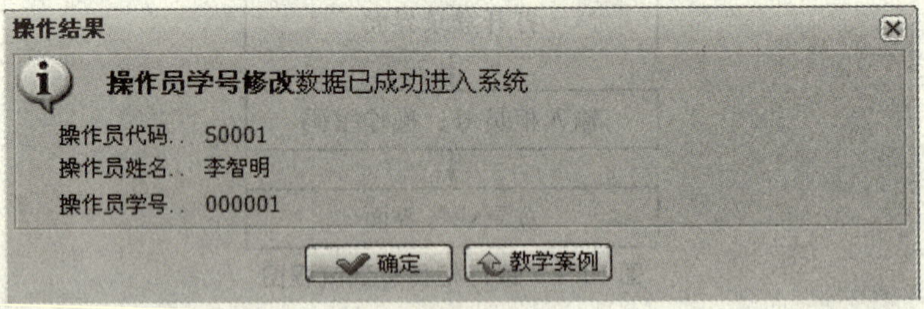

图10.3　操作结果

10.1.2　增加尾箱

柜员第一次登录系统时,必须要设置一个尾箱号,否则,无法领用凭证及进行现金业务。尾箱号(柜员个人钱箱号)首位为“0”,五位数。设置尾箱号时,可选择与本人绑定,这样登录系统时就不必输入钱箱号，系统会默认已绑定的尾箱号登录。注：钱箱设置完成后，必须先退出系统后重新登录，方可生效。如图10.4、图10.5所示。

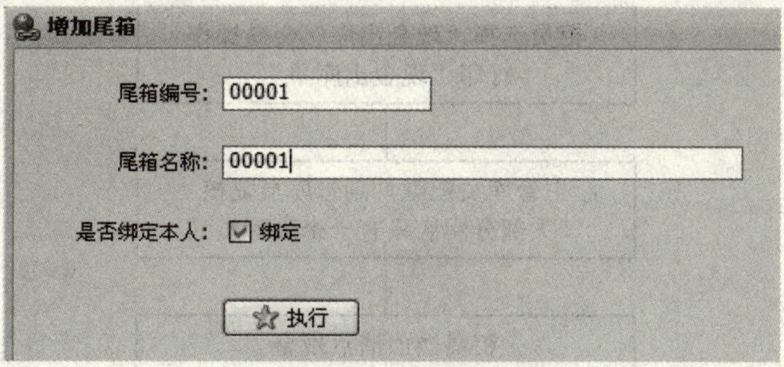

图10.4　增加尾箱操作图

图10.5　操作结果

10.2　出　　库

柜员在办理日间业务操作前，必须领取一定量的现金、重要空白凭证。此外，还要将上日封存入库的"尾箱"从业务库中领出。以上这些业务即是办理出库。

10.2.1　现金出库

1. 基础知识

在现金业务管理中，综合应用系统要求每个营业机构都要设一个"现金库房"，用于记录库房现金的总数和各券别的数量，并控制库房现金实物的出入库。

每个办理现金业务的临柜柜员，必须由主管为其按币种建立"现金箱"，并设定一定的限额，否则柜员无法办理现金业务。在每天进行日间业务操作前，需匡算当天所需现金数，从业务库中提取相应现金存入"现金箱"。

注意：如果柜员个人钱箱中有足够的现金，日初处理时也不必再做现金出库操作了。

2. 现金出库的操作流程

现金出库的操作流程如图 10.6 所示。

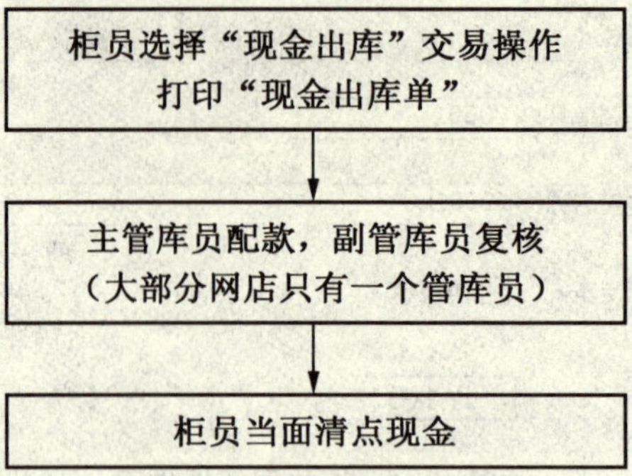

图 10.6　现金出库流程图

操作要点：

（1）选择“现金出库”交易进行操作。

柜员匡算当天现金需要量（大概 20～50 万，不能超过各行规定的最高限额），选择“现金出库”交易进行操作并打印一式两联“现金出库单”，交予管库柜员。

（2）主管库员配款，副管库员复核。

管库柜员收到出库票后，经核对各券别、金额与合计金额无误后，由主管库员按填制的券别顺序配款，经副管库柜员复核无误后，在出库票上加盖“出库讫”戳记，再交领现金的柜员。

配款的一般原则是：

①从大数到小数搭配各种券别，先配主币，后配辅币。

②搭配券别要考虑适合市场主辅币流通比例的需要。

③考虑计算上的方便。

（3）柜员当面点清大数。

先查点捆数，逐捆卡把，验明每捆是否 10 把，再检查封签与券别是否一致，封签和绳索有无破损和异常。无误后将券别捆数、金额与出库单逐项核对相符。柜员可把各种票面分成九平一折或十九平一折，按不同券别分别放入现金分格箱内。

清点时应做到操作定型、用具定位、手续严密、有疑必复。

10.2.2　重要空白凭证出库

1. 基础知识

重要空白凭证是指银行印制的、经银行或客户填写金额并签章后即具有支付效力的空白凭证，如支票、银行汇票、商业汇票、不定额银行本票、存折、存单、国债凭证、银行卡、印鉴卡、内部往来划收（付）款凭证和电子清算划收（付）专用凭证等。

在重要空白凭证管理中，综合应用系统要求每个营业网点都要设一个“凭证库房”；每个办理现金业务的临柜柜员，都要有一个“凭证箱”。对于重要空白凭证，柜员要严格遵守“先领用、再使用”这一操作流程。在使用中还必须按凭证号码从小到大顺序使用，不能跳号使用。

2. 凭证领用

柜员第一次使用本系统时，必须要先领用凭证。凭证"开始号码"与"结束号码"不能与其他柜员领取的号码相同。自己领用的凭证号码应记下，以便接下来的业务操作使用。如果钱箱中已有以上各种凭证，日初处理时就不必再领用凭证。

例：领用"一本通存折"10 张，凭证号码为 8 位数，如图 10.7、图 10.8 所示。

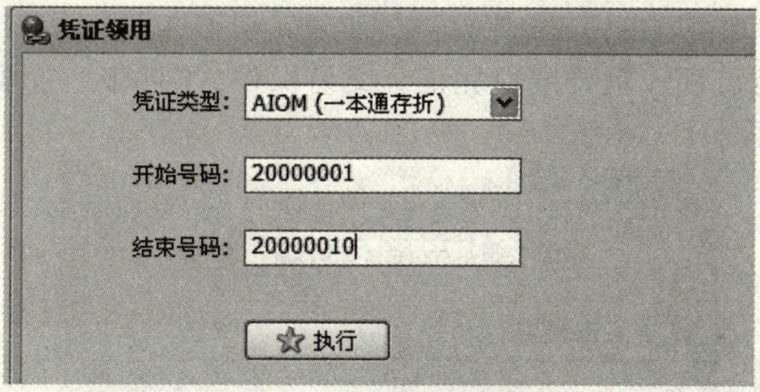

图 10.7　凭证领用操作图

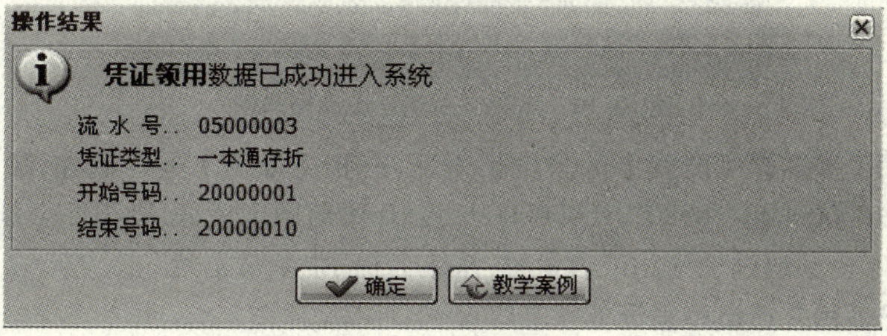

图 10.8　操作结果

3. 重要空白凭证出库的操作流程

重要空白凭证出库的操作流程如图 10.9 所示。

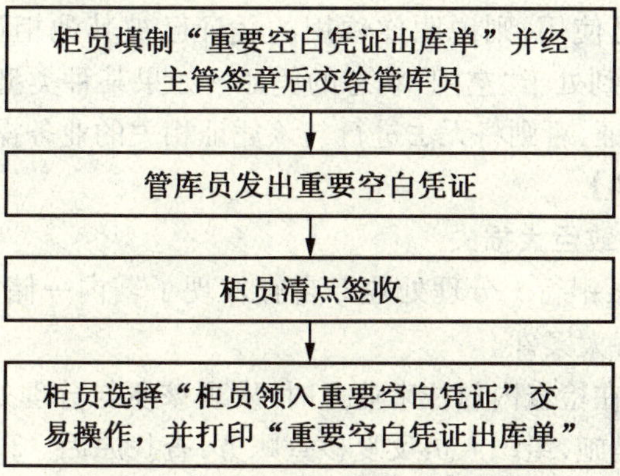

图 10.9　重要空白凭证出库流程图

操作要点：

(1) 柜员填制"重要空白凭证出库单"并经主管签章后交给管库员。

柜员根据业务量的情况，决定所要领取的空白重要凭证的数量、种类，填写两联"重要空白凭证出库单"，经主管同意后交管库柜员。

(2)管库员发出重要空白凭证。

管库柜员根据“重要空白凭证出库单”所填凭证种类、数量登记“重要空白凭证保管领用登记簿”,填写凭证起讫号码,交领入柜员。

(3)柜员清点签收。

柜员领取空白凭证后,逐份清点,正确无误后在“重要空白凭证保管领用登记簿”签收。

(4)柜员打印“重要空白凭证出库单”交管库员。

柜员选择“柜员领入重要空白凭证”交易操作,并打印“重要空白凭证出库”(图10.10)单交管库员。

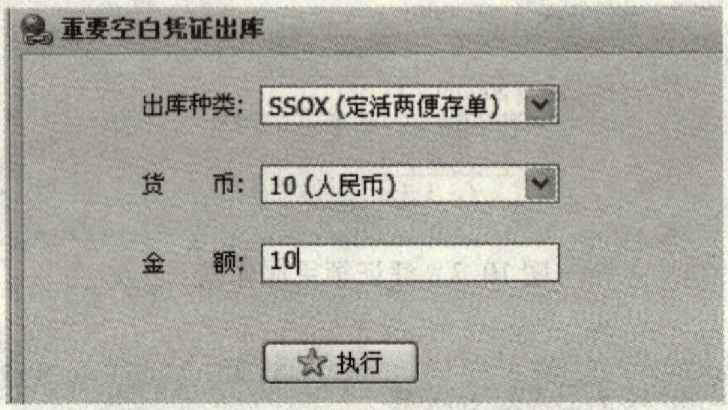

图10.10　重要空白凭证出库操作图

柜员领用了多少张凭证就出库多少张凭证,一张凭证为1元。例如,领用信用卡号码为8989010100000000～898010100000009,共10张信用卡凭证,则出库金额为10元。

注意:出库金额超过领用凭证数量时,系统会提示“余额不足”。

4.查询已领用并已出库凭证的状态

凭证状态为“空闲”的,所有柜员均可以使用该凭证。例如,该柜员出库了10张信用卡凭证,则他可以使用10张处于“空闲”状态的信用卡凭证。所以柜员使用的凭证不一定是自己领用的凭证,只要是“空闲”的凭证都可以使用。柜员在使用自己领用的凭证号码时,系统提示该凭证已使用,则说明你领用的凭证已被其他柜员使用,你可以使用在“凭证综合查询”中查询到处于“空闲”状态的凭证。如果某种类型的凭证余额为0,则必须再次领用及出库该凭证,否则将无法进行与该凭证相关的业务操作。

【实训项目相关资料】

案例1:密码泄露导致巨大损失

2003年3月2日,某银行一分理处业务自查发现了辖内一储蓄所杨某诈骗、盗用银行资金383.72万元的特大案件。

这起案件是分理处在检查内部往来业务时,发现该所与分理处辖内往来科目余额差额较大,立即采取紧急措施,组织人员反复核查账务,查找原因。3月3日,监控嫌疑人该办事处工作人员杨某,在大量事实面前,经政策攻心,被迫交代了侵占银行资金的部分犯罪事实。经查,杨某从2002年9月至2003年2月,利用工作之机盗用别的柜员操作密码,私自填制出库票,偷盖该所印章并签他人名字,先后出库提取现金和转账23笔,383.72万元。

经公安机关和专案组共同努力,查清了383.72万元的去向。杨某被逮捕,其他6个有关责任人分别受到了行政处分和经济处罚。

分析：

(1)有章不循，对账走过场，检查流于形式。行所往来科目按规定每月必须对账，但该所3个月没有对账。杨某开始私自填写出库单，盗用储蓄所印章，光1个月就出库11笔，如果坚持当日对账，就可能及早发现案情。

(2)责任心不强，防范意识差。杨某一案涉及几个不同岗位的操作权限，有的岗位人员也曾对杨某出示的票据表示过怀疑，但由于相信有操作密码设置，他人无法冒用，因而就不再过问。并且，本应一个月就修改操作密码，但嫌麻烦长期不换，导致杨某长期冒用他人操作权限。这反映出工作人员责任心不强，防范意识差。

(3)重要空白凭证管理不当，监督失去作用。杨某挪用企业存款采取不入账，上联存单交企业，底联销毁，微机冲正。事后监督本应抓住不放查到底，但一拖再拖，失去监督作用，以致没能及时发现杨某犯罪行为。

案例2：空白凭证管理不严

1997年12月1日，某支行收到该市中级人民法院下达的二审判决书，旷日持久的7万元储蓄纠纷案终于画上了句号，但给予我们的警示却远没有结束。

事情发生在1994年3月，某银行职工华某为完成揽储任务，领出定期存单1份，存单已盖好该所业务专用章。当月，华某找到某邮局支局办理邮政储蓄业务的"哥们儿"鲁某帮助组织存款，鲁某言称等些日子给办，现在没有存款。华某将随身带来的空白存单给了鲁某1份，鲁某要求华某："那你签个字。"华某顺手从桌上拿过一支圆珠笔，大笔一挥，在出纳栏里签上了自己的大名。

5月，华某找到鲁某，因未搞到存款，便索要空白存单，鲁某说已经扔了，华某信以为真。1996年3月，鲁某其妻李某找华某，递过存单，华某看后惊讶不已，对李某说没有这回事，鲁某根本没有搞到存款。李某迅速夺回存单。次日华某赶到李家索要存单被拒绝，尔后又拖人说情索要存单。种种"私了"办法均未奏效，李某等人态度强硬。5月，李某向法庭正式起诉。围绕存单是否有效，法庭双方律师开始艰苦的调查取证工作。经市公安局笔记鉴定，确认存单上的华某字样确系本人所写，但存单上其余文字、数字均为鲁某所写，复核栏里面王某印章系伪造。华某陈述的有关空白存单给鲁某以及签字，向鲁某索要空白存单等经过均有多人向法庭举证。李某述称其夫在华某寝室向华交钱的经过，因鲁某人已死，死无对证，真假难辨。

1996年8月14日，法庭依法判决李某所持定期储蓄存单无效，鉴于被告方管理制度不严，是造成本案的主要原因，应承担因此产生的一切诉讼费用。

结案后，该支行引以为戒，在全辖区开展了重要空白凭证大清理，并对有关责任人进行严肃处理。

分析：

(1)违反了储蓄管理有关规定。对重要空白凭证管理不严格，每日营业终了重要空白凭证的领、发、结存数字应在营业日报表上反映，并在重要空白凭证登记簿、开销户登记簿上的有关数字核对相符。本案中领出空白储蓄定期存单长期不结账是严重的违规行为。

(2)违反储蓄业务中对公、私印章的管理规定，规定要求签发存单(折)及有价单证要随用随盖,严禁事先盖章备用。

【实训项目小结】

日初业务处理主要是指为确保日间各项业务顺利完成,需要在营业前提前做好的各项准备工作。主要包括营业前准备、签到、出库等工作。

营业前准备包括:打扫卫生;整理日常用具;检查着装并挂好工号牌,做到整洁、庄重、规范;按有关制度规定检查随身携带物品、用具是否符合规定;检查安全防卫器具是否正常、完好,二道门是否上锁;现金及重要单证出库。

签到是柜员使用自己的操作码和密码在银行业务系统签到,准备办理业务,注意密码必须定期更换。

"现金出库"的意思就是柜员从支行网点钱箱中领取现金存入到柜员个人钱箱中。

"重要空白凭证出库"意思就是将从支行钱箱中领用的凭证出库并存入到柜员个人钱箱中。

【实训项目任务】

任务 1　储蓄业务柜员第一次登录本系统,修改个人资料

任务 2　现金出库

任务 3　重要空白凭证出库

【实训项目报告】

实训项目报告一:修改密码

目的	柜员修改个人密码,避免其他人修改登录密码及个人资料,同时也便于教师根据学生姓名及学号统计及查询实验成绩
要求	柜员修改自己的个人资料,学生必须填写个人真实姓名,否则,教师无法统计其实验成绩
报告内容	一、实验内容 二、实验基本步骤 三、实验数据记录和处理
实验结果与分析	

实训项目报告二:现金出库

目的	通过场景模拟,熟悉现金出库的基本流程
要求	模拟角色:柜员、管库员 模拟业务:柜员从库房领入现金 50 万元 操作提示:①正确填写现金出库单 ②清点现钞时要严格按照操作规程
报告内容	一、实验内容 二、实验基本步骤 三、实验数据记录和处理
实验结果与分析	

实训项目报告三:凭证出库

目的	了解重要空白凭证的种类,并熟悉其出库的基本流程
要求	模拟角色:柜员、管库员 模拟业务:柜员领入活期存折 50 个,银行卡 20 个 操作提示:必须严格按照重要空白凭证的签收和登记、入库程序操作
报告内容	一、实验内容 二、实验基本步骤 三、实验数据记录和处理
实验结果与分析	

实训项目 11

现 金 管 理

【实训目标与要求】

1. 掌握识别人民币的方法。

2. 掌握管库员假币管理业务操作流程。

【实训项目准备】

1. 假币票样。

2. 放大镜、紫外灯、磁性检测仪和防伪点钞机等识别假币的工具和仪器。

【实训项目内容】

11.1 现金管理规定

(1)按柜台设置钱箱并按编号使用。

(2)设专人统一管理现金大库,大库管理人(管库员)负责与其他柜员的调剂工作。

(3)每日打印现金日记簿、现金收付结算数据表,作为与现金实物核对的依据。

(4)每日营业终了,柜员必须轧账、碰库,钱箱由双人核查并双人上锁加封;钱箱交接必须当面进行。

(5)网点主管每周至少查库一次,核查尾箱(钱箱)现金和重要单证是否账实一致。

11.2 现金长短款业务处理

现金长短款是指在盘点和核对库存现金时,发现的除挪用现金、白条顶库、超限额留存现金等情况以外原因的现金日记账余额与库存现金数额不符。

管库员清点库房现金的券别和库存余额核对,显示各券别名称、数量、金额、库存登记簿余额,打印“库存现金清点情况表”并进行处理。

1. 库房现金长款处理

管库员清点库房现金后,如发现长款,填制“现金入库单”。

2. 库房现金短款处理

发生短款后,管库员填制两联现金出库单,第二联传递给内部账柜员,内部账柜员做记账并打印出业务凭证给管库员，管库员将现金出库单和过渡业务凭证进行核对。

11.3　没收假币处理手续

11.3.1　银行收到假币的处理规定

(1)银行收到假币由两名以上持有《反假币上岗资格证书》的业务人员当面予以收缴。

(2)对假人民币，应当面加盖“假币”字样的戳记。

(3)对假外币，应当面以统一格式的专用袋加封，封口处加盖“假币”字样戳记，并在专用袋上标明币种、券别、面额、张(枚)数、冠字号码、收缴人、复核人名章等事项。

(4)告知持有人对被收缴的货币真伪有异议，可向中国人民银行当地分支机构或中国人民银行授权的当地机构申请鉴定。

(5)收缴的假币，不得再交予持有人，但要向持有人出具《假币收缴凭证》。

(6)《人民币管理条例》规定，单位和个人持有伪造、变造的人民币的，应当及时上交中国人民银行、公安机关或者办理人民币存取款业务的金融机构；发现他人持有伪造、变造人民币的，应当立即向公安机关报告。

(7)中国人民银行及中国人民银行授权的国有商业银行的业务机构应当无偿提供鉴定人民币真伪服务。

11.3.2　收到假币的操作流程

金融机构在办理业务时发现假币，由该金融机构两名以上业务人员当面予以收缴，如图11.1所示。

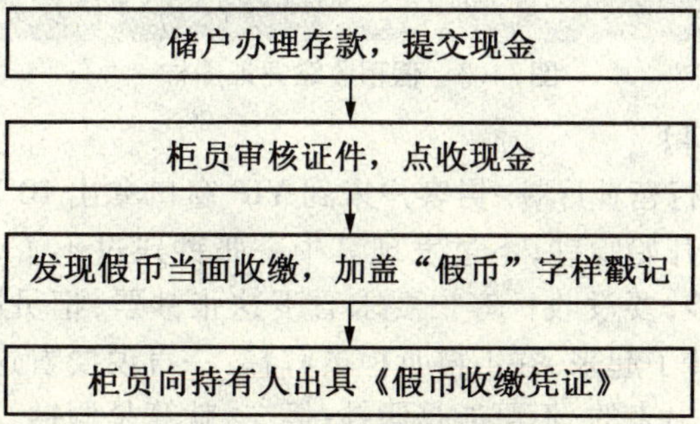

图11.1　收到假币流程图

操作要点：

(1)柜员审核证件、点收现金。

(2)清点现金时如发现假币应立即向交款人声明为可疑币并报告业务主管进一步鉴定。确定为假币后，须由两名以上持有《反假币上岗资格证书》的经办人员在客户视线范围内办理假币收缴手续，在客户面前在人民币假币正面窗及背面中央，分别加盖蓝色油墨的“假币”戳记，如图11.2所示。

图 11.2　加盖“假币”戳记图样

(3)柜员向持有人出具《假币收缴凭证》。

①使用“假币没收登记”交易进行登记,记入表外科目。联机打印一式三联“假币收缴凭证”及凭条,并加盖业务公章和经办员、复核员名章。假币收缴凭证第三联交持币人,并告知内容。

②使用“假币出入库”交易,在界面选择“收缴入库”,查询“登记”状态下柜员假币收缴记录,与实物核对无误后,作入库处理,在“假币收缴凭证”第二联加盖柜员名章确认,如图 11.3 所示。

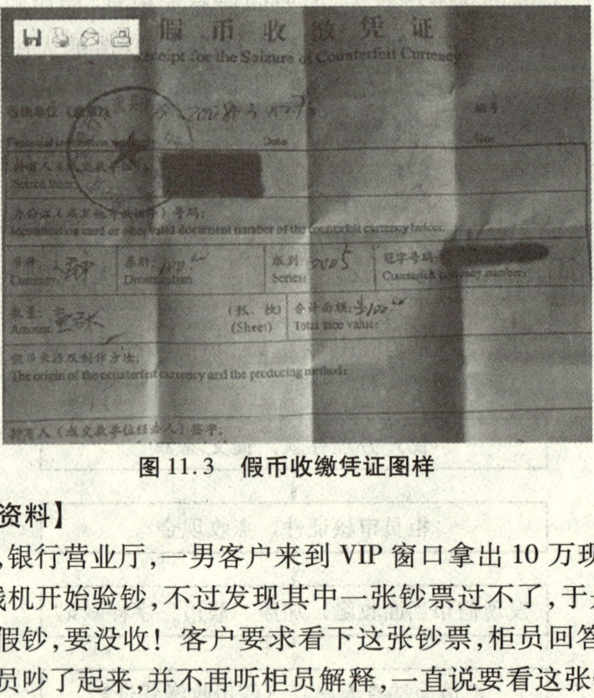
假币收缴凭证
Receipt for the Seizure of Counterfeit Currency

图 11.3　假币收缴凭证图样

【实训项目相关资料】

某日上午 10 点,银行营业厅,一男客户来到 VIP 窗口拿出 10 万现金办理存款业务。柜员接过钱放入点钞机开始验钞,不过发现其中一张钞票过不了,于是取出来经过确认后,告诉客户这是张假钞,要没收!客户要求看下这张钞票,柜员回答不行。于是,客户变得非常气愤,与柜员吵了起来,并不再听柜员解释,一直说要看这张钞票,理由是:这钞票是刚从另一家银行取出来的,不可能是假钞;第二,就算是假钞,自己也希望认识一下,免得以后再次误收!

于是,大堂经理、保安纷纷来到 VIP 窗口帮忙解释说这是银行的规定,可是客户情绪激动,根本听不进去……

这个案例,一方面是银行的规定,一方面是客户,该如何合法合情妥当地处理?

分析(客户心理需求):

(1)客户来到 VIP 窗口,说明他是 VIP, VIP 客户内心都会有优越感。

(2)客户要求看一下这张钞票,柜员回答不行。

——完全可以给他看,但是必须盖假币章后给他看。

(3)客户理由:这些钞票是刚从另一家银行取出来的,不可能是假钞;第二,就算是假钞,自己也希望认识一下,免得以后再次误收!

——客户的理由合乎逻辑。客户没有要求将假币退还给他,只是希望认识一下,所以客户的需求完全可以得到满足。

【实训项目小结】

现金长短款是指在盘点和核对库存现金时,发现的除挪用现金、白条顶库、超限额留存现金等情况以外原因的现金日记账余额与库存现金数额不符。

假币收缴流程:柜员收入客户存款时,整个收款过程必须在客户视线范围内完成。如发现收入的款项中存在假钞,则必须立即报告当值的业务负责人,双人核实确为假钞后,必须在假钞上先加盖人民银行统一格式的假币章。而后开具假币没收凭证,该没收凭证上填有该张假钞的具体细节特征(如钞票编号)。客户核实无误后在假币没收凭证上签字确认;如客户对钞票被没收有异议,或对钞票真假有不同意见,客户可凭这张假币没收凭证于三日内到银行投诉。

【实训项目任务】

任务一　现金长短款处理

任务二　没收假币处理

【实训项目报告】

实训项目报告一:现金长短款处理

目的	掌握现金长短款的处理办法
要求	请模拟银行柜员办理以下业务:张某在县城某银行取现金10万元,因粗心大意(太相信银行了),未当面点款,结果在20分钟后要存入时,发现其中一万元出现短款1,100元的情况。张某一家人的一致意见是银行短款引起,遂前去交涉
报告内容	一、实验内容 二、实验基本步骤 三、实验数据记录和处理
实验结果与分析	

实训项目报告二:没收假币处理

目的	掌握假币处理办法
要求	请模拟银行柜员办理以下业务:接待客户张军存款10,000元,其中假币50元2张,100元5张,20元15张
报告内容	一、实验内容 二、实验基本步骤 三、实验数据记录和处理
实验结果与分析	

实训项目 12

个人储蓄业务

【实训目标与要求】

1. 了解商业银行当前柜台的劳动组织形式，特别是要熟悉综合柜员制。
2. 掌握领取各种业务凭证的方法。
3. 熟悉增加尾箱、尾箱轧账。
4. 熟悉各种储蓄业务的操作。
5. 了解商业银行柜面日常业务的基本流程。

【实训项目准备】

1. 培养柜员的服务意识和法律意识。
2. 储蓄存折、储蓄存单、一本通存折、一卡通票样。

【实训项目内容】

12.1 账号编排体系

12.1.1 客户号

客户号由10位数码组成：

第1位用数字0~9表示：0~3表示储蓄账号，4~8表示对公账号，9表示内部账号。我们一般使用的是储蓄账号。

第2~9位为顺序号。

第10位为校验位。

例如，0 0 0 0 0 0 0 3 4 8 8 中，第1位“0”表示该客户号是储蓄账号，第2~9位的00000348是顺序号，表示该客户号是银行开立的第348位客户，最后一位的8表示校验位。因为储蓄账号是0~3，所以加上顺序号后，全行可以有4亿个储蓄客户。

12.1.2 储蓄账号

储蓄账号共15位，由前10位的客户号和后5位的账号后缀共同组成。其中账号后缀前4位为顺序号，第5位为校验位。

例如,0 0000003488 0001 0 表示客户号为0000003488 的客户开立的0001 第一个子户。(顺序号第5位为校验位)每个客户号下可以有1万个分户。

12.1.3 内部账号

内部账号是银行工作人员内部使用的账号,由10位客户号和5位后缀组成。其中客户号对应一个网点在某个币种下的某种业务。

第1位用数字“9”表示内部账号。

第2、3位为支行号。

第4、5位为网点号。第2、3、4、5合并表示完整的网点编号。

第6、7位为货币代号。

第8~10位为业务代码。

账号5位后缀为顺序号,由全行统一制定。

例如,9 01 01 10 101 00001 中“9”表示内部账号,“01”表示市行营业部,“01”表示市行营业部01网点,第6、7位的10表示币种(人民币),第8~10位101表示库存现金业务代码,最后的5位00001表示柜员钱箱。所以这个内部账号的意思就是向市行营业部01网点00001柜员钱箱存放存、取款。

12.1.4 业务代码

业务代码对应到唯一的科目。科目可能根据实际业务需要而变动,但是对应的业务代码是不变的。与科目相对应并不是说与科目一样,科目可以是3位、5位、7位,而业务代码只是3位。

12.2 卡业务简介

“一本通”或“一卡通”都是一种重要凭证,而不是一项业务。在“一本通”“一卡通”适用于各储种,所有储种的操作程序都同一般储蓄业务。“一本通”“一卡通”开户时可直接开卡本通,也可以只开“一本通”或“一卡通”,事后客户如有需要可以补开相应的“一卡通”或“一本通”。开户时必须凭本人身份证件办理并预留密码,密码必须是六位数。“一卡通”分查询密码和支取密码两种,二者可相同也可不同。“一本通”内所有存取款或销户业务必须由客户填写存取款凭条。如图12.1、图12.2所示。

图12.1 中国工商银行活期一本通图样

图 12.2　招商银行一卡通图样

12.3　柜 员 管 理

12.3.1　基础知识

1. 综合柜员的定义

(1)银行营业机构的劳动组织形式可采用柜员制和复核制，二者区别见表 12.1。

表 12.1　柜员制和复核制的区别

	交易处理	交易复核	责任	优点	缺点
综合柜员制	柜员	柜员	自我复核,自我约束,自我控制,自担风险	提高工作效率,减少柜员人数,方便客户,改善银行形象,便于对柜员的管理评价	缺少互相监督
经办复核制	柜员	复核员	明确责任,相互制约,共担风险	两人办理业务,可严格控制风险	划分过细,手续繁琐,客户等待时间长,人力浪费;职能封闭,效率低下

(2)银行营业机构劳动组织形式经历了从复核制到柜员制,再到综合柜员制的发展(图 12.3)。目前我国大多数银行都开始实现综合柜员制。

图 12.3　银行营业机构劳动组织的演变图

(3)综合柜员制是指在面向客户、面向交易的思想指导下,在具备严密的监控条件下,打破原有的业务分工界限,根据业务核算制度和操作规程,由柜员独立完成各项业务操作并承担相应责任的劳动组织形式。同时通过限制操作人员的操作权限、主管人员严格进行授权的方式实施业务控制。

(4)在实行综合柜员制的营业机构,其柜员岗位设置如图 12.4 所示。

其中,普通柜员是指具体办理会计核算业务的人员,负责对权限范围内业务的操作和会计资料的初审;主管兼柜员是指对业务经办处理的各类业务进行复核或在规定业务范围内和额度内授权的人员;主管是指对超过业务主办权限的重要业务进行授权处理的管理人员,主要包括网点负责人、总会计、各级会计结算部门负责人,以及有权部门聘任的,行使业务主管职责的管理人员。

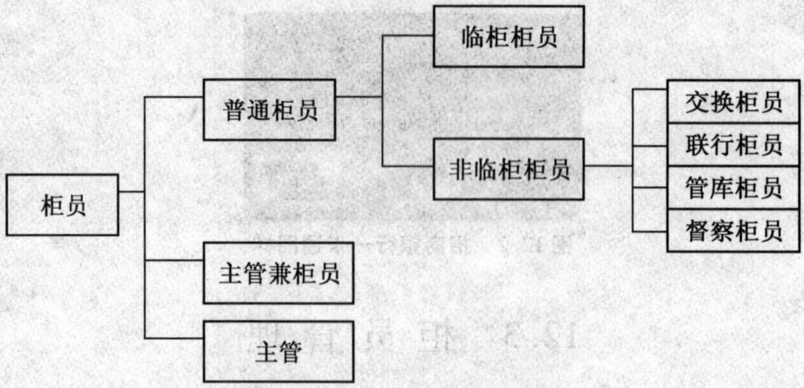

图 12.4 综合柜员制岗位设置

各类业务应由普通柜员（业务经办）、主管兼柜员（业务主办）、主管（业务主管）逐级办理，这种事权划分是一种内部控制方法。

2. 综合柜员的主要职责

（1）领发、登记和保管储蓄所的有价单证和重要空白凭证，办理各柜员的领用、上交。

（2）负责各柜员营业用现金的内部调剂和储蓄所现金的领用、上缴，并做好登记。

（3）处理与管辖行会计部门的内部往来业务。

（4）监督柜员办理储蓄挂失、查询、托收、冻结与没收等特殊业务，并办理储蓄所年度结息。

（5）监督柜员工作班轧账。

（6）银行科技风险识别与控制。

（7）办理储蓄所结账、对账，编制凭证整理单和科目日结单；打印储蓄所流水账，定期打印总账、明细账、存款科目分户日记账、表外科目登记簿；备份数据及打印、装订、保管账、表、簿等会计资料，负责将原始凭证、账、表和备份盘交事后监督。

（8）编制营业日、月、季、年度报表。

3. 临柜岗位工作流程

临柜岗位工作流程如图 12.5 所示。

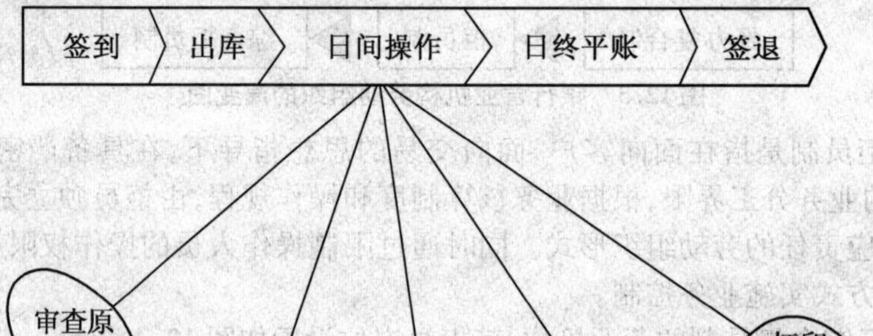

图 12.5 临柜岗位工作流程图

操作要点：

(1)签到。作为一名柜员，每天办理日常业务前必须进行柜员签到，即进行注册，才能进入综合应用系统进行业务操作。

(2)出库。临柜柜员在办理日间业务前，首先应领取一定量的现金、重要空白凭证。此外，还要将上日封存的“尾箱”从业务库中取出。

(3)日间操作。日间操作包括个人、单位的各种储蓄业务、结算算业务、代理业务、表外业务。

(4)日终平账。临柜柜员每天办完日常业务后必须进行日终平账，具体步骤包括：检查平账器—打印平账报告表、重要空白凭证核对表—整理核对交易清单—账实核对。

(5)签退。临柜柜员进行日终平账后，应将“柜员平账报告表”和交易清单一并交于主管，待主管确认无误后即可进行签退。

12.3.2　实训操作

1. 柜员编号

柜员由市行统一管理。柜员号 5 位，网点柜员形式为：S##＊＊，其中 S 表示该柜员是操作员(如果是 A 则表示该柜员是 ATM)，##(01～29)为支行号，＊＊为支行下柜员统一编号(00～99)。例如，S0215 表示 02 支行的第 15 位柜员。

2. 柜员级别设置

管理级——为 A 级不临柜只做专项授权管理业务，对具体权限按金额和业务操作权限划分。

操作级——分为 B 级(柜长)和 C 级(普通操作员)。B 级不临柜，但可办理代扣、代发、小金额授权等特殊业务，C 级具体权限按金额和业务操作权限划分。

(1)柜员密码管理。

①柜员首次使用系统，必须首先修改自己的柜员密码。

②柜员要保管好自己的密码，原则上要求每个月对密码进行修改。

③如因密码泄露或将密码交由他人使用而造成的损失由柜员自己负责。

④柜员密码忘记可由其他柜员进行柜员密码修改操作，对其密码进行挂失。挂失的密码必须由中心机房进行解挂并更换新密码。如图 12.6、图 12.7 所示。

图 12.6　部门管理员选中柜员信息图

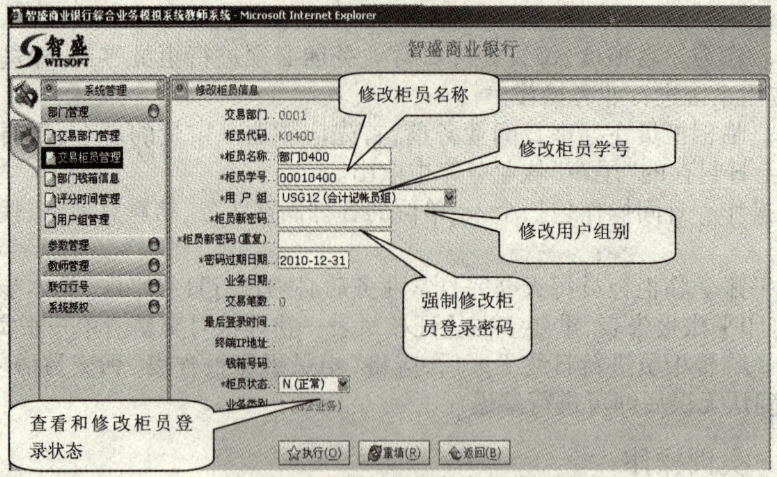

图 12.7　部门管理员修改柜员信息图

(2)柜员权限管理。

①柜员要严格按照自己的权限进行操作和授权。

②不得将自己的柜员卡交由他人使用,如有特殊原因须进行书面交接。

12.4　凭 证 管 理

12.4.1　基础知识

1. 凭证种类及使用

凭证种类包括储蓄存折、储蓄存单、一本通存折和一卡通。

可以用储蓄存折的储种包括:活期、零整、通知存款、教育储蓄和存本取息。

整存整取和定活两便都使用储蓄存单。

一本通和一卡通各储种都可使用。

2. 空白重要凭证管理基本要求

(1)空白重要凭证实行统一管理、分级负责、专人专管制度,并纳入表外科目,以“一份一元”为记账单位进行核算,确保账实、账簿、上下对账相符。空白重要凭证上应按号码顺序发售和使用,不得跳号。

(2)空白重要凭证实行“专人管理,入库(箱)保管”办法。日中业务人员如需临时离岗,应将未用的空白重要凭证入柜(箱)妥善保管。每日营业终了,业务人员应将未用完的空白重要凭证入库分箱保管。

(3)各行必须建立空白重要凭证保管登记簿,并按凭证种类、数量详细登记保管。

(4)营业网点使用的储蓄大额存单(必须由业务主管管理),由主办以上柜员专人保管,空白重要凭证和一般凭证分开保管。

12.4.2　实训操作

1. 凭证领用

系统的凭证领用采取从市行到支行、从支行到网点的二级分配体系。支行到市行领用凭证后,市行管理部门必须将凭证的起使号码位输入中心机房的管理机内,并进行分配操作,将凭证分配到各支行管理机内。同样,支行凭证管理员也要将凭证的起始号码有计划地分配到各网点的库钱箱里,网点凭证负责人在前台机器交易界面选择库钱箱凭证领用交易领入凭证到库钱箱,柜员用凭证出库交易领入凭证。

具体流程:市行库—支行库—网点库钱箱—柜员钱箱。一卡通的分配和普通凭证分配一样,只是一卡通的分配是从卡部开始,而不是市行库。

(1)前台柜员领用重要空白凭证的操作流程如图 12.8 所示。

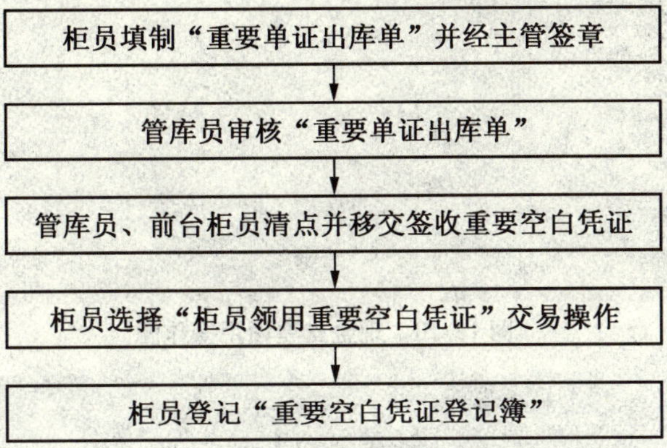

图 12.8　前台柜员领用重要空白凭证的操作流程

操作要点:

①重要空白凭证管理员(管库员)领用重要空白凭证。

管库员填制一式三联“重要单证入库单”,在入库单上加盖本行在上级行的预留印章,向上级行领取,保卫人员押运;选择“管库员领入重要空白凭证”交易操作,登记“重要空白凭证登记簿”。

②前台柜员领用重要空白凭证。

管库员要登记“重要空白凭证登记簿”并要求柜员在上面签收,柜员收到凭证后也要登记“重要空白凭证登记簿”。

下面以现金支票领入为例,如图 12.9 ~ 图 12.11 所示。

图 12.9　现金支票领用登录图

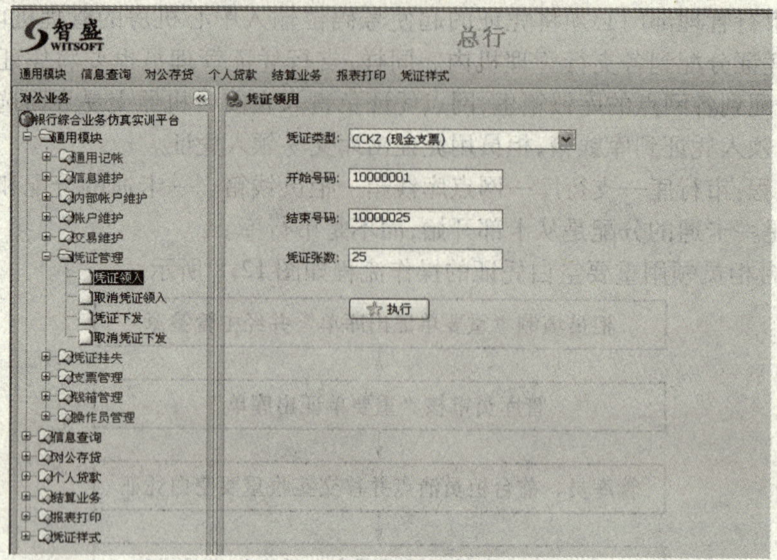

图 12.10　现金支票领用操作图

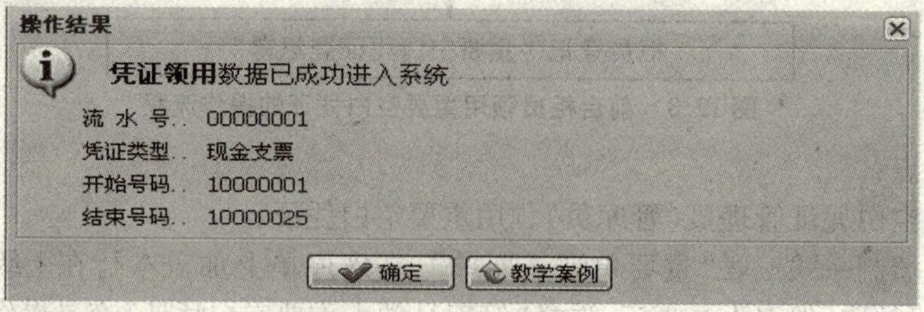

图 12.11　操作结果

(2)注意事项：

①凭证“开始号码”与“结束号码”不能与其他柜员领取的号码相同。自己领入的凭证号码应记下，以便接下来的业务操作使用。如果钱箱中已有以上各种凭证，日初处理时就不必再领用凭证。

②支票领用张数必须为 25 的倍数，而且起始号为 25 的倍数加 1，终止号为 25 的倍数(即支票必须整本领用)。

2. 凭证下发

总行(部门编号为 0001)以总行对公柜员身份(K0001 或“K + 支行部门编号“)将已领入的凭证下发到各支行网点。

注意：本业务是以总行柜员身份登录总行(部门编号：0001)来操作，所以需要退出本部门登录到总行去进行此项操作。因本操作在总行进行，所以不统计实验得分。虽然此操作不记分，但此项操作是必不可少的，否则在支行无法领用凭证。

总行(部门编号为 0001)的对公柜员(编号为 K0001 或“K + 支行部门编号”)为共用柜员，默认密码为 888888，请勿修改密码。如图 12.12、图 12.13 所示。

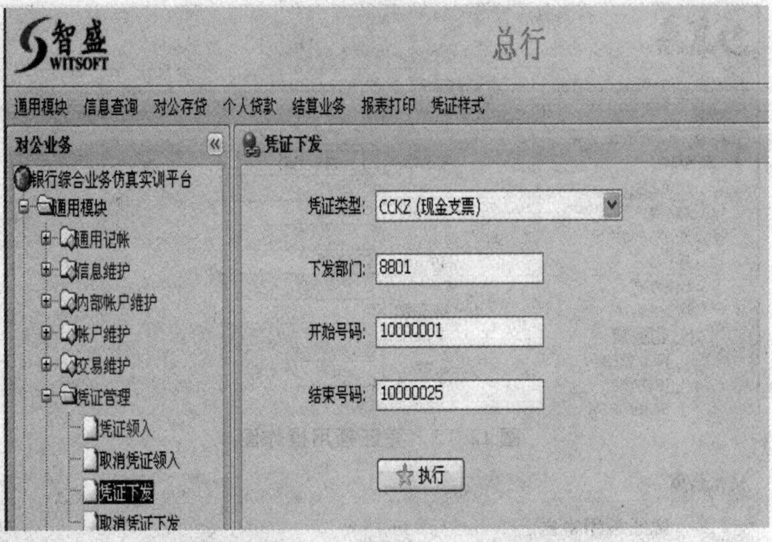

图 12.12　凭证下发操作图

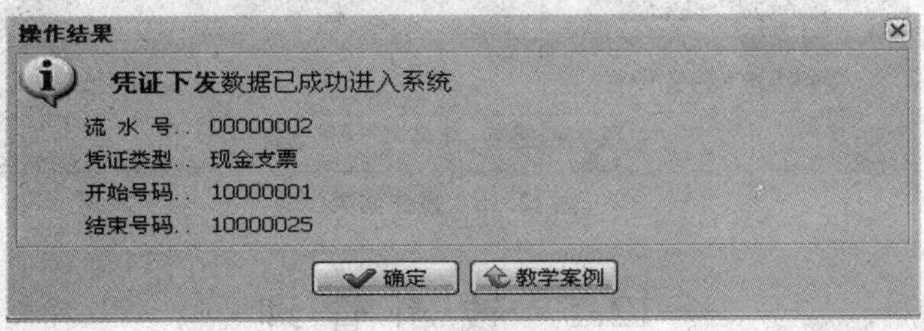

图 12.13　操作结果

3. 支行凭证领入

支行网点对公柜员登录系统(交易部门编号为本支行网点编号),将上述已从总行(交易部门编号为 0001)下发到支行网点的凭证领入到支行网点的部门钱箱。如图 12.14 ~ 图 12.16 所示。

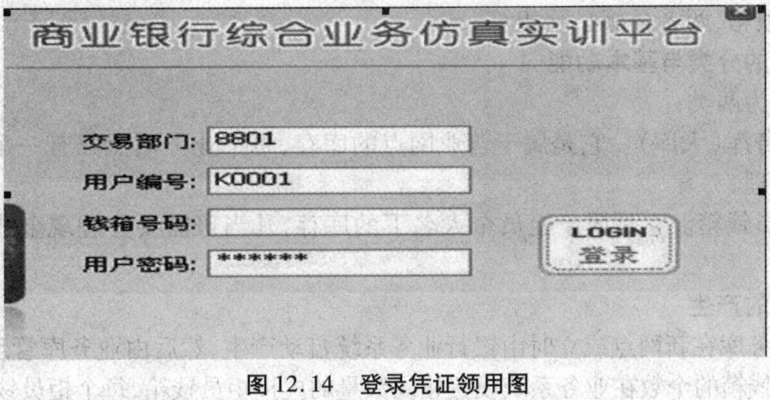

图 12.14　登录凭证领用图

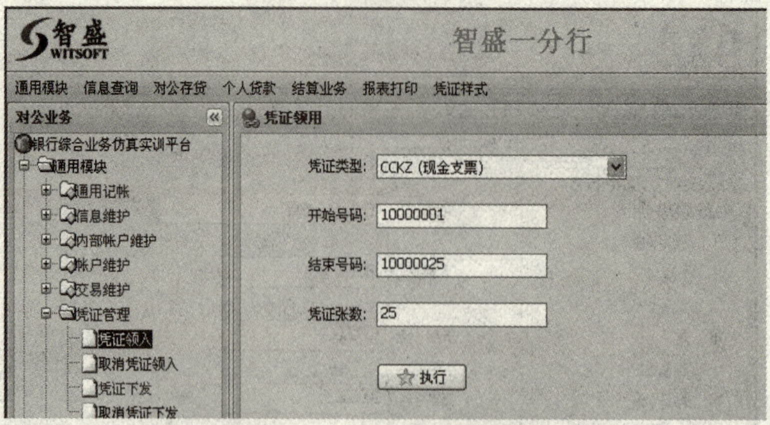

图 12.15 凭证领用操作图

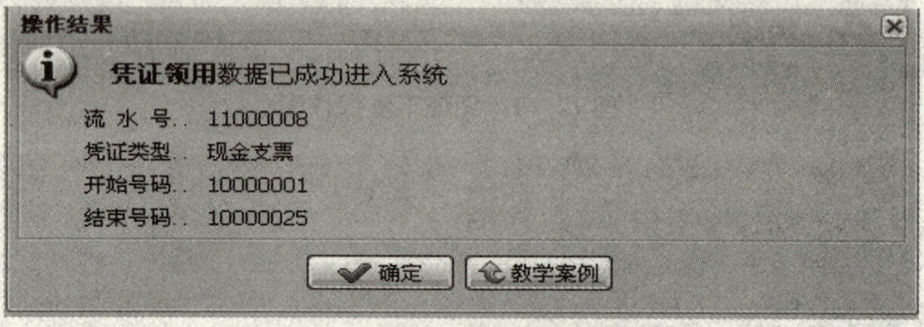

图 12.16 操作结果

12.5 钱箱管理

12.5.1 基础知识

1. 钱箱的定义

钱箱是指柜员办理现金业务的库存。钱箱分为虚拟钱箱(即电脑系统中设置的钱箱)和实物钱箱,两者金额必须相符。

2. 钱箱的分类与基本功能

钱箱分为两类:

(1)业务库(大库)。它是属于营业网点的库存,每个业务网点只有一个,编号固定,指定专人管理。

(2)柜员钱箱。它是属于柜员个人名下的库存,凡当班需要办理现金业务的柜员每人一个。

3. 钱箱的产生

虚拟业务库在新网点成立时由银行业务系统自动产生,然后由业务库管理员或主管根据实物柜员钱箱的个数在业务系统设置相同数量的虚拟柜员钱箱,每个柜员钱箱均有编号。

4. 钱箱的管理

业务库钱箱只能由管库员(即业务主办或业务主管)领用,柜员钱箱由柜员领用。在业务系统内的现金转移要由收、付双方通过两个配对交易才能完成。

5. 钱箱的作用

业务库是营业网点的库存，负责管理日常现金的调拨、上缴以及网点与支行间的资金往来。柜员只有领了钱箱才能办理现金类交易，没有领用钱箱的柜员，只能做非现金类交易。

12.5.2 实训操作

1. 钱箱的发放与领用的操作流程

钱箱的发放与领用的操作流程如图12.17所示。

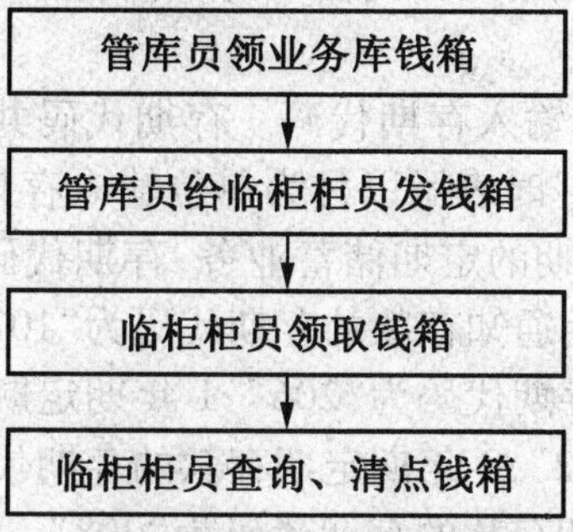

图12.17 钱箱的发放与领用的操作流程图

操作要点：

(1)管库员发放钱箱，管库员使用“发钱箱”交易。

(2)临柜柜员领取钱箱，临柜柜员使用“领钱箱”交易。

2. 钱箱上缴的操作流程

钱箱上缴的操作流程如图12.18所示。

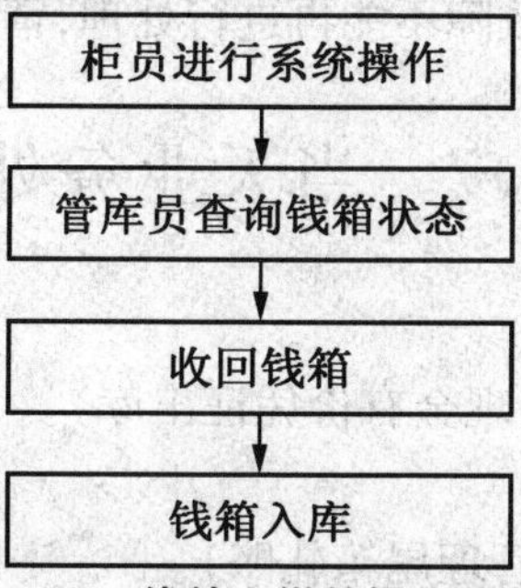

图12.18 钱箱上缴的操作流程图

操作要点：

(1)柜员进行系统操作，使用“缴钱箱”交易。

(2)管库员查询钱箱状态，使用“维护钱箱管理表”交易。

(3)管库员收回钱箱，使用“收钱箱”交易，业务库钱箱是最后一个收回的钱箱。

(4)钱箱入库，所有实物钱箱由运钞车运到指定地点保管。

12.6 业务通用操作

(1)对客户进行完整的管理，任何新客户在开账户之前，必须先开客户，账户通过“客户号+账号后缀”来区分。客户号(一批)由总行科技部打印出来发给各支行，各储蓄网点再根据业务需要向上级行申请。客户号长度为10:第1、2位为支行号,第3位用数字0~3表示储蓄账号,第4~9位为顺序号,第10位为校验位。客户号由客户自己选择,由临柜人员输入电脑。

(2)凡按回车键后,弹出刷磁条窗口的,请在刷卡器上刷存折或操作员卡。

(3)若某业务要取消刷磁条的功能,请在窗口上找到"凭证输入"选择框,选择"手工输入"。

(4)凡按回车键后,弹出刷输入密码窗口的,请刷操作员卡或提醒客户按密码键盘输入密码。

(5)定期储蓄业务中要求输入存期代码。存期代码共3位:第1位为数字"1"时表示以天为单位输入存期;为"2"时表示以月为单位输入存期;为"3"时表示以年为单位输入存期;后面两位表示相应存期的定期储蓄业务,存期代码共有以下几种:1天期通知存款的存期代码为"101";7天期通知存款的存期代码为"107";3月期定期存款的存期代码为"203";6月期定期存款的存期代码为"206";1年期定期存款的存期代码为"301";2年期定期存款的存期代码为"302";3年期定期存款的存期代码为"303";5年期定期存款的存期代码为"305";8年期定期存款的存期代码为"308"。业务操作中凭证号码必须为8位,密码为6位。

(6)若某业务要取消密码功能,请在窗口上找到:印鉴类别,选择C(无限制)或D(印鉴)。

(7)窗口中若"客户号"旁边有两个输入框(上下或左右排列),我们称第一个为"客户号",称第二个为"客户号重复"。"账号""存折号""存单号"同理。

(8)任何时候,若打印出现故障不能再进行处理,请先退出本系统后再进入系统。

12.7 当天业务处理

(1)打开机器,进入系统。

(2)做现金日初(钱箱管理:现金有价凭证出库)。

(3)处理具体储蓄业务。

(4)做现金日终平账(钱箱管理尾箱轧账)。

(5)退出系统,关机。

12.8 日常操作流程

12.8.1 客户管理

1. 开普通客户

(1)进入开普通客户界面:个人储蓄—客户管理—开普通客户。

(2)输入ID类别、ID号、ID号重复、客户称谓、客户姓名、邮编、地址、电话(家)、电话(办公)和传真(FAX)。

(3)检查无误后选择【执行(R)】按钮,在系统提示下操作。

(4)开客户后直接开账户时,新开户画面上客户号系统会自动产生。

(5)注意事项:客户姓名不能为空。客户号由客户自己选择,临柜人员输入。客户没有提供有效证件时,则 ID 类别选择 Z(无)。

如柜员为第一次来本行办理开户业务的个人客户李智明(客户名称及身份证号码可由柜员自行设定)开设一个普通客户号。

注意:一个身份证号只能在本支行开立一个普通客户号及一个一卡通客户号。客户号由系统自动生成,并记录下来,开立活期账户时需要填写系统生成的普通客户号。本系统采用客户化管理理念设计,一个客户身份证号码对应一个普通客户号及一个一卡通客户号,通过客户号可以查询该客户在本行发生的所有业务,极大地方便了银行对客户的全面管理。如图 12.19、图 12.20 所示。

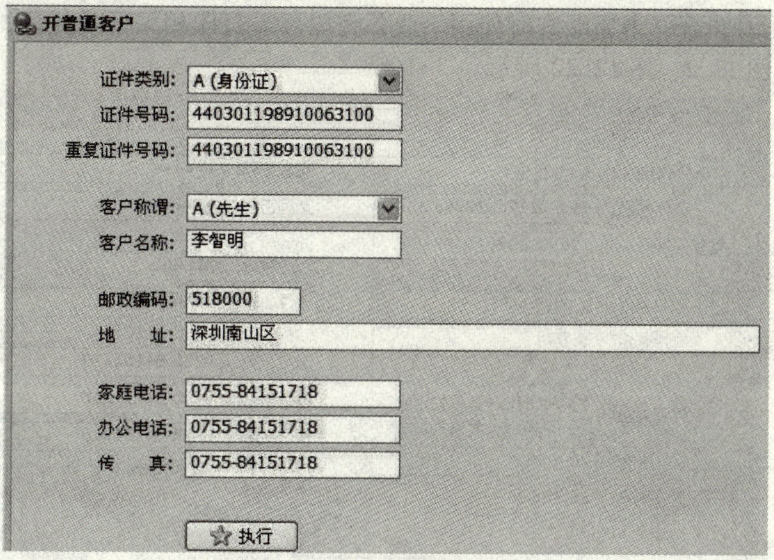

图 12.19　开普通客户操作图

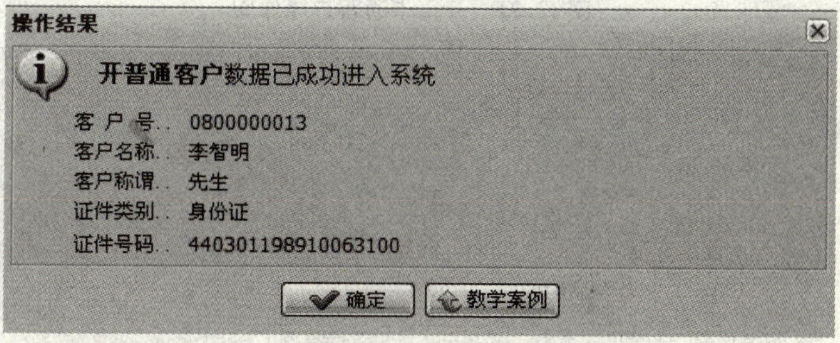

图 12.20　操作结果

2. 开一卡通客户

(1)进入开一卡通客户界面:个人储蓄—客户管理—开一卡通客户,“凭证类型”选择“一本通”或“一卡通”。

(2)输入客户号、存折号、存折号重复、客户姓名、客户称谓、ID 类别、ID 号、ID 号重复、印鉴类别、邮编、地址1、地址2、地址3、电话(家)、电话(办公)、传真(FAX)、通存通兑和附件数。

(3)检查无误后选择【执行(R)】按钮,在系统提示下操作。

(4)开一本通存折时必须输入密码,系统提示用户两次输入密码,一次输入、一次重复确认。密码为6位。

(5)注意事项:客户姓名不能为空。客户没有提供有效证件时,则ID类别选择Z(无)。在开客户界面中,右边栏中除通存通兑和附件数外任意一项均可填可不填(依据客户提供信息)。当作一本通交易时只输存折号,不输客户号,客户号系统给定。当作一卡通交易时客户号、卡号必须按照新卡上打印的号码输入。当作为卡本通交易时客户号、存折号、卡号都必须输入。

如柜员为第一次来银行办理开卡业务的客户李智明开设一个一卡通客户号,并记录下来,以便下一步开一卡通账户时使用。业务完成后需打印相关开户凭证,留底存档,以备查询。如图12.21、图12.22所示。

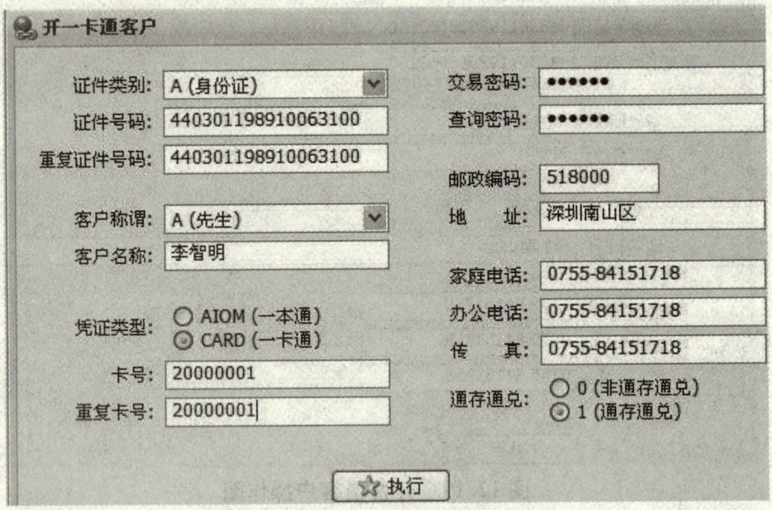

图12.21 开一卡通客户操作图

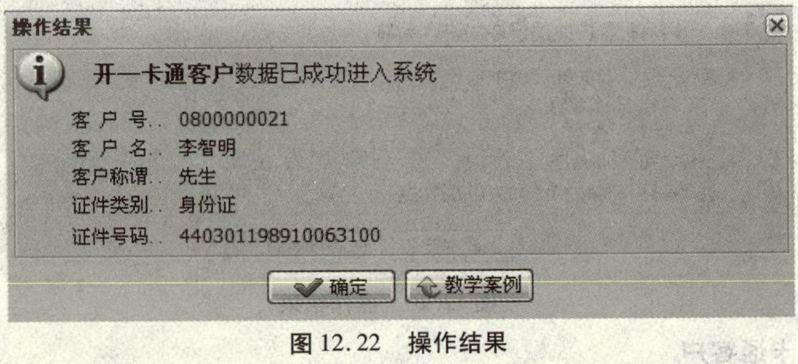

图12.22 操作结果

3. 销一卡通客户

(1)进入销一卡通存折界面:个人储蓄—客户管理—销一卡通客户,"凭证类型"选择"一本通"或"一卡通"。

(2)输入客户号,按回车键,在系统提示下刷存折。输入存折号、摘要、附件数、ID 类别、ID 号。若是手工输入,则输入客户号后,不要按回车键,用上下光标键来移动光标到下一个输入框。

(3)检查无误后选择【执行(R)】按钮,在系统提示下操作。

(4)注意事项:当客户号和存折号输入完毕后,光标移到下一个输入框时,系统自动在窗口的上半部分显示出该客户的详细信息,包括:客户号、凭证号、户名、客户类别、存取方式、状态、冻结原因、冻结日期和冻结用户。

12.8.2　活期

1. 普通活期开户

(1)进入普通活期(开账户)界面:个人储蓄—活期操作—普通活期开户。

(2)输入网点号、客户号、存折号、(存折号)重复、货币、交易码、金额、印鉴类别、密码、存折打印、附件数和通存通兑。

(3)检查无误后选择【执行(R)】按钮,在系统提示下操作。

(4)注意事项:客户没有提供有效证件、印鉴和密码时,印鉴类别选择 C(无限制)。若印鉴类别选择 C(无限制)或 D(印鉴),则密码无须输入。当客户号、存折号、(存折号)重复、货币、交易码输入完毕后,光标移到下一个输入框时,系统自动在窗口的上半部分显示出该客户的详细信息,包括:客户号、凭证号、户名、客户类别、存取方式、状态。

如柜员为客户李智明开设普通存折存款账户,此时需要填写"开普通客户"案例操作中生成的普通客户号,开户存款金额为 5,000 元。业务完成后打印普通存折。如图 12.23、图 12.24 所示。

注意:打印存折需要安装专用票据打印机及相关驱动程序。

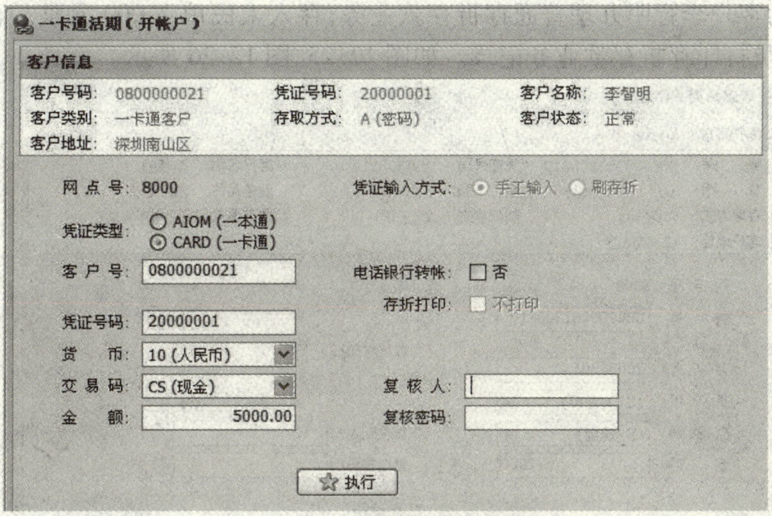

图 12.23　普通活期开户操作图

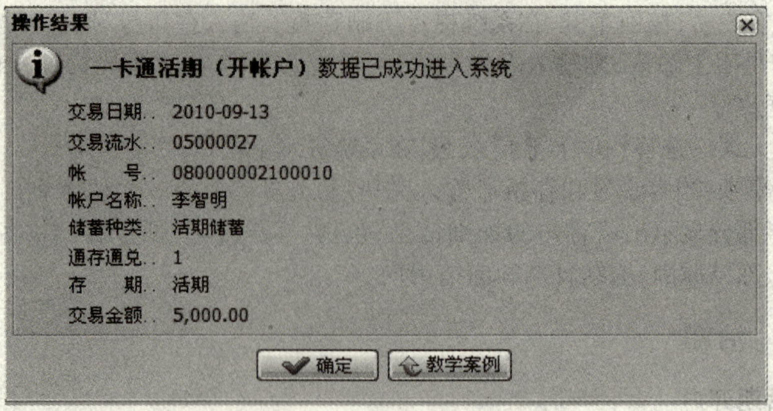

图 12.24　操作结果

2. 普通活期存款

(1)进入普通活期(存款)界面:个人储蓄—活期操作—普通活期存款。

(2)若是有折存款,则输入网点号、账号后,按回车键,在系统提示下刷存折,输入存折号、货币、交易码、金额、存折打印(选择“打印”)、凭证输入(选择“刷存折”)和附件数。

(3)若是无折存款,则输入网点号、账号后,不要按 回车键,用上下光标键来移动光标到下一个输入框,输入存折号、货币、交易码、金额、打印(选择不打印)、凭证输入(选择手工输入)、附件数。

(4)检查无误后选择【执行(R)】按钮,在系统提示下操作。

(5)注意事项:当账号、存折号、货币和交易码输入完毕后,光标移到下一个输入框时,系统自动在窗口的上半部分显示出该客户的详细信息,包括:账号、凭证号、户名、业务品种、货币、余额、存取方式(无折存款时不显示)、账户状态和通存通兑。

如柜员为客户李智明办理普通存折存款业务,存入人民币 2,000 元整。存款业务操作完成后,柜员打印存折存款业务记录。如图 12.25、图 12.26 所示。

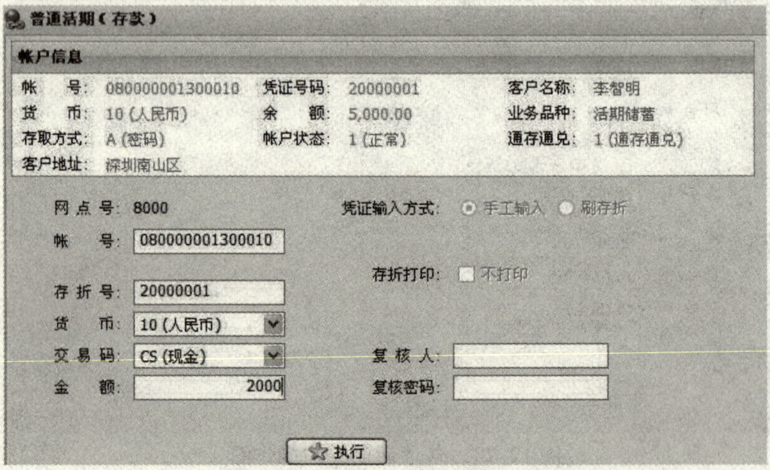

图 12.25　普通活期存款操作图

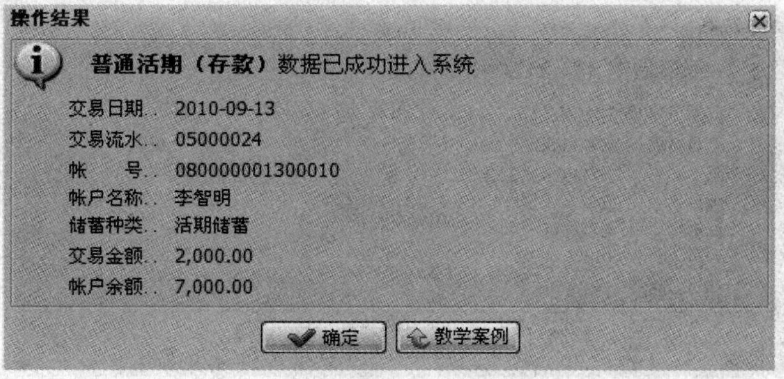

图12.26　操作结果

3. 普通活期取款

(1)进入普通活期(取款)界面:个人储蓄—活期操作—普通活期取款。

(2)输入网点号、账号后,按回车键,在系统提示下刷存折,输入货币、交易码、金额、密码、ID类别、ID号、存折打印和凭证输入。

(3)若储户的存折损坏,则需手工输入。操作方法参阅普通活期存款手工输入的有关说明。

(4)检查无误后选择【执行(R)】按钮,在系统提示下操作。

(5)注意事项:当账号、存折号、货币和交易码输入完毕后,光标移到下一个输入框时,系统自动在窗口的上半部分显示出该客户的详细信息,包括:账号、凭证号、户名、业务品种、存取方式、账户状态和通存通兑。

如柜员为客户李智明办理普通存折取款业务,取出人民币1,000元整。取款业务操作完成后,柜员打印存折取款业务记录。如图12.27、图12.28所示。

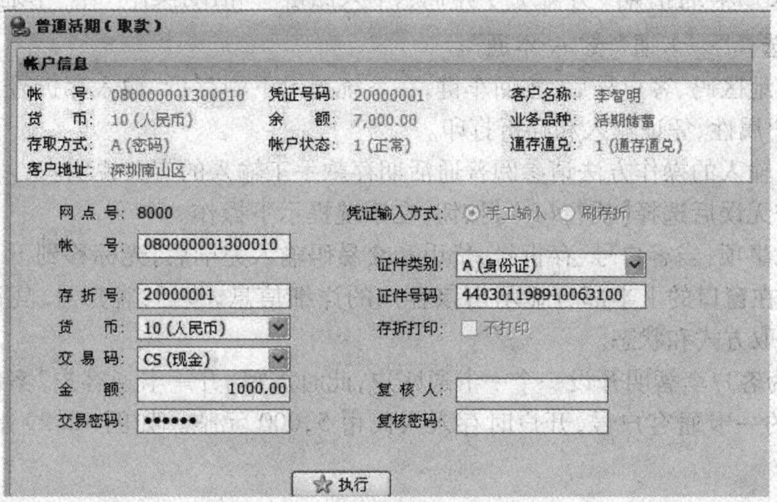

图12.27　普通活期取款操作图

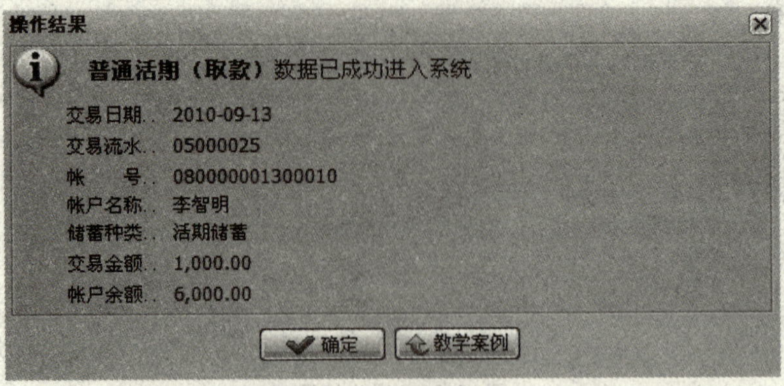

图 12.28　操作结果

4. 普通活期销户

(1)进入普通活期(销户)界面:个人储蓄—活期操作—普通活期销户。

(2)输入网点号、账号后,按回车键,在系统提示下刷存折,输入货币、交易码、金额、密码、ID 类别、ID 号、存折打印和凭证输入。

(3)若储户的存折损坏,则需手工输入。操作方法参阅普通活期存款手工输入的有关说明。

(4)检查无误后选择【执行(R)】按钮,在系统提示下操作。

(5)注意事项:当账号、存折号、货币和交易码输入完毕后,光标移到下一个输入框时,系统自动在窗口的上半部分显示出该客户的详细信息,包括:账号、凭证号、户名、业务品种、存取方式(无折存款时不显示)、账户状态和通存通兑。

5. 一卡通/一本通活期开户

(1)进入一本通活期(开账户)界面:个人储蓄—活期操作—一卡通活期开户,"凭证类型"选择"一卡通"或"一本通"。

(2)输入地区码、客户号后,按回车键,在系统提示下刷存折,输入存折号、货币、交易码、金额、账户属性、凭证输入和存折打印。

(3)手工输入的操作方法请参阅普通活期存款手工输入的有关说明。

(4)检查无误后选择【执行(R)】按钮,在系统提示下操作。

(5)注意事项:当客户号、存折号、货币和交易码输入完毕后,光标移到下一个输入框时,系统自动在窗口的上半部分显示出该客户的详细信息,包括:客户号、凭证号、户名、客户类别、存取方式和状态。

如柜员为客户李智明开设一个一卡通账户,此时需写"开一卡通客户"案例操作中系统自动生成的一卡通客户号,开户时存入人民币 5,000 元整。如图 12.29、图 12.30 所示。

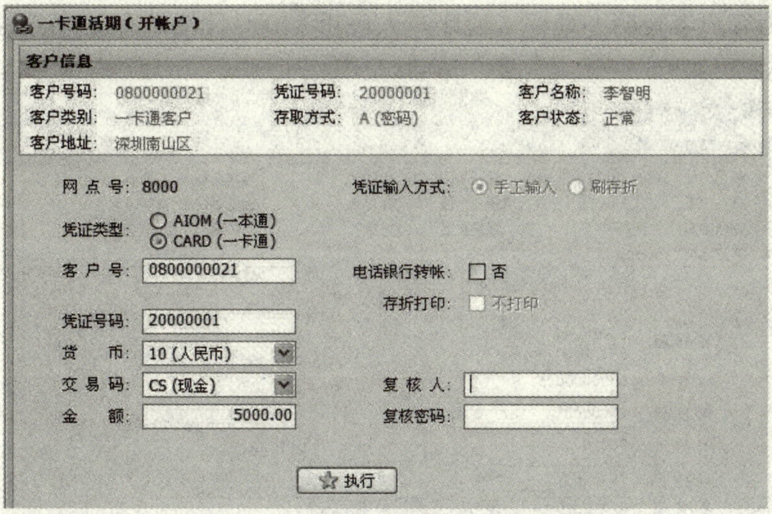

图 12.29　一卡通活期开户操作图

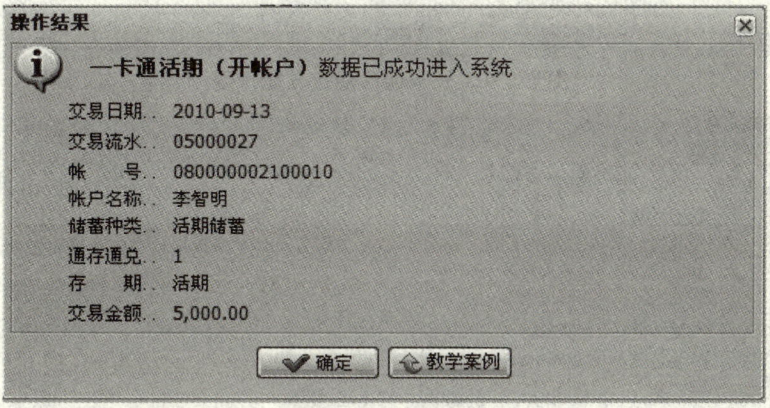

图 12.30　操作结果

6. 一卡通/一本通活期存款

(1)进入一本通活期(存款)界面:个人储蓄—活期操作—一卡通活期存款,“凭证类型”选择“一卡通”或“一本通”。

(2)若是有折存款,则输入地区码、客户号后,按回车键,在系统提示下刷存折,输入存折号、子户号、货币、交易码、金额、凭证输入(选择“刷存折”)和存折打印(选择“打印”)。

(3)若是无折存款,则输入地区码、客户号后,不要按回车键,用上下光标键来移动光标到下一个输入框,输入存折号、子户号、货币、交易码、金额、凭证输入(选择“手工输入”)和存折打印(选择“不打印”)。

(4)检查无误后选择【执行(R)】按钮,在系统提示下操作。

(5)注意事项:当客户号、存折号、子户号、货币和交易码输入完毕后,光标移到下一个输入框时,系统自动在窗口的上半部分显示出该客户的详细信息,包括:账号、凭证号、户名、业务品种、货币、余额、存取方式(无折存款时不显示)、账户状态和通存通兑。

如柜员为客户李智明办理一卡通账户人民币 8,000 元活期存款业务，如图 12.31、图 12.32所示。

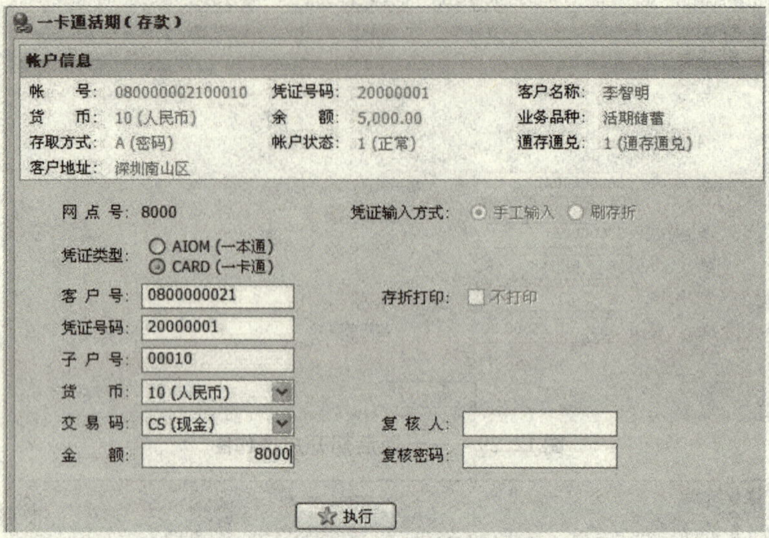

图 12.31　一卡通活期存款操作图

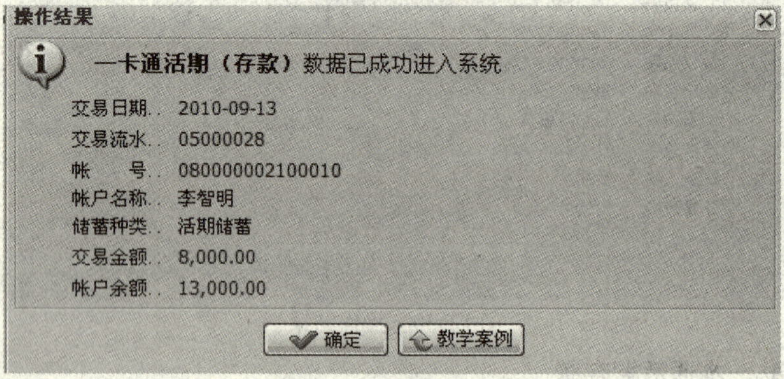

图 12.32　操作结果

7. 一卡通/一本通活期取款

(1)进入一本通活期(取款)界面:个人储蓄—活期操作—一卡通活期存款,“凭证类型”选择“一卡通”或“一本通”。

(2)按回车键,在系统提示下刷存折,输入网点号、(客户号)重复、存折号、子户号、货币、交易码、金额、密码、ID 类别、ID 号、存折打印、凭证输入和附件数。

(3)储户的一本通存折损坏,则需手工输入。操作方法参阅普通活期存款手工输入的有关说明。

(4)检查无误后选择【执行(R)】按钮,在系统提示下操作。

(5)注意事项:当客户号和存折号、子户号输入完毕后,光标移到下一个输入框时,系统自动在窗口的上半部分显示出该客户的详细信息,包括:账号、凭证号、户名、业务品种、货币、余额、存取方式(无折存款时不显示)、账户状态和通存通兑。

如柜员为客户李智明办理一卡通账户人民币 2,000 元取款业务。如图 12.33、图 12.34 所示。

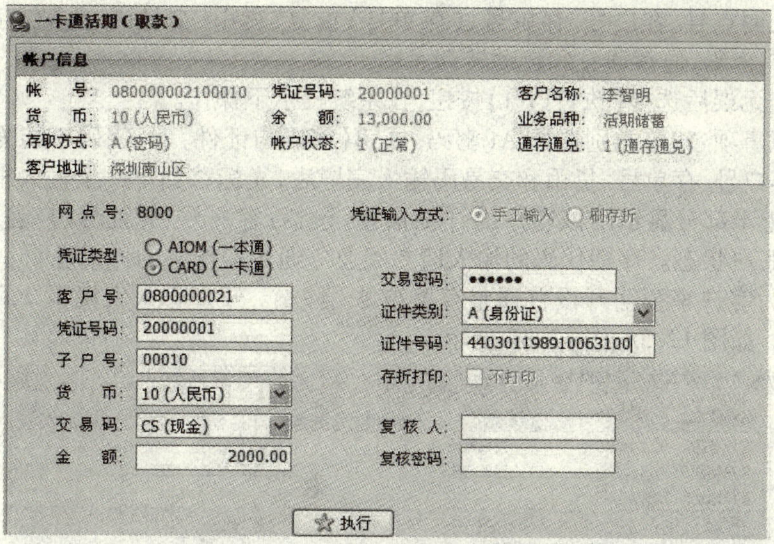

图 12.33　**一卡通活期取款操作图**

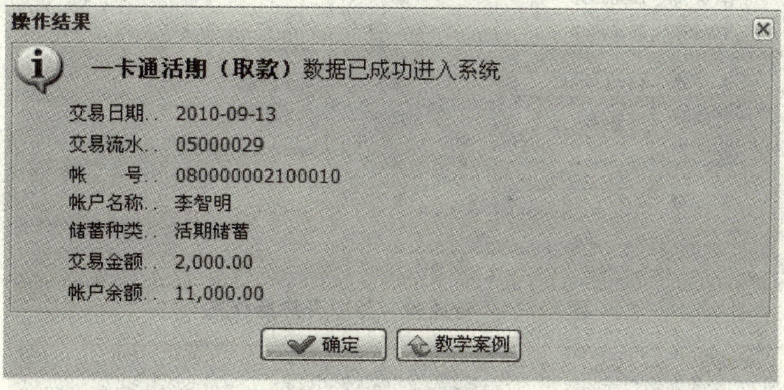

图 12.34　**操作结果**

8. 一卡通/一本通活期销户

(1)进入一本通活期(销户)界面:个人储蓄—活期操作—一卡通活期销户,“凭证类型”选择“一本通”或“一卡通”。

(2)按回车键,在系统提示下刷存折,输入网点号、(客户号)重复、存折号、子户号、货币、交易码、金额、密码、ID 类别、ID 号、存折打印、凭证输入和附件数。

(3)若储户的存折损坏,则需手工输入。操作方法参阅普通活期存款手工输入的有关说明。

(4)检查无误后选择【执行(R)】按钮,在系统提示下操作。

(5)注意事项:当客户号和存折号、子户号输入完毕后,光标移到下一个输入框时,系统自动在窗口的上半部分显示出该客户的详细信息,包括:账号、凭证号、户名、业务品种、货币、余额、存取方式(无折存款时不显示)、账户状态和通存通兑。

12.8.3　整存整取

1. 普通整存整取开户

(1)进入普通整存整取(开账户)界面:个人储蓄—整存整取—整存整取开户。

(2)输入网点号、客户号、存单号、(存单号)重复、货币、交易码、金额、存期、凭证种类、印鉴类别、密码、通存通兑和自动转存。

(3)检查无误后选择【执行(R)】按钮,在系统提示下操作。

(4)注意事项:印鉴类别选择A(密码)或B(密码与证件)时,密码不能为空(由客户输入)。当客户号、存单号、货币和交易码输入完毕后,光标移到下一个输入框时,系统自动在窗口的上半部分显示出该客户的详细信息,包括:客户号、凭证号、户名、客户类别、存取方式和账户状态。存期代码的输入请参阅业务通用操作中的详细说明。

如柜员为客户李智明开设普通整存整取账号一个,开户存入人民币2,000元整,存期为三个月。如图12.35、图12.36所示。

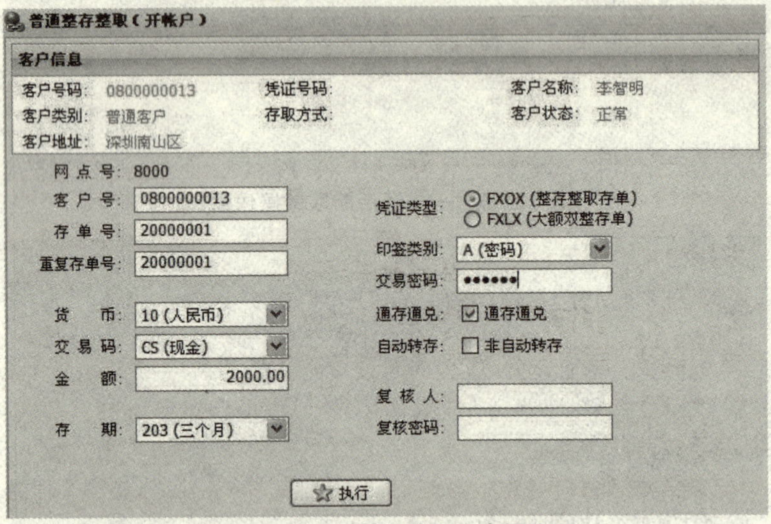

图12.35　普通整存整取开户操作图

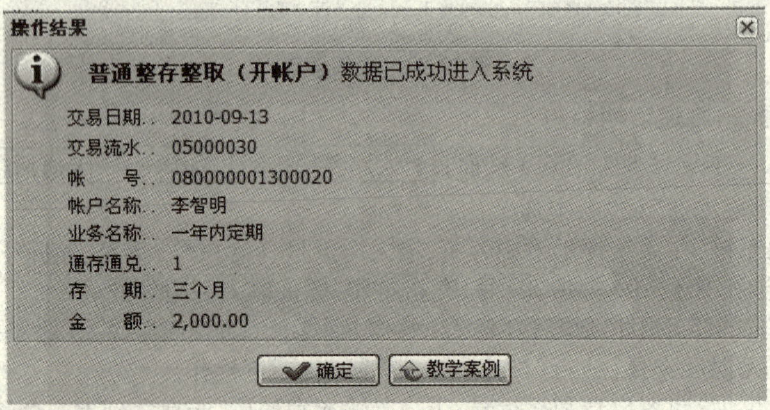

图12.36　操作结果

2. 普通整存整取提前支取

(1)进入普通整存整取(部分提前支取)界面:个人储蓄—整存整取—整存整取部分提前支取。

(2)输入网点号、账号、存单号、替换存单号、(替换存单号)重复、货币、交易码、金额、凭证种类、密码、ID类别和ID号。

(3)检查无误后选择【执行(R)】按钮,在系统提示下操作。

(4)注意事项:整存整取只能部分提前支取一次。当账号、存单号、货币、交易码输入完毕后,光标移到下一个输入框时,系统自动在窗口的上半部分显示出该客户的详细信息,包括:账号、凭证号、户名、业务品种、货币、余额、账户状态、开户方式、起息日、到息日、存期和通存通兑。若客户有预留密码,则密码不能为空(由客户输入);否则密码为空。ID 类别不能选择 Z(无) ,ID 号不能为空。

如客户李智明因临时急需用钱,前来银行柜台办理“普通整存整取”提前支取业务,提前支取人民币 1,000 元整。

注意:整存整取业务提前支取将会对客户利息产生损失,一般情况是急需用钱才会对整存整取存款进行提前支取。如图 12.37、图 12.38 所示。

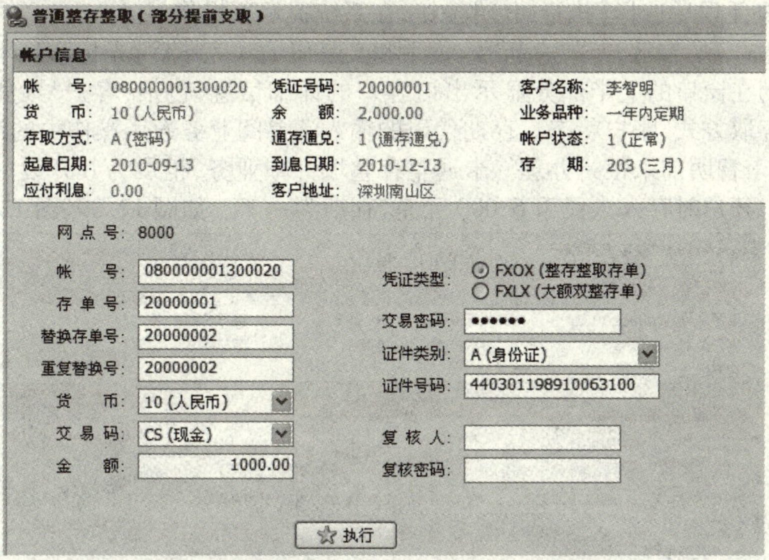

图 12.37　普通整存整取部分提前支取操作图

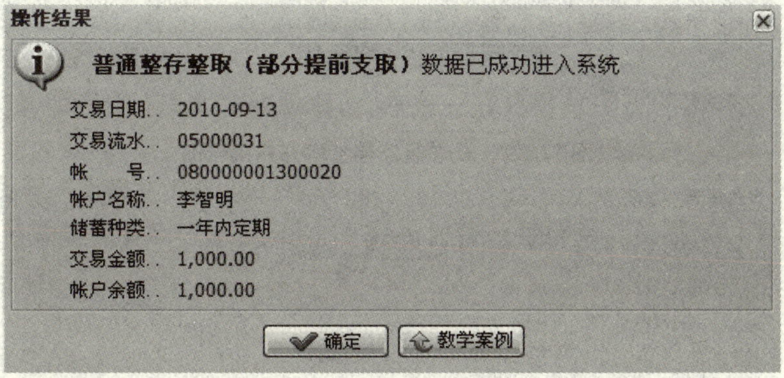

图 12.38　操作结果

3. 整存整取销户

(1)进入普通整存整取(销户)界面:个人储蓄—整存整取—整存整取销户。

(2)输入网点号、账号 、存单号、凭证种类、货币、交易码、金额、密码、ID 类别、ID 号和摘要。

(3)检查无误后选择【执行(R)】按钮,在系统提示下操作。

(4)注意事项:当账号、存单号、凭证种类、货币和交易码输入完毕后,光标移到下一个输入框时,系统自动在窗口的上半部分显示出该客户的详细信息,包括:账号、凭证号、户名、业务品种、货币、余额、账户状态、开户方式、起息日、到息日、存期和通存通兑。若客户有预留密码,则密码不能为空(由客户输入);否则密码为空。

4. 一卡通/一本通整存整取开户

(1)进入一本通整存整取(开账户)界面:个人储蓄—整存整取—一卡通整存整取开户,"凭证类型"选择"一卡通"或"一本通"。

(2)输入地区码、客户号后,按回车键,在系统提示下刷存折,输入存折号、货币、交易码、金额、存期、凭证输入和存折打印。

(3)手工输入请参阅普通活期存款手工输入的有关说明。

(4)检查无误后选择【执行(R)】按钮,在系统提示下操作。

(5)注意事项:当客户号、存折号、货币和交易码输入完毕后,光标移到下一个输入框时,系统自动在窗口的上半部分显示出该客户的详细信息,包括:客户号、凭证号、户名、客户类别、存取方式、账户状态。存期代码的输入请参阅业务通用操作中的详细说明。

如客户李智明前来银行办理一卡通整存整取开户业务,柜员为其开设一卡通整存整取账号一个,开户时存入人民币6,000元整,存期为一年。如图12.39、图12.40所示。

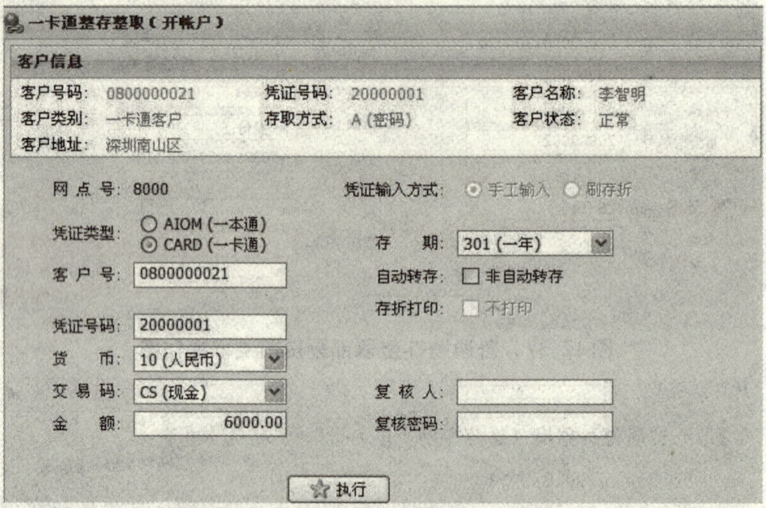

图12.39 一卡通整存整取开户操作图

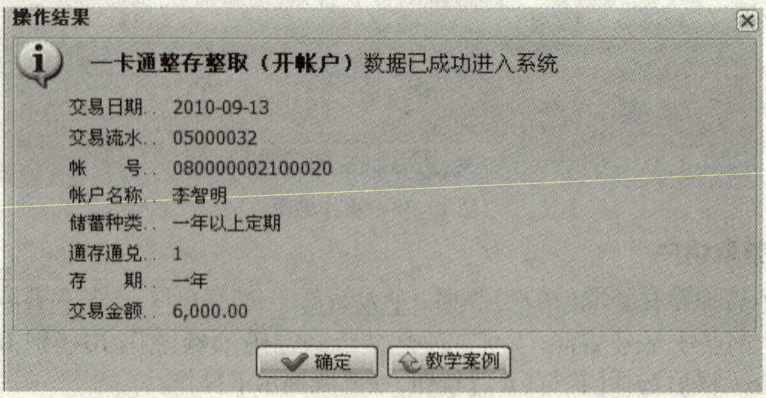

图12.40 操作结果

5. 一卡通/一本通整存整取提前支取

(1)进入一本通整存整取(部分提前支取)界面:个人储蓄—整存整取—一卡通整存整取部分提前支取,"凭证类型"选择"一卡通"或"一本通"。

(2)输入地区码、客户号后,按回车键,在系统提示下刷存折,输入存折号、子户号、货币、交易码、金额、密码、ID 类别、ID 号、凭证输入和存折打印。

(3)手工输入请参阅普通活期存款手工输入的有关说明。

(4)检查无误后选择【执行(R)】按钮,在系统提示下操作。

(5)注意事项:当客户号、存折号、子户号、货币、交易码输入完毕后,光标移到下一个输入框时,系统自动在窗口的上半部分显示出该客户的详细信息,包括:账号、凭证号、户名、业务品种、货币、余额、账户状态、开户方式、起息日、到息日、存期和通存通兑。密码不能为空(由客户输入)。ID 类别不能选择 Z(无),ID 号不能为空。

如客户李智明因临时急需用钱,前来银行柜台办理"一卡通整存整取"提前支取业务,提前支取人民币 1,500 元整。

注意:整存整取业务提前支取将会对客户利息产生损失,一般情况是急需用钱才会对整存整取存款进行提前支取。如图 12.41、图 12.42 所示。

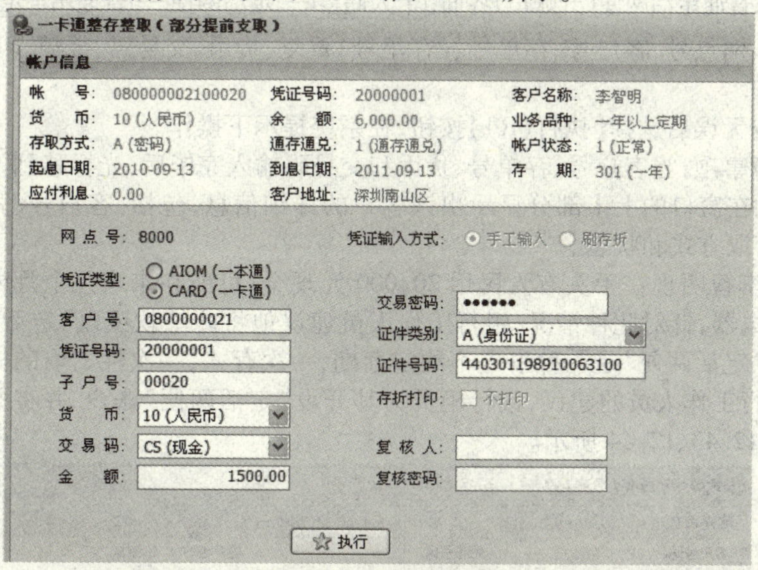

图 12.41　一卡通整存整取部分提前支取操作图

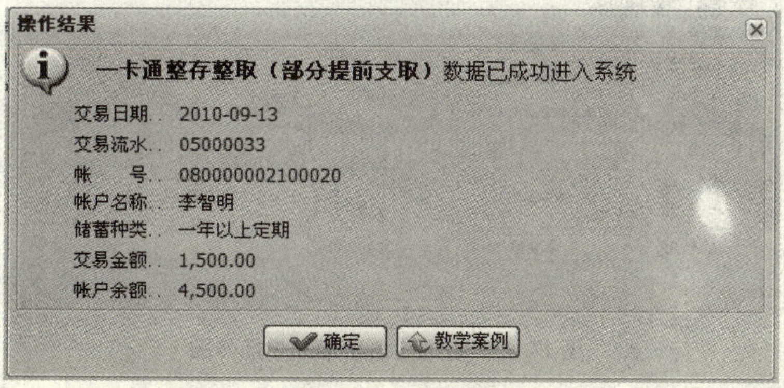

图 12.42　操作结果

6. 一卡通/一本通整存整取销户

(1)进入一本通整存整取(销户)界面:个人储蓄—整存整取—一卡通整存整取销户,"凭证类型"选择"一卡通"或"一本通"。

(2)输入地区码、客户号后,按回车键,在系统提示下刷存折,输入存折号、子户号、货币、交易码、金额、密码、ID类别、ID号、凭证输入、存折打印和摘要。

(3)手工输入请参阅普通活期存款手工输入的有关说明。

(4)检查无误后选择【执行(R)】按钮,在系统提示下操作。

(5)注意:当客户号、存折号、子户号、货币和交易码输入完毕后,光标移到下一个输入框时,系统自动在窗口的上半部分显示出该客户的详细信息,包括:账号、凭证号、户名、业务品种、货币、余额、账户状态、开户方式、起息日、到息日、存期和通存通兑。密码不能为空(由客户输入)。

12.8.4 定活两便

1. 普通定活两便开户

(1)进入普通定活两便(开账户)界面:个人储蓄—定活两便—普通用户定活两便开户。

(2)输入网点号、客户号、存单号、(存单号)重复、货币、交易码、金额、印鉴类别、密码和通存通兑。

(3)检查无误后选择【执行(R)】按钮,在系统提示下操作。

(4)注意事项:当客户号、存单号、货币和交易码输入完毕后,光标移到下一个输入框时,系统自动在窗口的上半部分显示出该客户的详细信息,包括:客户号、凭证号、户名、客户类别、存取方式和状态。

如客户李智明现在手头有人民币20,000元现金,可能在未来几个月内需要全额支取用于购买电器,针对此种情况,银行工作人员建议他将此笔款项以"定活两便"的方式存入银行。"定活两便"是一种事先不约定存期,一次存入,一次性支取的储蓄存款。李智民接受银行工作人员的建议,银行柜员为其开设"定活两便"账户,并将此笔款项存入银行。如图12.43、12.44所示。

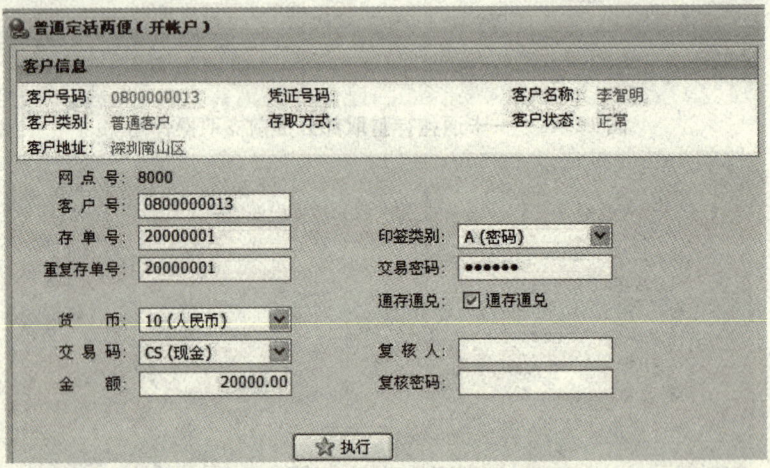

图12.43 普通定活两便开户操作图

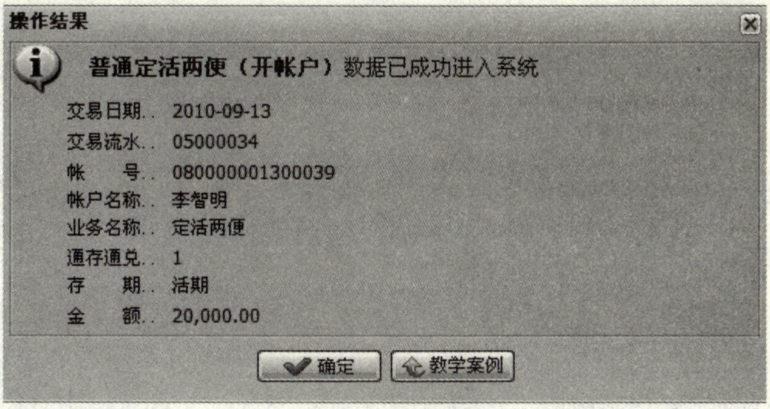

图 12.44　操作结果

2. 普通定活两便销户

（1）进入普通定活两便（销户）界面：个人储蓄—定活两便—普通用户定活两便销户。

（2）输入网点号、账号、存单号、货币、交易码、金额、密码、ID 类别和 ID 号。

（3）检查无误后选择【执行（R）】按钮，在系统提示下操作。

（4）注意事项：当账号、存单号、货币和交易码输入完毕后，光标移到下一个输入框时，系统自动在窗口的上半部分显示出该客户的详细信息，包括：账号、凭证号、户名、业务品种、货币、余额、账户状态、开户方式、起息日、到息日、存期和通存通兑。若客户有预留密码，则密码不能为空（由客户输入）；否则密码为空。

如客户李智明需要将之前以定活两便方式存入的人民币 20,000 元取出用于购买电器，柜员为其办理现金支取业务，并将该普通定活两便账户进行销户处理。如图 12.45、图 12.46 所示。

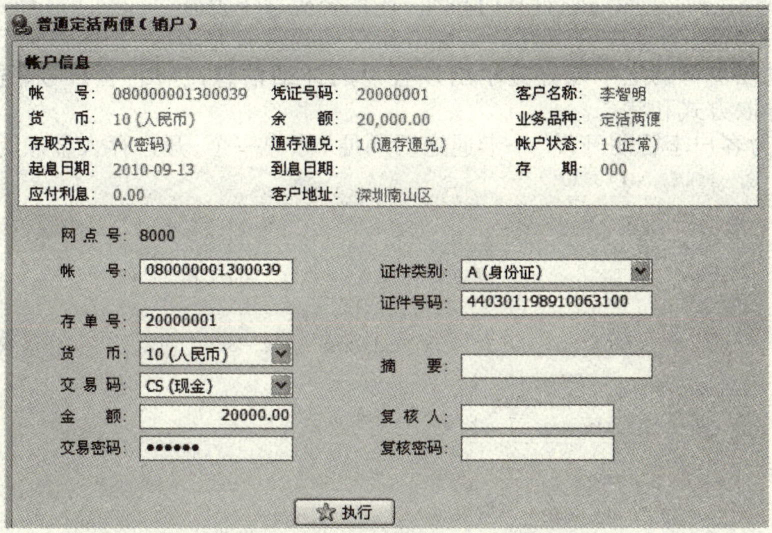

图 12.45　普通定活两便销户操作图

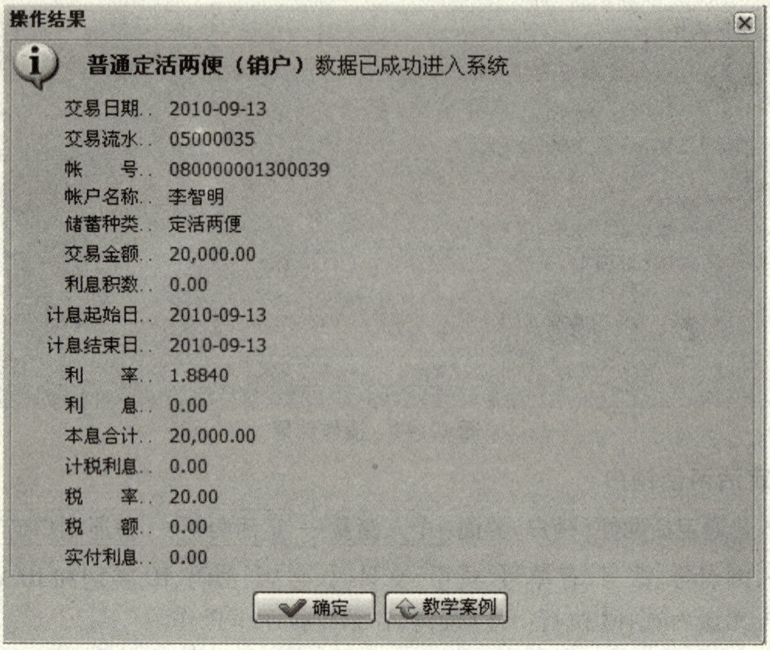

图 12.46 操作结果

3. 一卡通/一本通定活两便开户

(1)进入一本通定活两便(开账户)界面:个人储蓄—定活两便—一卡通定活两便开户,凭证类型选择“一卡通”或“一本通”。

(2)输入地区码、客户号后,按回车键,在系统提示下刷存折,输入存折号、货币、交易码、金额、凭证输入和存折打印。

(3)手工输入请参阅普通活期存款手工输入的有关说明。

(4)检查无误后选择【执行(R)】按钮,在系统提示下操作。

(5)注意事项:当客户号、存折号、货币和交易码输入完毕后,光标移到下一个输入框时,系统自动在窗口的上半部分显示出该客户的详细信息,包括:客户号、凭证号、户名、客户类别、存取方式和状态。

如柜员为客户李智明开设“一卡通定活两便”账户一个,开户存入金额为30,000元。

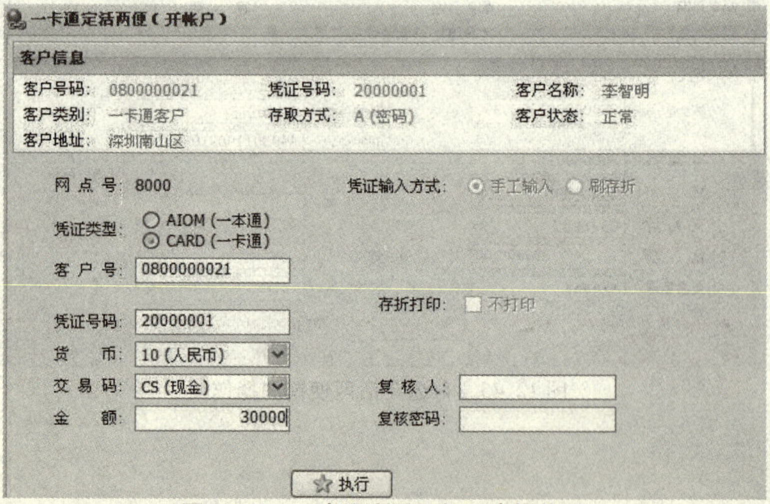

图 12.47 一卡通定活两便开户操作图

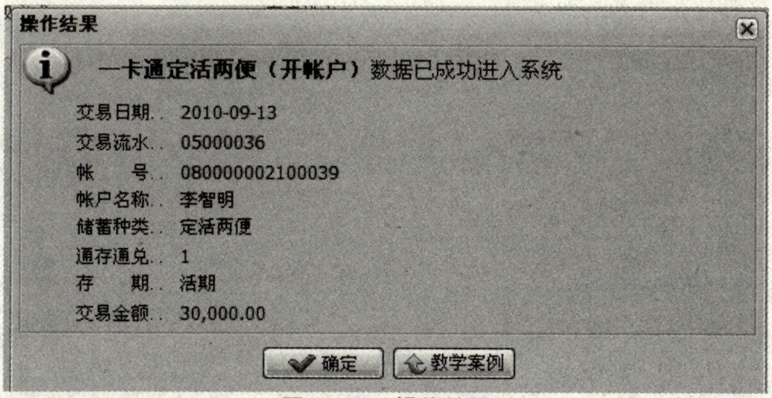

图 12.48　操作结果

4. 一卡通/一本通定活两便销户

(1)进入一本通定活两便(销户)界面:[个人储蓄]—[定活两便]—[一卡通定活两便销户],凭证类型选择“一卡通”或“一本通”。

(2)输入地区码、客户号后,按 回车键,在系统提示下刷存折,输入存折号、子户号、货币、交易码、金额、密码、ID 类别和 ID 号。

(3)手工输入请参阅普通活期存款手工输入的有关说明。

(4)检查无误后选择【执行(R)】按钮,在系统提示下操作。

(5)注意事项:当客户号、存折号、子户号、货币和交易码输入完毕后,光标移到下一个输入框时,系统自动在窗口的上半部分显示出该客户的详细信息,包括:账号、凭证号、户名、业务品种、货币、余额、账户状态、开户方式、起息日、到息日、存期和通存通兑。则密码不能为空(由客户输入)。

如客户李智明需将之前开设的一卡通定活两便账户销户。柜员为其办理销户手续,并为其提取出其中的 30,000 元。如图 12.49、图 12.50 所示。

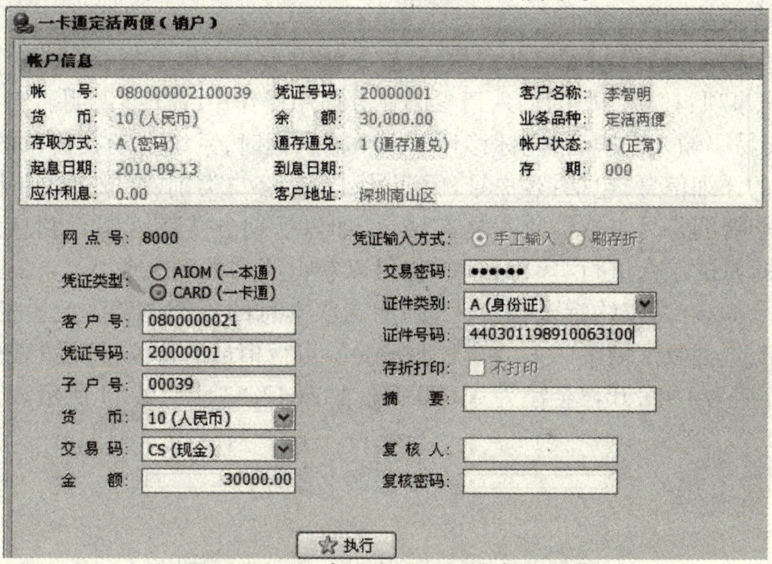

图 12.49　一卡通定活两便销户操作图

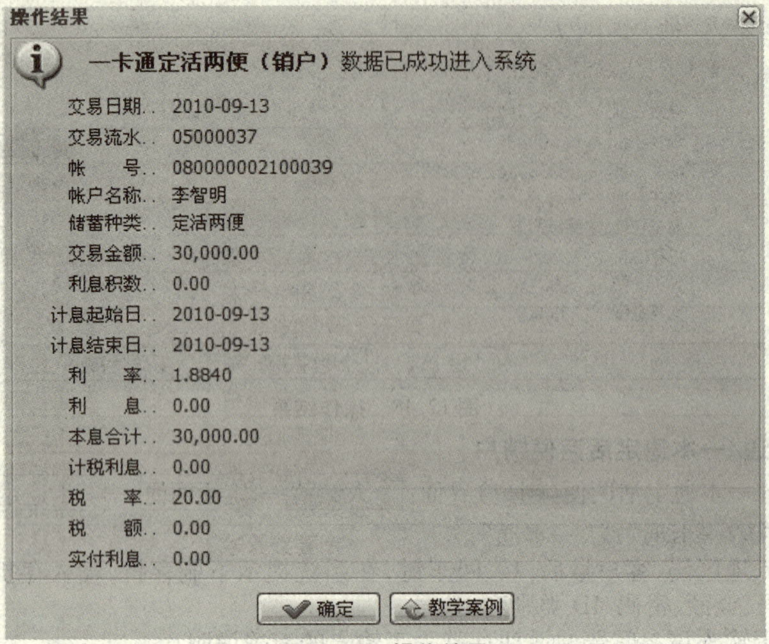

图 12.50　操作结果

12.8.5　零存整取

1. 普通零存整取开户

(1)进入普通零存整取(开账户)界面:个人储蓄—零存整取—零存整取开户。

(2)输入网点号、客户号、存折号、(存折号)重复、货币、交易码、金额、存期、印鉴类别、密码、通存通兑和存折打印。

(3)检查无误后选择【执行(R)】按钮,在系统提示下操作。

(4)注意事项:存期代码的输入请参阅业务通用操作中的详细说明。当客户号、存折号、货币和交易码输入完毕后,光标移到下一个输入框时,系统自动在窗口的上半部分显示出该客户的详细信息,包括:客户号、凭证号、户名、客户类别、存取方式和状态。

如客户李智明每月工资性收入均有结余,如以活期方式存入银行利息太少,为此柜员建议他将每月的结余进行“零存整取”将可以获得更多的利息收入。“零存整取”是一种事先约定金额,逐月按约定金额存入,到期支取本息的定期储蓄。此种储蓄方式适合每月有固定工资性收入结余的人。李智明接受了银行柜员的建议,开设“普通零存整取”账户一个,存期为 1 年,开户金额为 2,000 元。如图 12.51、图 12.52 所示。

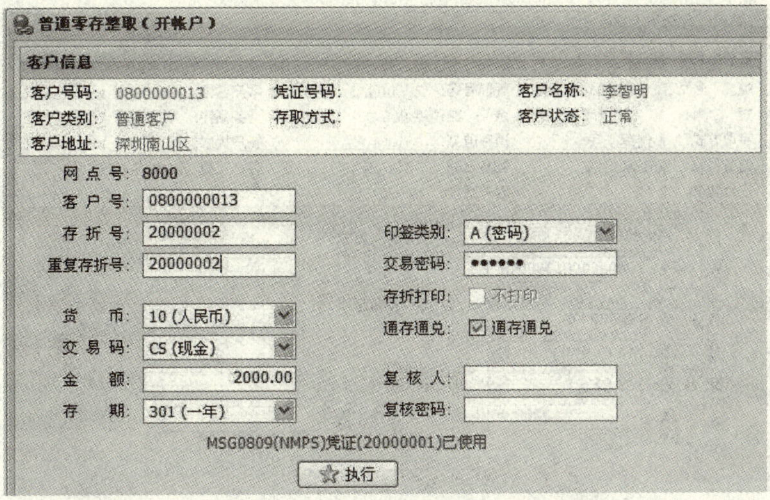

图 12.51　普通零存整取开户操作图

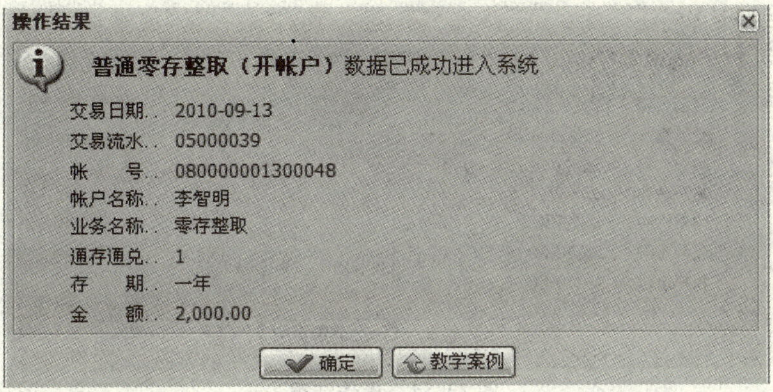

图 12.52　操作结果

2. 普通零存整取存款

(1)进入普通零存整取(存款)界面:个人储蓄—零存整取—零存整取存款。

(2)若是有折存款,输入网点号、账号后按回车键,在系统提示下刷存折,输入存折号、货币、交易码、金额、存折打印(选择“打印”)和凭证输入(选择“刷存折”)。

(3)若是无折存款,则输入网点号、账号后,不要按回车键,用“上下光标键”来移动光标到下一个输入框,输入存折号、货币、交易码、金额、存折打印(选择“不打印”)、凭证输入(选择“手工输入”)。

(4)检查无误后选择【执行(R)】按钮,在系统提示下操作。

(5)注意事项:当账号、存折号、货币和交易码输入完毕后,光标移到下一个输入框时,系统自动在窗口的上半部分显示出该客户的详细信息,包括:账号、凭证号、户名、业务品种、货币、余额、账户状态、开户方式、起息日、到息日、存期、通存通兑、存取间隔和应付利息。

如客户李智明前往银行柜台办理“普通零存整取”业务,将当月工资结余按约定的零存金额人民币 2,000 元存入零存整取账户中。如图 12.53、图 12.54 所示。

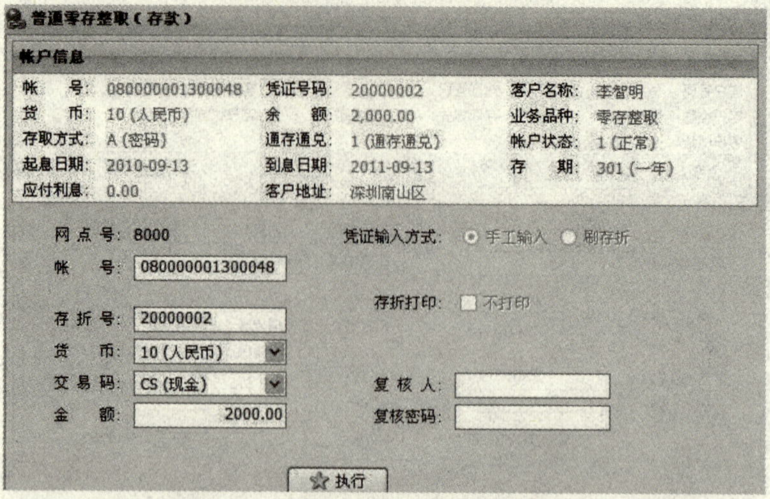

图 12.53 普通零存整取存款操作图

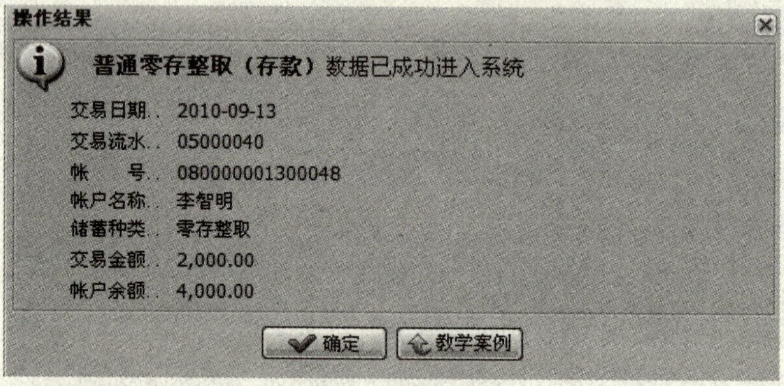

图 12.54 操作结果

3. 普通零存整取销户

(1)进入普通零存整取(销户)界面:个人储蓄—零存整取—零存整取销户。

(2)输入网点号、账号后按回车键,在系统提示下刷存折,输入存折号、货币、交易码、金额、密码、ID 类别、ID 号、存折打印、凭证输入和摘要。

(3)手工输入请参阅普通活期存款手工输入的有关说明。

(4)检查无误后选择【执行(R)】按钮,在系统提示下操作。

(5)注意事项:当账号、存折号、货币和交易码输入完毕后,光标移到下一个输入框时,系统自动在窗口的上半部分显示出该客户的详细信息,包括:账号、凭证号、户名、业务品种、货币、余额、账户状态、开户方式、起息日、到息日、存期、通存通兑、存取间隔和应付利息。若客户有预留密码,则密码不能为空(由客户输入);否则密码为空。

如客户李智明的普通零存整取账户到期,柜员为其办理销户整取业务。如图 12.55、图 12.56 所示。

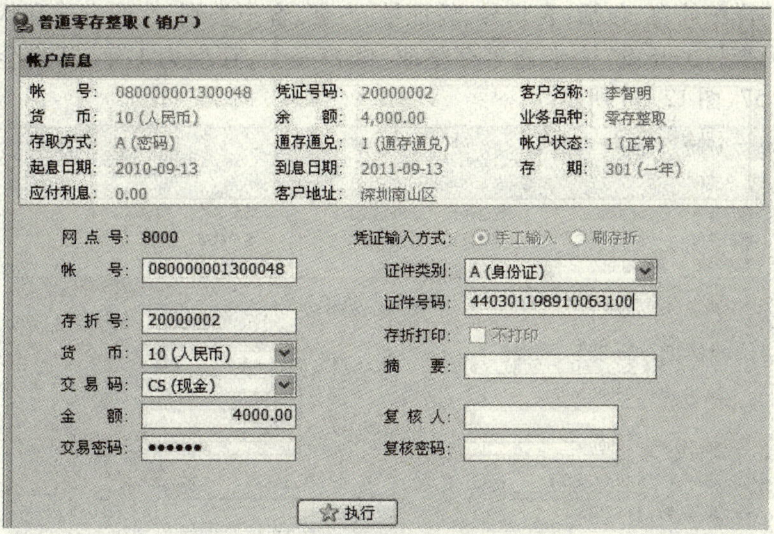

图 12.55　普通零存整取销户操作图

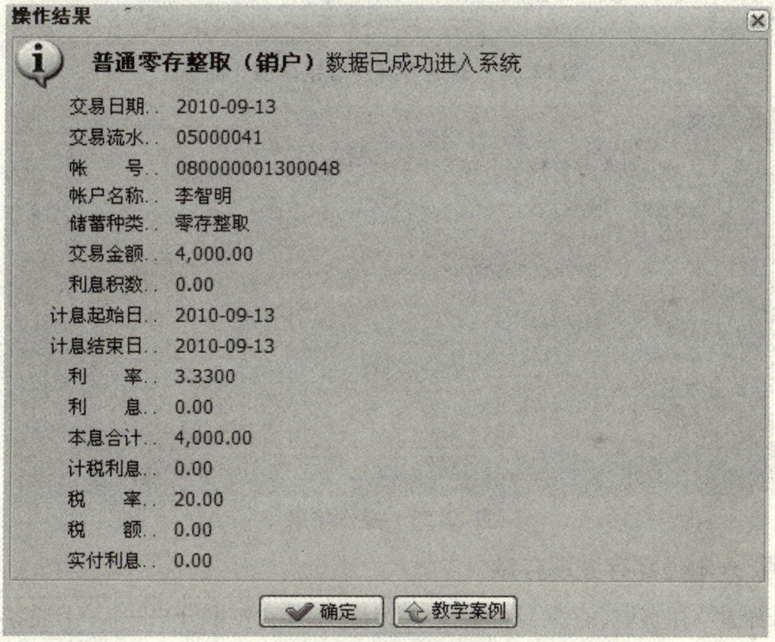

图 12.56　操作结果

4. 一卡通/一本通零存整取开户

(1)进入普通零存整取(开账户)界面:个人储蓄—零存整取开户—一卡通零存整取开户,凭证类型选择“一卡通”或“一本通”。

(2)输入网点号、客户号、存折号、(存折号)重复、货币、交易码、金额、存期、印鉴类别、密码、通存通兑和存折打印。

(3)检查无误后选择【执行(R)】按钮,在系统提示下操作。

(4)注意事项:存期代码的输入请参阅业务通用操作中的详细说明。当客户号、存折号、货币和交易码输入完毕后,光标移到下一个输入框时,系统自动在窗口的上半部分显示出该客户的详细信息，包括：客户号、凭证号、户名、客户类别、存取方式和状态。

如柜员为李智民开设“一卡通零存整取”账户一个，存期为 1 年，开户金额为 1,800 元。如图 12.57、图 12.58 所示。

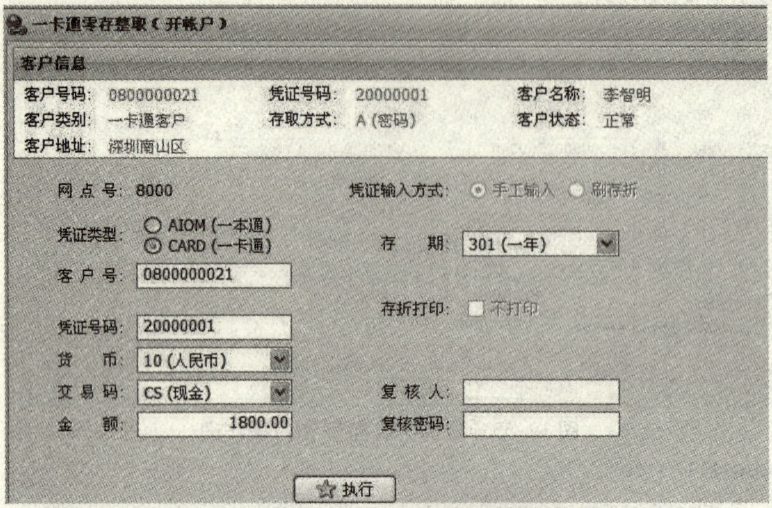

图 12.57　普通零存整取销户操作图

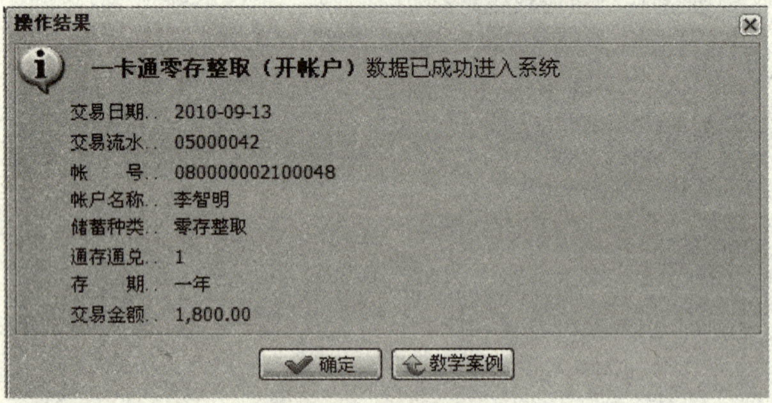

图 12.58　操作结果

5. 一卡通/一本通零存整取存款

(1)进入普通零存整取(存款)界面：个人储蓄—零存整取开户—一卡通零存整取存款，凭证类型选择“一卡通”或“一本通”。

(2)若是有折存款，输入网点号、账号后按回车键，在系统提示下刷存折，输入存折号、货币、交易码、金额、存折打印(选择“打印”)和凭证输入(选择“刷存折”)。

(3)若是无折存款，则输入网点号、账号后，不要按回车键，用上下光标键来移动光标到下一个输入框，输入存折号、货币、交易码、金额、存折打印(选择“不打印”)和凭证输入(选择“手工输入”)。

(4)检查无误后选择【执行(R)】按钮，在系统提示下操作。

(5)注意事项：当账号、存折号、货币和交易码输入完毕后，光标移到下一个输入框时，系统自动在窗口的上半部分显示出该客户的详细信息，包括：账号、凭证号、户名、业务品种、货币、余额、账户状态、开户方式、起息日、到息日、存期、通存通兑、存取间隔和应付利息。

如柜员为客户李智明办理“一卡通零存整取”账户存款人民币 1,800 元整。如图 12.59、图 12.60 所示。

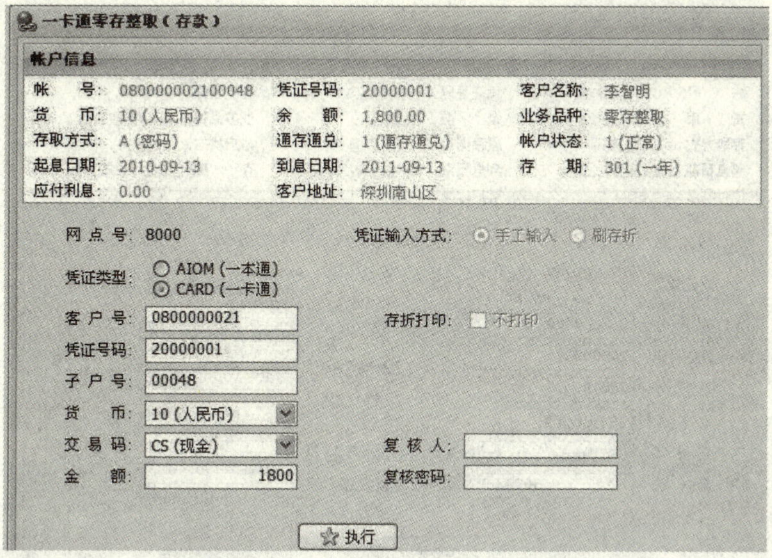

图 12.59　一卡通零存整取开户操作图

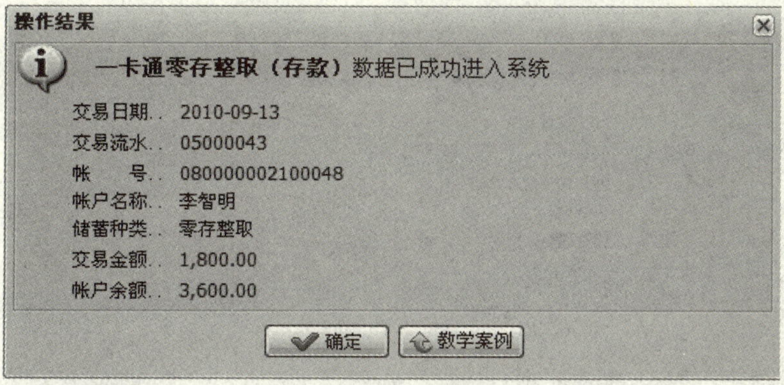

图 12.60　操作结果

6. 一卡通/一本通零存整取销户

(1) 进入普通零存整取(销户)界面: 个人储蓄 — 零存整取开户 — 一卡通零存整取销户，凭证类型选择“一卡通”或“一本通”。

(2) 输入网点号、账号后按回车键，在系统提示下刷存折，输入存折号、货币、交易码、金额、密码、ID 类别、ID 号、存折打印、凭证输入和摘要。

(3) 手工输入请参阅普通活期存款手工输入的有关说明。

(4) 检查无误后选择【执行(R)】按钮，在系统提示下操作。

(5) 注意事项：当账号、存折号、货币和交易码输入完毕后，光标移到下一个输入框时，系统自动在窗口的上半部分显示出该客户的详细信息，包括：账号、凭证号、户名、业务品种、货币、余额、账户状态、开户方式、起息日、到息日、存期、通存通兑、存取间隔和应付利息。若客户有预留密码，则密码不能为空（由客户输入）；否则密码为空。

如客户李智明"一卡通零存整取"账户到期，柜员为其办理销户手续。如图 12.61、图 12.62 所示。

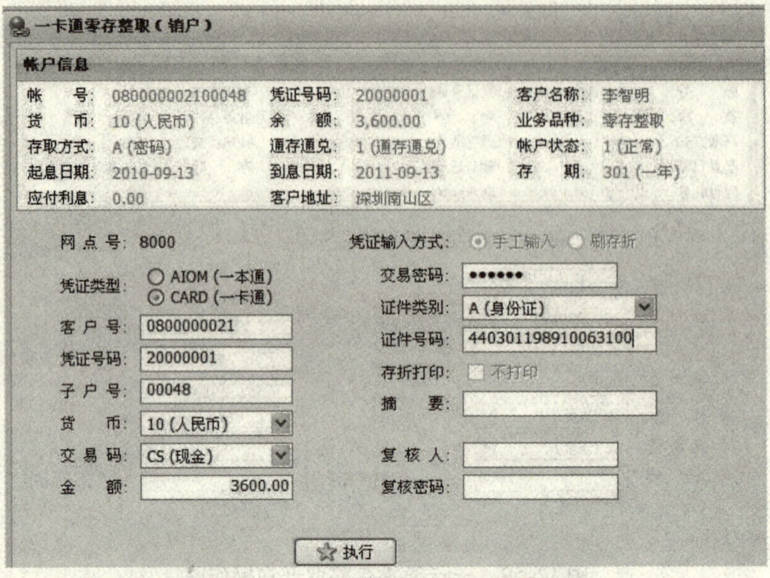

图 12.61　一卡通零存整取取款操作图

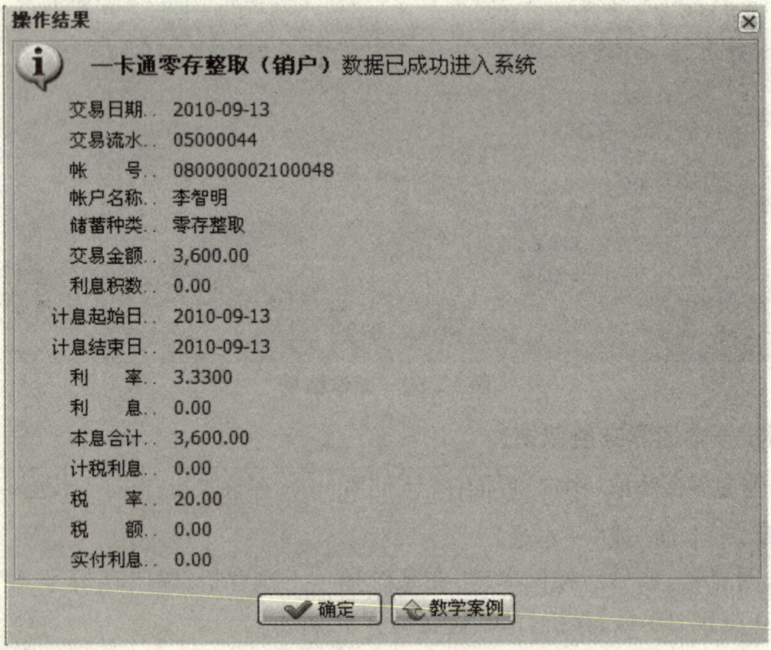

图 12.62　操作结果

12.8.6　存本取息

1. 存本取息开户

(1)进入普通存本取息(开账户)界面:个人储蓄—存本取息—存本取息开户。

(2)输入网点号、客户号、存折号、(存折号)重复、货币、交易码、金额、存期、取息间隔、印鉴类别、密码、存折打印和通存通兑。

(3)检查无误后选择【执行(R)】按钮,在系统提示下操作。

(4)注意事项:存期代码的输入请参阅业务通用操作中的详细说明。取息间隔以月为单位计算。当客户号、存折号、货币和交易码输入完毕后,光标移到下一个输入框时,系统自动在窗口的上半部分显示出该客户的详细信息,包括:客户号、凭证号、户名、客户类别、存取方式和状态。

如客户李智明现有一笔 10,000 元款项在一年内不需动用,但每月需要该笔款项的利息作为生活费用补贴。针对这种情况,柜员建议他将此笔款项以“存本取息”的方式存入银行。现为其开设“存本取息”账号一个,开户金额为 10,000 元,存期为 1 年(输入存期代码:301),取息间隔为 1 个月。客户号为普通客户号,存折号为普通存折凭证号。如图 12.63、图 12.64 所示。

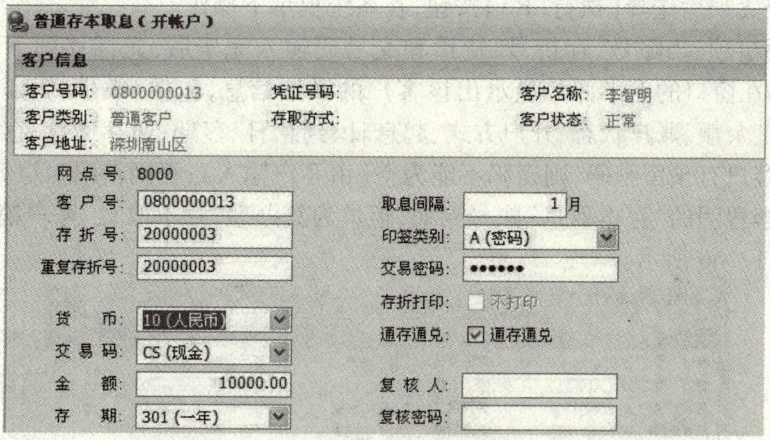

图 12.63　一卡通零存整取销户操作图

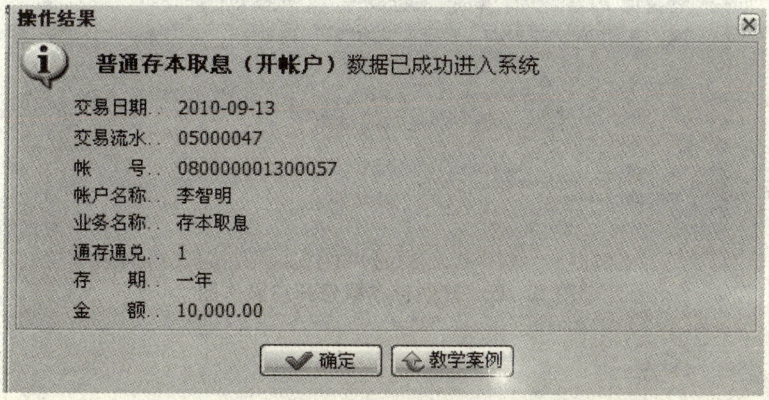

图 12.64　操作结果

2. 存本取息取款

(1)进入普通存本取息(取款)界面:个人储蓄—存本取息—存本取息取款。

(2)输入网点号、账号后按回车键,在系统提示下刷存折,输入存折号、货币、交易码、金额、密码、ID 类别、ID 号、存折打印和凭证输入。

(3)手工输入请参阅普通活期存款手工输入的有关说明。

(4)检查无误后选择【执行(R)】按钮,在系统提示下操作。

(5)注意事项:当账号、存折号、货币和交易码输入完毕后,光标移到下一个输入框时,系统自动在窗口的上半部分显示出该客户的详细信息,包括:账号、凭证号、户名、业务品种、货币、余额、账户状态、开户方式、起息日、到息日、存期、通存通兑、存取间隔和应付利息。若客户有预留密码,则密码不能为空(由客户输入);否则密码为空。

3. 存本取息销户

(1)进入普通存本取息(销户)界面:个人储蓄—存本取息—存本取息销户。

(2)输入网点号、账号后按回车键,在系统提示下刷存折,输入存折号、货币、交易码、金额、密码、ID 类别、ID 号、存折打印和凭证输入。

(3)手工输入请参阅普通活期存款手工输入的有关说明。

(4)检查无误后选择【执行(R)】按钮,在系统提示下操作。

(5)注意事项:当账号、存折号、货币和交易码输入完毕后,光标移到下一个输入框时,系统自动在窗口的上半部分显示出该客户的详细信息,包括:账号、凭证号、户名、业务品种、货币、余额、账户状态、开户方式、起息日、到息日、存期、通存通兑、存取间隔和应付利息。若客户有预留密码,则密码不能为空(由客户输入);否则密码为空。

如客户李智明的"存本取息"账号到期,柜员为其办理"存本取息"账户销户手续。如图 12.65、图 12.66 所示。

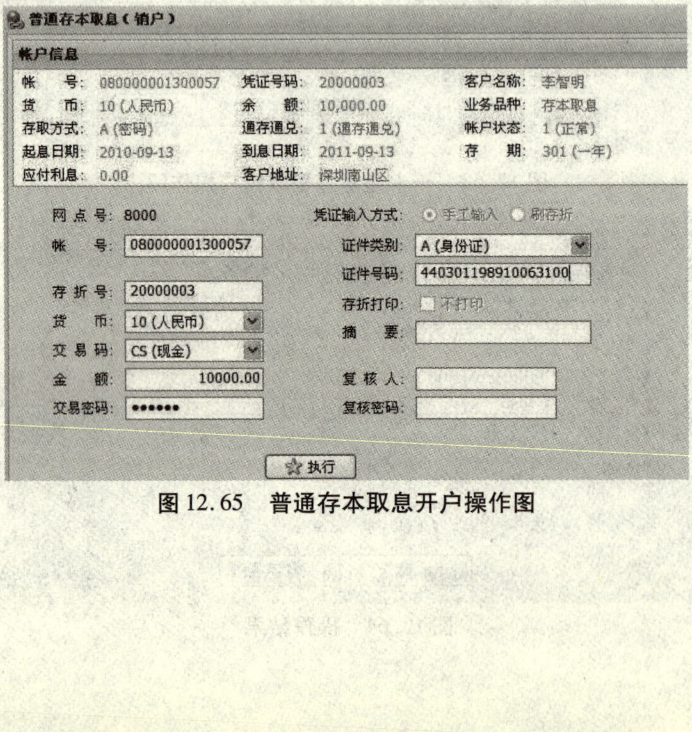

图 12.65　普通存本取息开户操作图

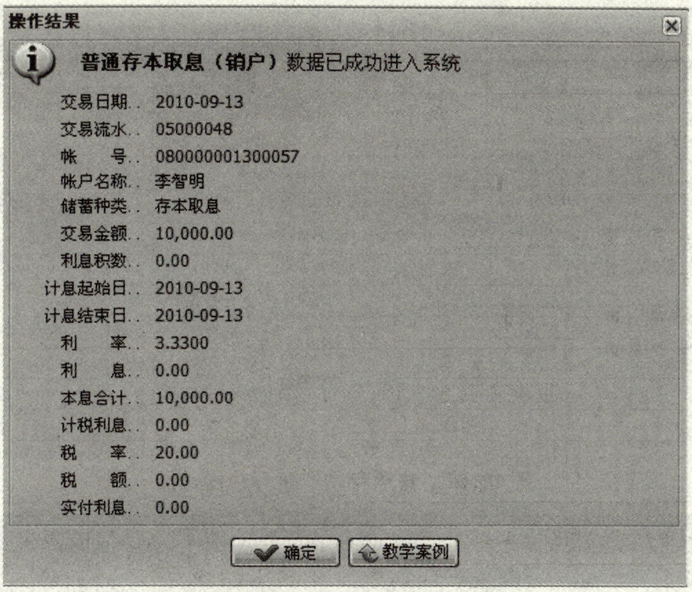

图 12.66　操作结果

12.8.7　通知存款

1. 普通通知存款开户

(1)进入通知存款(开户)界面:个人储蓄—通知存款—普通用户通知存款开户。

(2)输入网点号、客户号、存折号、(存折号)重复、通知期、货币、交易码、金额、印鉴类别、密码、存折打印和通存通兑。

(3)检查无误后选择【执行(R)】按钮,在系统提示下操作。

(4)注意事项:当客户号、存折号、货币和交易码输入完毕后,光标移到下一个输入框时,系统自动在窗口的上半部分显示出该客户的详细信息,包括:客户号、凭证号、户名、客户类别、存取方式和状态。

如客户李智明手头有 180,000 元现金,未来一月内需用此款项采购货物,如果存活期,他觉得利息太低,所以决定以“通知存款”方式存入银行。柜员为其开设“普通通知存款”账户一个,开户金额为 180,000 元。

注:客户号为李智明的普通客户号,存折号为普通存折号。如图 12.67、图 12.68 所示。

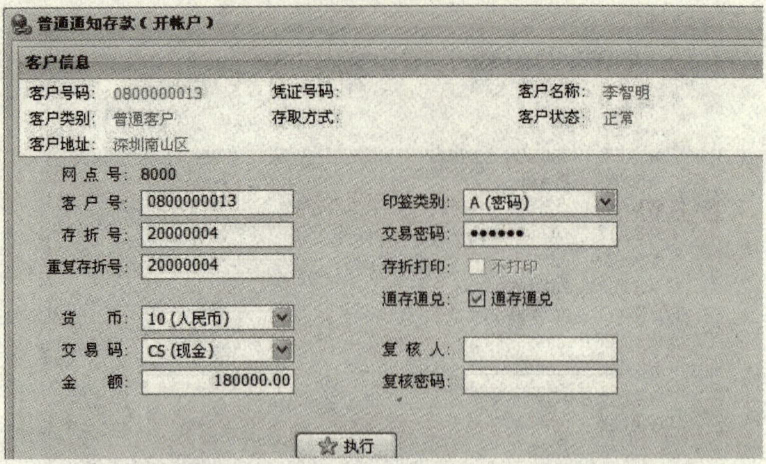

图 12.67　普通存本取息开户操作图

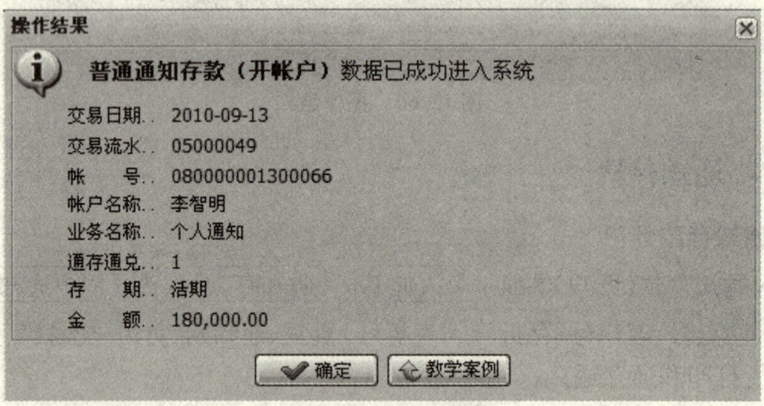

图 12.68　操作结果

2. 普通通知存款部分支取

(1)进入通知存款(部分支取)界面:个人储蓄—通知存款—普通用户通知存款部分支取。

(2)输入网点号、账号后按回车键,在系统提示下刷存折,输入存折号、货币、交易码、金额、密码、通知期、ID 类别、ID 号、存折打印和凭证输入。

(3)手工输入请参阅普通活期存款手工输入的有关说明。

(4)检查无误后选择【执行(R)】按钮,在系统提示下操作。

(5)注意事项:

①通知期由前台录入决定,格式为三位,选择以“1”开头,或者通知期为“0”。

②当账号、存折号、货币和交易码输入完毕后,光标移到下一个输入框时,系统自动在窗口的上半部分显示出该客户的详细信息,包括:账号、凭证号、户名、业务品种、货币、余额、存取方式、账户状态、开户方式、起息日、到息日、存期和通存通兑。

③取款金额 < = 账户金额 - 最低余额 - 冻结金额。

④若客户有预留密码,则密码不能为空(由客户输入);否则密码为空。

如柜员为客户李智明办理“普通通知存款”部分支取业务,支取 50,000 元,通知期为 101 或 107。如图 12.69、图 12.70 所示。

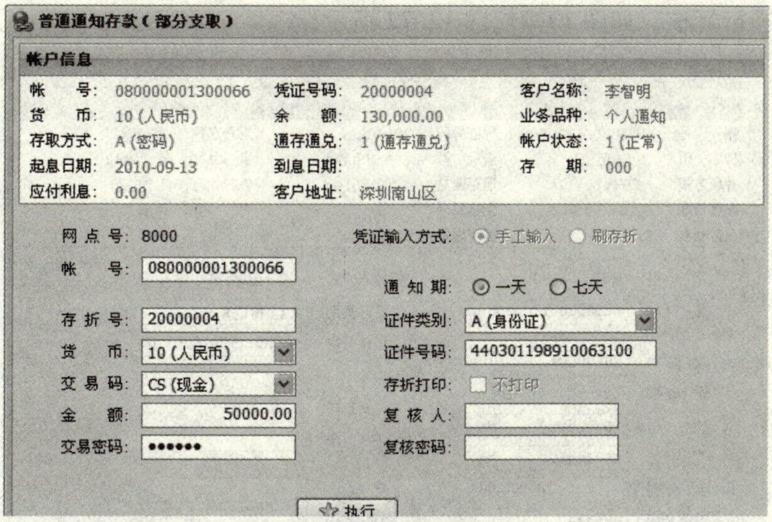

图 12.69　普通通知存款部分支取操作图

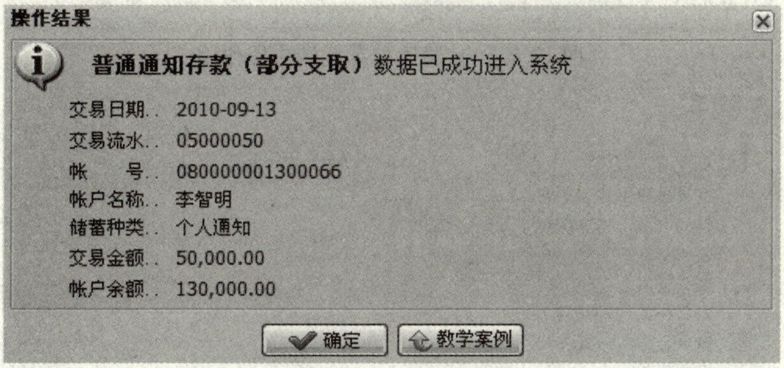

图 12.70　操作结果

3. 普通通知存款销户

(1)进入通知存款(销户)界面:个人储蓄—通知存款—普通用户通知存款销户。

(2)输入网点号、账号后按回车键,在系统提示下刷存折,输入存折号、货币、交易码、金额、密码、通知期、ID 类别、ID 号、存折打印、凭证输入。

(3)手工输入请参阅普通活期存款手工输入的有关说明。

(4)检查无误后选择【执行(R)】按钮,在系统提示下操作。

(5)注意事项:

①当账号、存折号、货币和交易码输入完毕后,光标移到下一个输入框时,系统自动在窗口的上半部分显示出该客户的详细信息,包括:客户号、凭证号、户名、业务品种、货币、余额、存取方式、账户状态、开户方式、起息日、到息日、存期和通存通兑。

②若客户有预留密码,则密码不能为空(由客户输入);否则密码为空。

如柜员为客户李智明办理"普通通知存款"账户销户,将该账户余额全部取出,通知期为 101 或 107。

注:银行柜员办理取款或销户业务金额超过 50,000 元时,需要输入其他柜员的柜员

编号及密码进行复核。如图 12.71、图 12.72 所示。

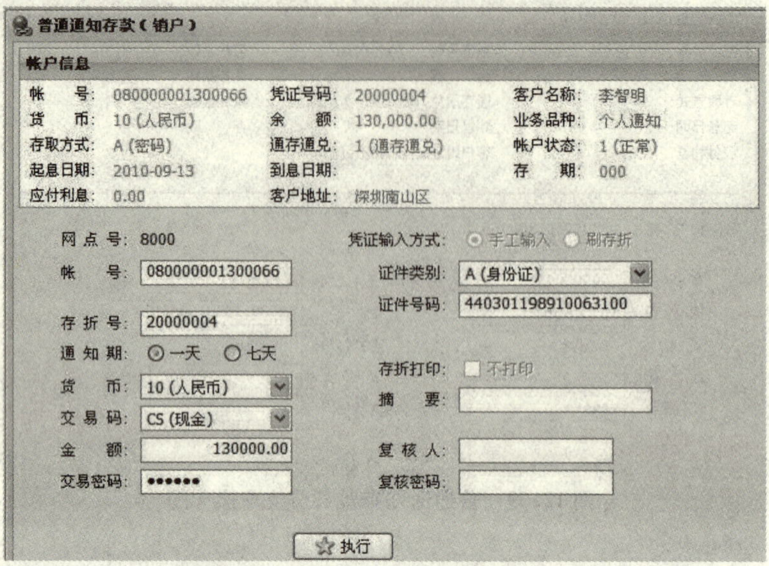

图 12.71　普通通知存款销户操作图

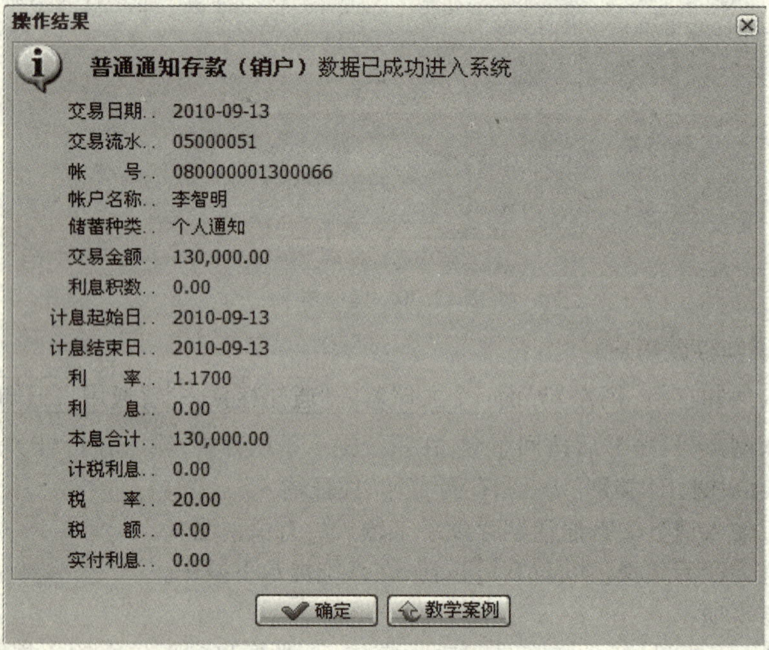

图 12.72　操作结果

4. 一卡通/一本通通知存款开户

(1)进入一本通通知存款(开账户)界面:个人储蓄—通知存款—一卡通通知存款开户,凭证类型选择"一卡通"或"一本通"。

(2)输入地区码、客户号后按回车键,在系统提示下刷存折,输入存折号、通知期、货币、交易码、金额、凭证输入和存折打印。

(3)手工输入请参阅普通活期存款手工输入的有关说明。

(4)检查无误后选择【执行(R)】按钮,在系统提示下操作。

(5)注意事项:当客户号、存折号、货币和交易码输入完毕后,光标移到下一个输入框时,系统自动在窗口的上半部分显示出该客户的详细信息,包括:客户号、凭证号、户名、客户类别、存取方式和状态。

如柜员为客户李智明办理“一卡通通知存款”开户业务,开户金额为 60,000 元。如图 12.73、图 12.74 所示。

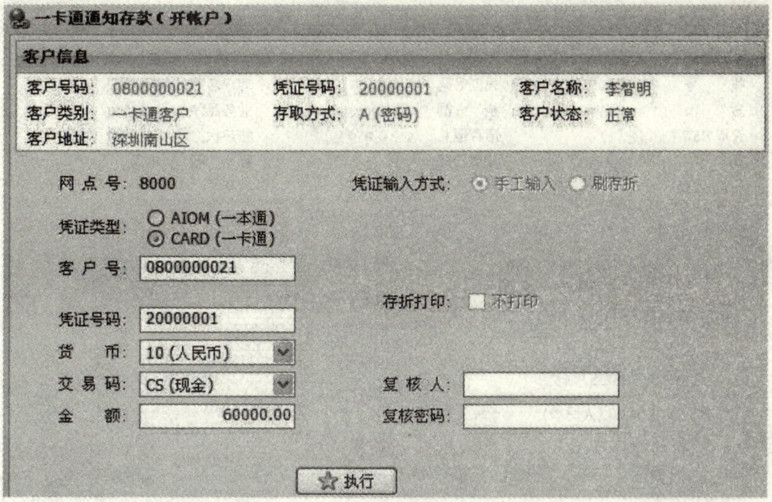

图 12.73　一卡通通知存款开户操作图

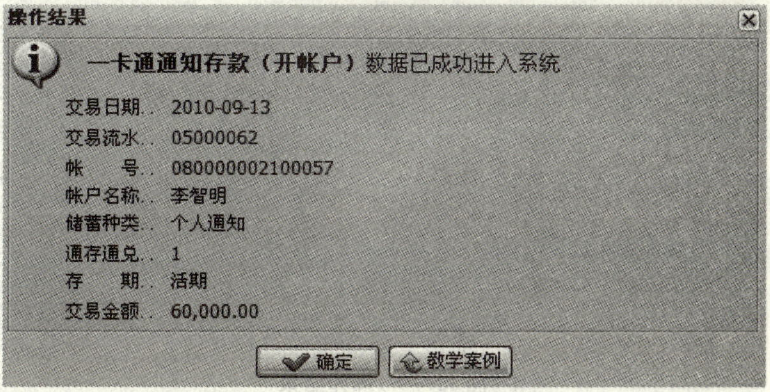

图 12.74　操作结果

5. 一卡通/一本通通知存款支取

(1)进入一本通通知存款(部分提前支取)界面:个人储蓄—通知存款—一卡通通知存款支取,凭证类型选择“一卡通”或“一本通”。

(2)输入地区码、客户号后按回车键,在系统提示下刷存折,输入存折号、子户号、货币、交易码、金额、密码、通知期、ID 类别、ID 号、摘要、存折打印和凭证输入。

(3)手工输入请参阅普通活期存款手工输入的有关说明。

(4)检查无误后选择【执行(R)】按钮,在系统提示下操作。

(5)注意事项:

①当客户号、存折号、子户号、货币和交易码输入完毕后,光标移到下一个输入框时,系统自动在窗口的上半部分显示出该客户的详细信息,包括:账号、凭证号、户名、业务品种、货币、余额、存取方式、账户状态、开户方式、起息日、到息日、存期和通存通兑。

②密码不能为空(由客户输入)。

如客户李智明前来银行柜台办理“一卡通通知存款”部分支取业务,支取金额为5,000元,通知期为101或107。如图12.75、图12.76所示。

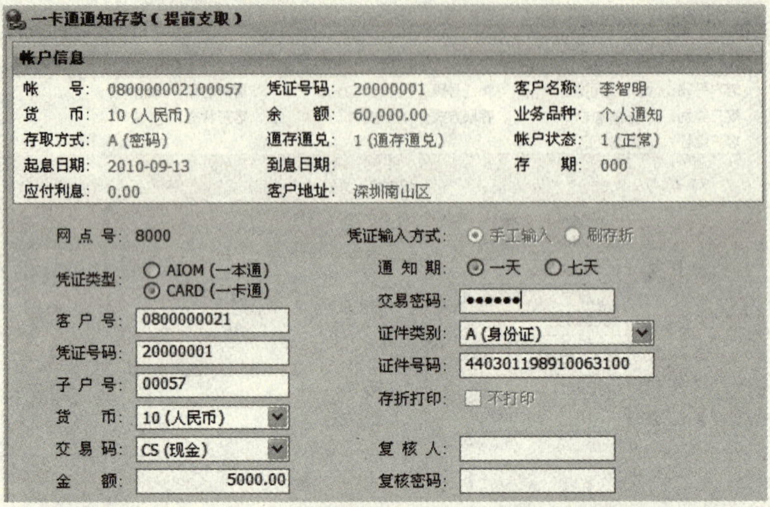

图 12.75 一卡通通知存款提前支取操作图

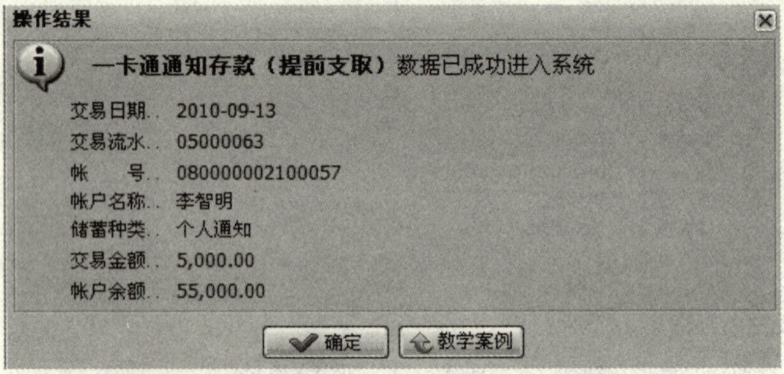

图 12.76 操作结果

6. 一卡通/一本通通知存款销户

(1)进入一本通通知存款(销户)界面:个人储蓄—通知存款—一卡通通知存款销户,凭证类型选择“一卡通”或“一本通”。

(2)输入地区码、客户号后按回车键,在系统提示下刷存折,输入存折号、子户号、货币、交易码、金额、密码、通知期、ID类别、ID号、存折打印和凭证输入。

(3)手工输入请参阅普通活期存款手工输入的有关说明。

(4)检查无误后选择【执行(R)】按钮,在系统提示下操作。

(5)注意事项:

①当客户号、存折号、子户号、货币和交易码输入完毕后,光标移到下一个输入框时,

系统自动在窗口的上半部分显示出该客户的详细信息，包括：账号、凭证号、户名、业务品种、货币、余额、存取方式、账户状态、开户方式、起息日、到息日、存期和通存通兑。

②密码不能为空（由客户输入）。

如客户李智明需要将一卡通通知存款账户中的全部金额取出，柜员为其办理“一卡通通知存款销户”手续，将该账户余额全部取出，通知期为 101 或 107。如图 12.77、图 12.78 所示。

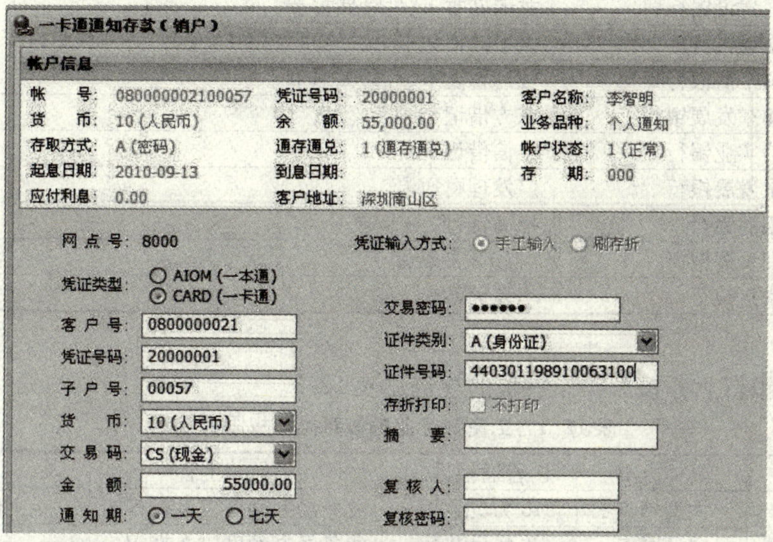

图 12.77　一卡通通知存款销户操作图

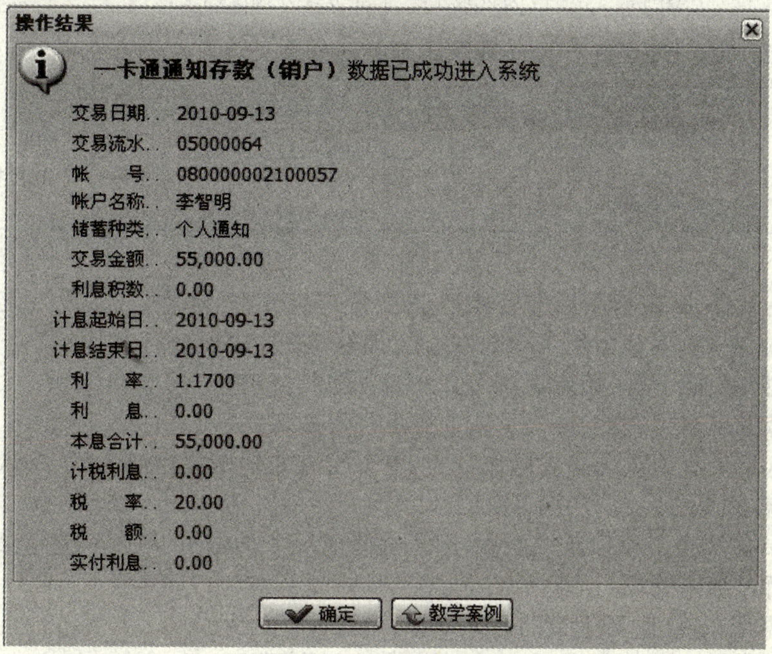

图 12.78　操作结果

【实训项目相关资料】

1. 目前我国主要的储蓄卡见表 12.2。

表 12.2　目前我国主要的储蓄卡

金融机构	卡的名称
中国银行	长城电子借记卡
中国农业银行	农行金穗星座卡、金穗借记卡、金穗校园卡
中国建设银行	龙卡储蓄卡、生肖储蓄卡
交通银行	太平洋借记卡、太平洋彩照卡
中国工商银行	牡丹智能卡、牡丹灵通卡
上海浦东发展银行	东方借记卡
中信实业银行	中信借记卡
广东发展银行	广发理财通卡
招商银行	招商银行“一卡通”
深圳发展银行	(深)发展转账卡
华夏银行	华夏储蓄卡

2. 工商银行业务核算操作权限的规定见表 12.3。

表 12.3　工商银行业务核算操作权限的规定

业务种类	具体分类	普通柜员	柜员兼主管	主管
现金存款业务	大型网点	10 万元以下	业务经办额度以上授权	自行确定
	中型网点	8 万元以下	业务经办额度以上授权	自行确定
	小型网点	5 万元以下	业务经办额度以上授权	自行确定
现金取款业务	大中小型网点	5 万元以下	5 万元(含)至 50 万元的授权	超过 50 万元的授权
转账业务	大型网点	30 万元以下	30 万元(含)至 200 万元的授权	200 万元(含)以上的授权
	中型网点	20 万元以下	20 万元(含)至 150 万元的授权	

3. 案例:某日,某银行事后监督中心监督员,在进行日常监督时,发现某柜员办理一笔税收交款业务,税款单金额为 106.00 元,计算机打印“现金存款凭证”金额为 103.00 元,正件与附件金额不符,相差 3.00 元,该柜员随后又打印“现金存款凭证”金额为 3.00 元,按规定应做反交易处理,该柜员却进行了绕账处理。

分析:这是一起严重的违规操作行为,由于当时临柜柜员粗心大意,未认真审核机打凭证与税单金额是否一致。究其原因:

(1)柜员主观主义思想比较严重,面子驱使他玩个小聪明,考虑到差错会影响到其考核,于是进行了绕账处理。

(2)根据记账规则,对记错的账务未做“错账冲正处理”。

(3)当班营业经理把关不严,未起到事中监督作用。

(4)给银行与企业的对账工作带来不必要的麻烦。

【实训项目小结】

综合柜员制是指在面向客户、面向交易的思想指导下，在具备严密的监控条件下，打破原有的业务分工界限，根据业务核算制度和操作规程，由柜员独立完成各项业务操作并承担相应责任的劳动组织形式。

重要空白凭证是指无面额、经银行或单位填写金额并签章后即具有支付效力的单证，包括：支票、银行汇票、商业汇票、存款开户证实书、存折、储蓄卡卡片和凭证式债券收款凭证等。

个人储蓄业务包括：活期、整存整取、定活两便、零存整取、存本取息、通知存款、教育储蓄、特殊业务和存本转息等。

掌握日常柜面业务处理的基本流程：①营业前准备；②签到；③日常业务处理；④复核、授权；⑤轧账、签退。

【实训项目任务】

任务一　开客户号
任务二　活期储蓄
任务三　整存整取
任务四　定活两便
任务五　零存整取
任务六　存本取息
任务七　通知存款
任务八　一卡通

【实训项目报告】

实训项目报告一：开客户号

目的	掌握如何为个人储蓄客户开立客户号
要求	1. 开普通客户号：为第一次来本行办理开户业务的个人客户×××开设普通客户号一个 2. 开一卡通客户号：为×××开设一卡通客户号一个
报告内容	一、实验内容 二、实验基本步骤 三、实验数据记录和处理
实验结果与分析	

实训项目报告二:活期储蓄

目的	掌握如何为个人储蓄客户开立活期存款账户,如何进行存取款业务操作,理解商业银行个人业务处理的业务规范和操作流程
要求	1. 用生成的普通客户号为×××开设普通存折存款账户及一卡通存款账户各一个,开户存款金额各为5,000元 2. ×××的普通活期存款账户存款2,000元,一卡通活期存款账户存款8,000元 3. ×××的普通活期存款账户取款1,000元,一卡通活期存款账户取款2,000元
报告内容	一、实验内容 二、实验基本步骤 三、实验数据记录和处理
实验结果与分析	

实训项目报告三:整存整取

目的	掌握如何为个人储蓄客户开立整存整取账户,如何进行存取款业务操作,理解商业银行个人业务处理的业务规范和操作流程
要求	1. 为×××开设普通整存整取账号一个,开户金额为2,000元,存期为三个月 2. 对普通整存整取账号提前支前1,000元 3. 为×××开设一卡通整存整取账号一个,开户金额为6,000元,存期为一年 4. 对一卡通整存整取账户提前支取1,500元
报告内容	一、实验内容 二、实验基本步骤 三、实验数据记录和处理
实验结果与分析	

实训项目报告四:定活两便

目的	掌握如何为个人储蓄客户开立定活两便账户,如何进行存取款、销户业务操作,理解商业银行个人业务处理的业务规范和操作流程
要求	1. 为×××开设普通定活两便账户一个,开户金额为2,500元 2. 为×××开设一卡通定活两便账户一个,开户金额为3,000元 3. 将普通定活两便账户销户 4. 将一卡通定活两便账户销户
报告内容	一、实验内容 二、实验基本步骤 三、实验数据记录和处理
实验结果与分析	

实训项目报告五:零存整取

目的	掌握如何为个人储蓄客户开立零存整取账户,如何进行存款、销户业务操作,理解商业银行个人业务处理的业务规范和操作流程
要求	1. 为×××开设普通零存整取账户一个,存期为1年,开户金额为3,000元 2. 普通零存整取账户存款2,000元 3. 普通零存整取账户销户
报告内容	一、实验内容 二、实验基本步骤 三、实验数据记录和处理
实验结果与分析	

实训项目报告六:存本取息

目的	掌握如何为个人储蓄客户开立零存整取账户,如何进行存款、取息和销户业务操作,理解商业银行个人业务处理的业务规范和操作流程
要求	1. 为×××开设存本取息账号一个,开户金额为10,000元,存期为1年,取息间隔为1个月 2. 存本取息销户
报告内容	一、实验内容 二、实验基本步骤 三、实验数据记录和处理
实验结果与分析	

实训项目报告七:通知存款

目的	掌握如何为个人储蓄客户开立通知存款账户,如何进行存款、支取和销户业务操作,理解商业银行个人业务处理的业务规范和操作流程
要求	1. 为×××开设普通通知存款账户一个,开户金额为80,000元 2. 普通通知存款部分支取5,000元,通知期为101或107 3. 普通通知存款账户销户,将该账户余额全部取出,通知期为101或107
报告内容	一、实验内容 二、实验基本步骤 三、实验数据记录和处理
实验结果与分析	

实训项目报告八:一卡通

目的	掌握如何为个人储蓄客户开立一卡通账户,如何进行一卡通换卡、挂失、解挂和密码修改等业务操作,理解商业银行个人业务处理的业务规范和操作流程
要求	1. 一卡通换凭证:凭证类型选一卡通,输入原凭证号及替换凭证号 2. 一卡通挂失 3. 一卡通解挂(不换凭证) 4. 一卡通解挂(换凭证) 5. 一卡通密码修改
报告内容	一、实验内容 二、实验基本步骤 三、实验数据记录和处理
实验结果与分析	

实训项目 13 个人贷款业务

【实训目标与要求】

1. 了解贷款的种类。

2. 掌握贷款发放、收回、展期、逾期的业务处理流程和操作要点。

3. 个人消费贷款业务合同建立、贷款发放、提前部分还贷、提前全部还贷、个贷调息及贷款业务查询操作。

【实训项目准备】

1. 汽车消费贷款申请表。

2. 助学贷款申请表。

【实训项目内容】

13.1 贷款发放业务

13.1.1 基础知识

1. 贷款的概念和种类

(1)概念。贷款也称放款,是指银行对借款人提供的按约定的利率和期限还本付息的货币资金。贷款是银行最主要的资产业务。

(2)种类。贷款可以从以下不同的角度进行分类。

①按贷款的发放条件分:信用贷款、担保贷款、票据贴现。

②按贷款的期限分:短期贷款、中期贷款、长期贷款。

③按贷款的对象分:单位贷款、个人贷款。

④按贷款的责任分:自营贷款、委托贷款。

⑤按风险程度分:正常贷款、关注贷款、次级贷款、可疑贷款、损失贷款。

2. 贷款业务办理的操作流程

贷款业务办理的操作流程如图 13.1 所示。

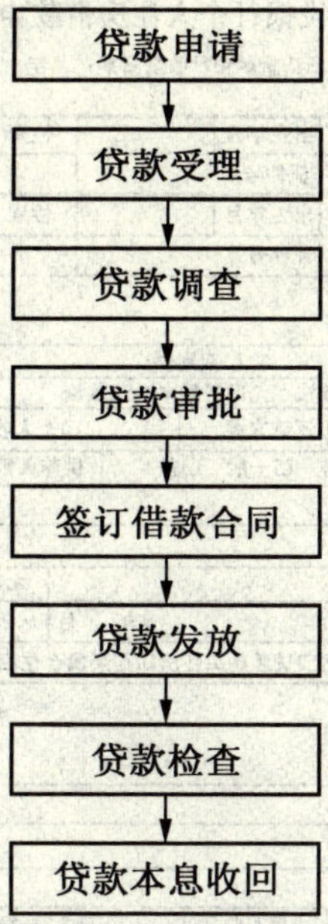

图 13.1　贷款业务办理的操作流程

(3)操作要点。

①贷款申请。借款人在银行开立结算账户,与银行建立信贷关系,借款人申请贷款必须填写《借款申请书》,如图 13.2 和图 13.3 所示。

中国建设银行个人住房借款申请书

申请书提交日期：　年　月　日；贷款银行收妥日期：　年　月　日

贷款银行受理人：

申请人姓名		出生年月		性别	□男□女	民族	
证件种类		证件号					
配偶姓名		出生年月		性别	□男□女	民族	
证件种类		证件号					
申请借款金额（万元）	大写			小写			
还款期次	□月供	□双周供					
还款方式	□等额本息还款法	□等额本金还款法					
申请借款期限	年	还款来源	□个人收入	□家庭收入			
健康状况	□良好　□一般　□差	供养人数	人				
现工作单位		职务					
职称		行业					
单位地址及邮编		本地居住时间	____年				
进入现单位时间	年　月	从事本行业年限	____年				
居住状况	□自有住房□贷款购买住房□与亲属合住□集体宿舍□租房□其他						
租住请填(租住时间、地址和月付租金)							
联系电话		移动电话					
传真电话		E-mail					
通讯地址		邮政编码					
申请人月收入	元	家庭月收入	元	家庭月支出	元		
共同申请人信息							
姓名		性别		年龄		婚姻状况	
月收入		证件种类及号码		工作单位			
与主申请人关系							
通讯地址							
拟购房资料							
售房单位(全称)							
房屋座落位置							
房屋类型	□经济适用房　□商品房　□别墅　□商业用房　□其他						
房屋形式	□期房　□现房	售房合同编号					
房屋建筑面积	m²	单位售价	/m²				
房屋价值	元	已付购房款					
房屋所有权证编号							
物业费	/m²/月	购房目的	□自住　□投资				
自建、大修房屋资料							
房屋座落地址							
城建部门批准文号		房屋结构					
建筑面积	m²	层数		自建房屋造价	元		
原房屋价值	元	增加建筑面积	m²				
大修房屋费用(元)	大写：	小写：					
计划开工日期	年　月　日	计划竣工日期	年　月　日				
有效期间	年	担保类型	□最高额抵押 □阶段性保证加最高额抵押				
借款申请人声明							

1. 以上申请书及其所附资料所填内容为本人所填，且完全属实。如资料失实或虚假，本人愿承担相应法律责任；
2. 本人承认以此申请书作为向贵行借款的依据。报送的资料复印件可留存贵行作备查凭证；
3. 经贵行审查不符合规定的借款条件而未予受理时，本人无异议；
4. 本人保证在取得银行贷款后，按时足额偿还贷款本息。
5. 本人同意建设银行将本人的信息提供给有关征信机构，并同意建设银行向人民银行个人信用信息基础数据库或有关单位、部门及个人查询本人的信用状况。
6. 本人提供的家庭购买第二套及以上住房和贷款信息准确、完整，如核查有疏漏，本人愿意依据银行相关规定补缴购房首付款并执行相对应的利率政策，对银行自动上调利率无异议

申请人签字：

年　月　日

共同申请人签字：

年　月　日

图 13.2　个人住房借款申请书

申请人姓名			性 别		出生日期	年 月 日	申请人照片
身份证号码							
学生证号码					民族		
基本情况	健康状况	□良好□一般 □差	婚姻状况	□未婚□已婚无子女□已婚有子女 □丧偶□离婚			
	最好学历	□研究生 □大学本科 □大专和专科学校 □中专学校 □高中 □技工学校 □初中 □小学 □文盲或半文盲					
	家庭电话		移动电话				
	家庭地址		邮政编码				
	E-mail地址						
	入学时间	年 月	毕业年月	年 月			
	学制	年	就读学生所在年级	年级			
	所在院系		专业及班级				
见证人情况	姓 名		性别		证件类型及号码		
	与借款人关系		联系电话		通讯地址		
	姓 名		性别		证件类型及号码		
	与借款人关系		联系电话		通讯地址		
申请借款情况	借款总金额（小写）	元					
	还款方式	□等额本息还款法 □等额本金还款法					
	贷款种类	□中央财政贴息国家助学贷款 □地方财政贴息国家助学贷款					

图 13.3　国家助学贷款申请表

②贷款调查。银行在接到借款申请后，派专人进行调查，调查借款申请书内容的真实性和贷款可行性。

③贷款审批。对经过调查评估符合贷款条件的借款申请，银行应当及时进行审批。

④签订借款合同。借款申请经审查批准后，必须按有关法律法规由银行与借款人签订借款合同。对于保证贷款，保证人须银行签订保证合同；对于抵押贷款和质押贷款，借款人须与银行签订抵押合同和质押合同。

⑤贷款发放。借款合同生效后，银行就应按合同规定的条款发放贷款。

⑥贷款检查。贷款发放以后，银行要对借款人执行借款合同的情况，即对借款人的资信状况进行跟踪调查和检查。

⑦贷款本息收回。贷款到期后，借款人应主动及时归还贷款本息，一般可由借款人开出结算凭证归还本息，也可由银行直接从借款人账户中扣收贷款本息。

13.1.2　实训操作

1. 贷款发放业务的操作流程

贷款发放业务的操作流程如图 13.4 所示。

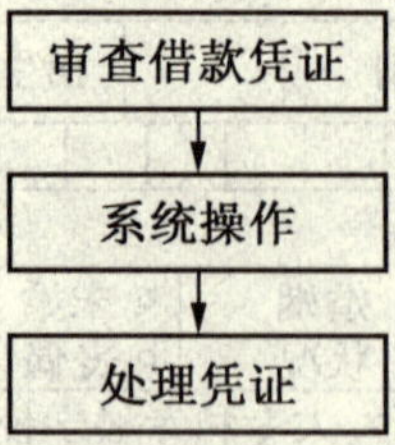

图 13.4　贷款发放业务的操作流程

操作要点：

（1）审查借款凭证。

审查借款凭证贷出日期和到期日期填写是否正确；借款用途、种类填写是否齐全、清楚；利率、期限使用是否正确；大小写金额是否相符；借、贷双方应加盖的印章是否齐全、有效；借款单位签章与预留银行印鉴是否相符；担保合同、借款合同、贷款审批书。借款凭证如图 13.5 所示。

<table>
<tr><td rowspan="3">借款单位</td><td>名称</td><td colspan="3"></td><td rowspan="3">借款单位</td><td>名称</td><td colspan="10"></td></tr>
<tr><td>放款户账号</td><td colspan="3"></td><td>往来户账号</td><td colspan="10"></td></tr>
<tr><td>开户银行</td><td colspan="3"></td><td>开户银行</td><td colspan="10"></td></tr>
<tr><td colspan="2">借款期限
（最后还款日）</td><td colspan="3"></td><td colspan="2">借款计划指标</td><td colspan="10"></td></tr>
<tr><td colspan="2" rowspan="2">借款申请金额</td><td colspan="5" rowspan="2">人民币
（大写）：</td><td>千</td><td>百</td><td>十</td><td>万</td><td>千</td><td>百</td><td>十</td><td>元</td><td>角</td><td>分</td></tr>
<tr><td></td><td></td><td></td><td></td><td></td><td></td><td></td><td></td><td></td><td></td></tr>
<tr><td colspan="2" rowspan="2">借款原因及用途</td><td colspan="3" rowspan="2"></td><td colspan="2" rowspan="2">银行核定金额</td><td>千</td><td>百</td><td>十</td><td>万</td><td>千</td><td>百</td><td>十</td><td>元</td><td>角</td><td>分</td></tr>
<tr><td></td><td></td><td></td><td></td><td></td><td></td><td></td><td></td><td></td><td></td></tr>
<tr><td>期限</td><td>计划还款日期</td><td>√</td><td colspan="2">计划还款金额</td><td colspan="12" rowspan="5">银行审批

负责人　信贷部门主管　信贷员</td></tr>
<tr><td>1</td><td></td><td></td><td colspan="2"></td></tr>
<tr><td>2</td><td></td><td></td><td colspan="2"></td></tr>
<tr><td>3</td><td></td><td></td><td colspan="2"></td></tr>
<tr><td>4</td><td></td><td></td><td colspan="2"></td></tr>
<tr><td colspan="5">兹根据你行贷款办法规定，申请办理上述借款，
请核定贷给

此致
××商业银行
（借款单位预留往来户印鉴）</td><td colspan="12">会计分录：
（借）：
对方科目：（贷）

会计　复核　记账</td></tr>
</table>

图 13.5　借款凭证

（2）系统操作：贷款开户、贷款开卡、贷款发放。

（3）处理凭证。

2. 实训操作

(1)新增消费贷款合同。

例如,客户黄晓明购买住房,到本行办理住房按揭贷款。柜员为其新建消费贷款合同管理,贷款借据号为 15 位数,存款账号为黄晓明在本支行开设的个人活期存款账户,贷款类别为“中长期住房按揭贷款”,贷款金额为 80,000 元,贷款月利率为 6.79‰,还款日期 1 年以上,贷款用途为购房,经营商账户为房产商在本支行开立的对公活期存款账户,提保方式为抵押。存款账户为本行个人活期存款账户,经营商账户为在本行开户的对公活期存款账户。

这里首先需要去储蓄业务开设个人活期存款账户,过程如下:

①领入个人活期需用的凭证(储蓄业务的凭证领入直接在本支行领,凭证号为 8 位数)。如图 13.6、图 13.7 所示。

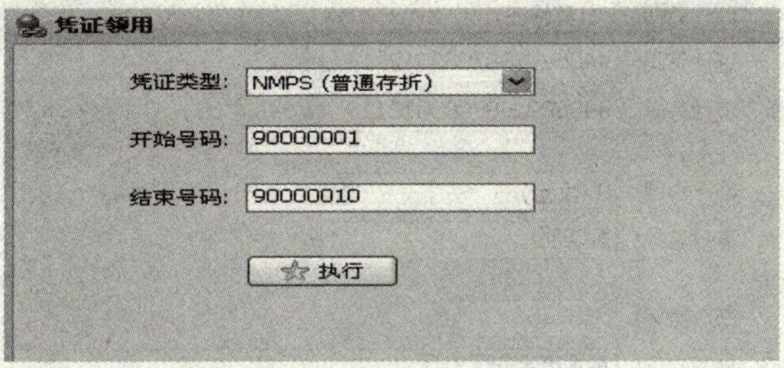

图 13.6　凭证领用操作图

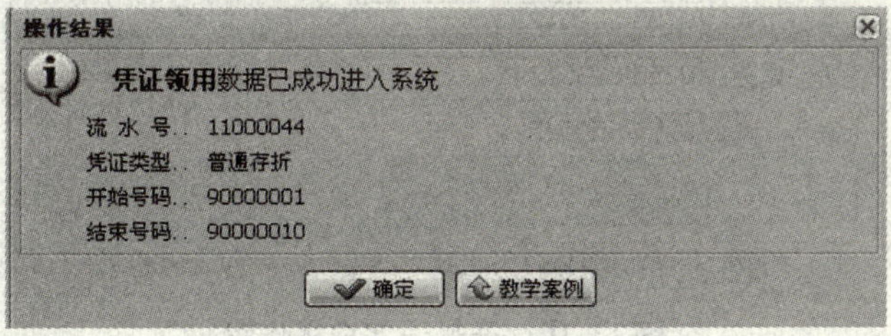

图 13.7　操作结果

②将领入的凭证出库到钱箱。如图 13.8、图 13.9 所示。

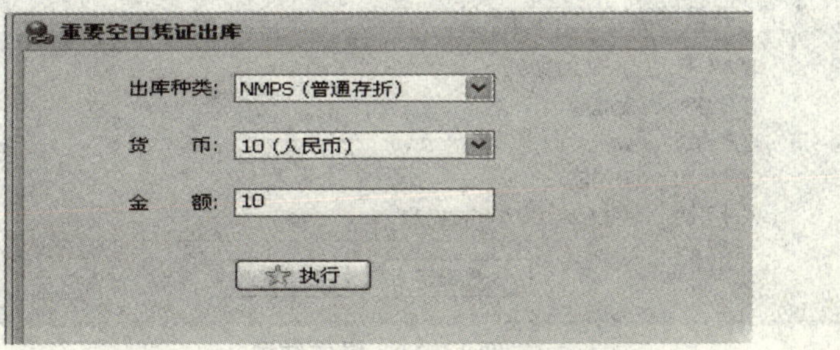

图 13.8　重要空白凭证出库操作图

图 13.9　操作结果

③开普通客户。柜员为第一次来本行办理开户业务的个人客户(客户名称及身份证号码可由柜员自行设定)开设一个普通客户号。如图 13.10、图 13.11 所示。

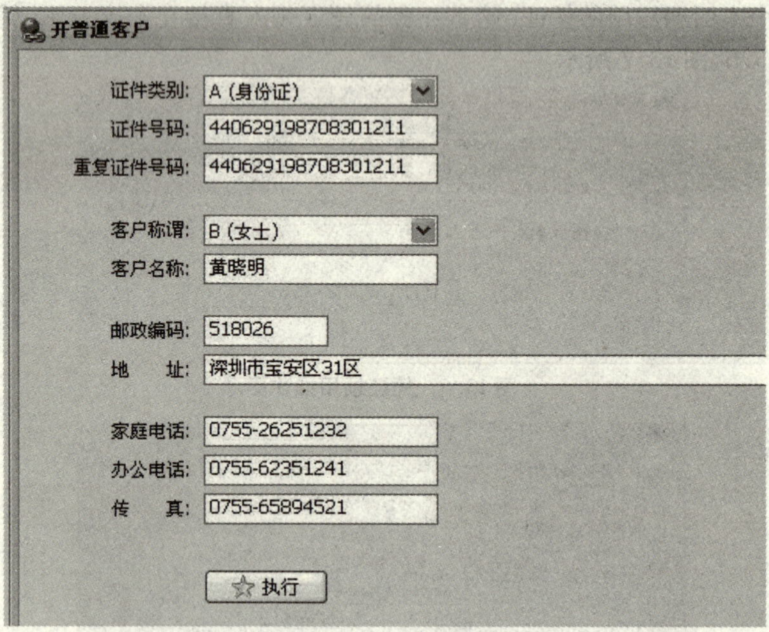

图 13.10　开普通客户操作图

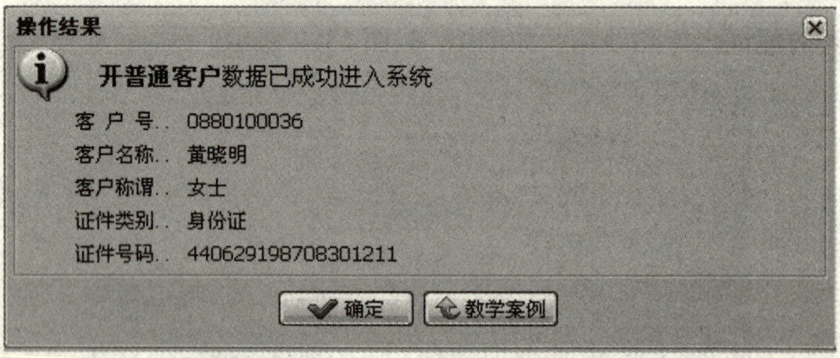

图 13.11　操作结果

④普通活期开户(用系统生成的客户号开立一个活期存款账户)。如图 13.12、图 13.13 所示。

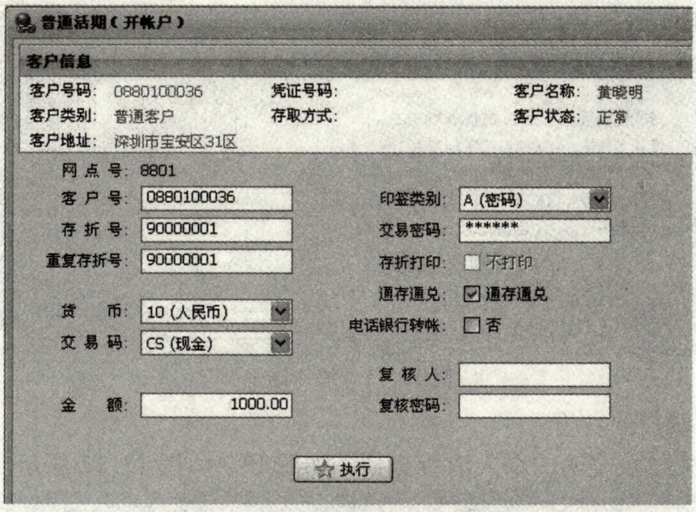

图 13.12　普通活期开户操作图

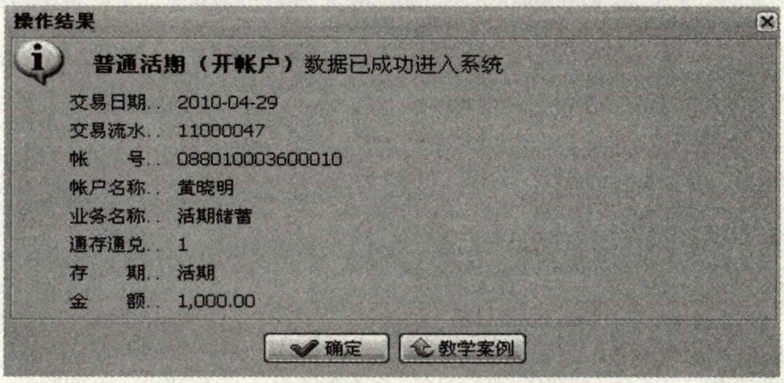

图 13.13　操作结果

⑤接下来回到对公业务，我们就可以去做个人贷款业务——个人消费贷款借据管理。如图 13.14、图 13.15 所示。

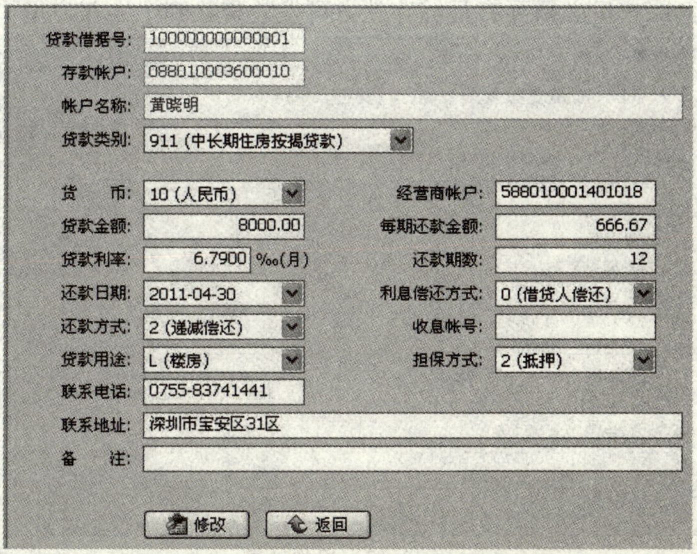

图 13.14　新增个人消费贷款合同操作图

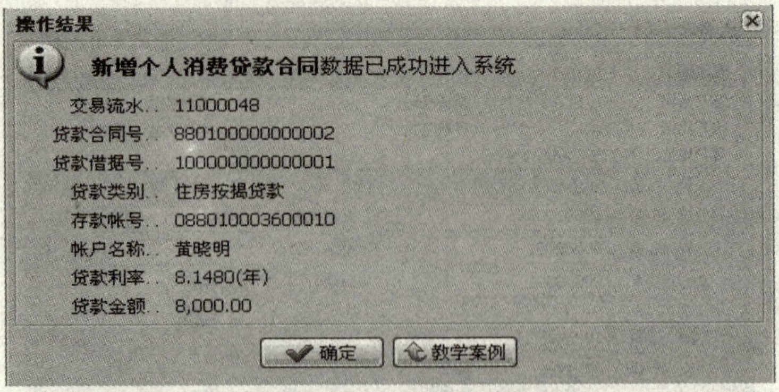

图 13.15　操作结果

(2)个人消费贷款发放。

例如,银行发放黄晓明的个人消费贷款。如图 13.16、图 13.17 所示。

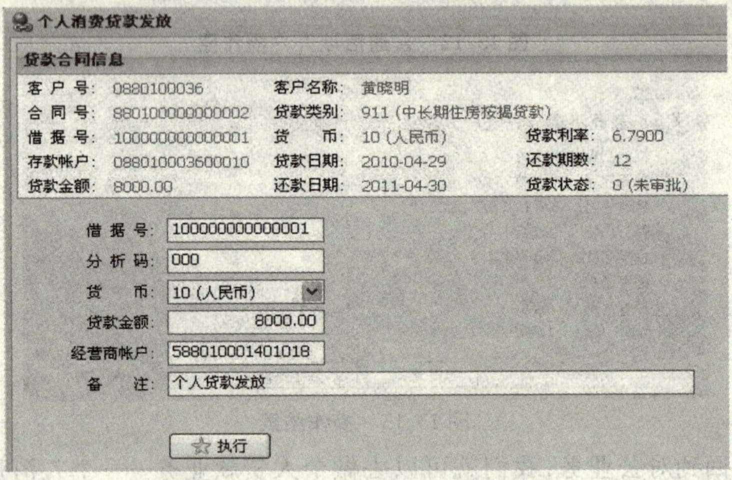

图 13.16　个人消费贷款发放操作图

注意:经营商账户里必须要有足够存款方可发放贷款到个人账户里。

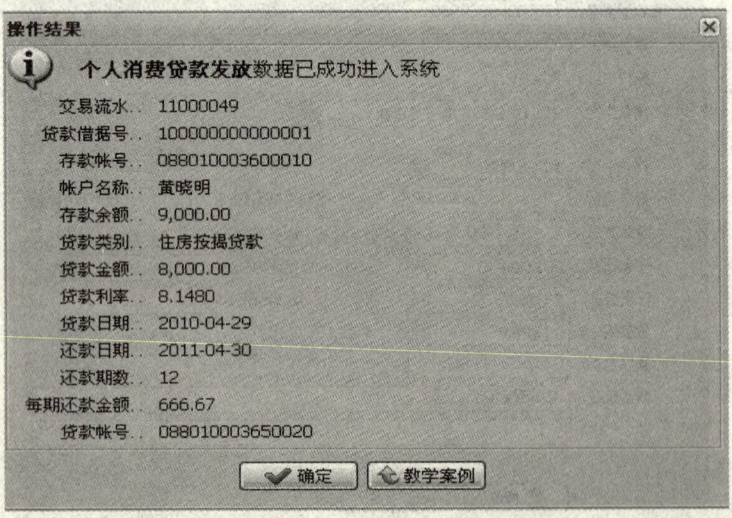

图 13.17　操作结果

(3)个人消费贷款调息。

例如,由于央行上调基准存贷款利率,银行柜员在年初(1 月 1 日)将黄晓明的个人消费贷款月利率由 6.79‰调整到 7.39‰。如图 13.18、图 13.19 所示。

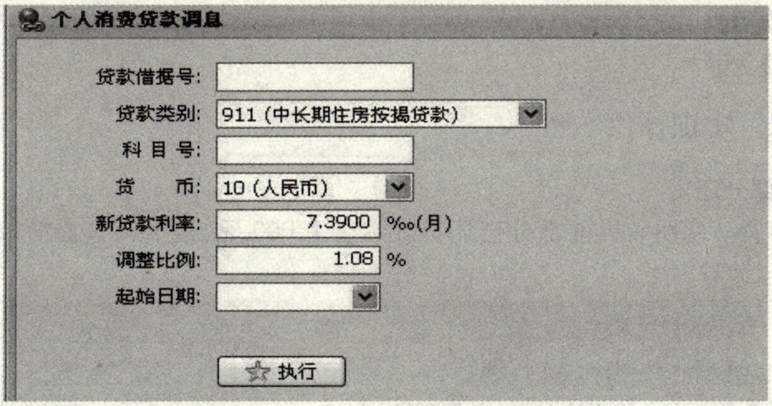

图 13.18　个人消费贷款调息操作图

图 13.19　操作结果

13.2　贷款归还业务

13.2.1　贷款按期收回业务的操作流程

贷款按期收回业务的操作流程如图 13.20 所示。

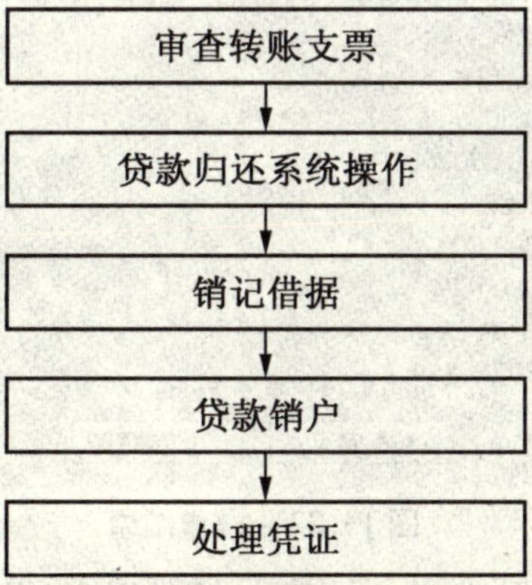

图 13.20　贷款按期收回业务的操作流程

操作要点:

(1)审查转账支票。
(2)贷款归还系统操作。
(3)销记借据。
(4)贷款销户。
(5)处理凭证。

13.2.2 实训操作

1. 提前部分还贷

例如,客户黄晓明需提前部分偿还贷款本金 1,000 元,柜员为其提前部分还贷。如图 13.21、图 13.22 所示。

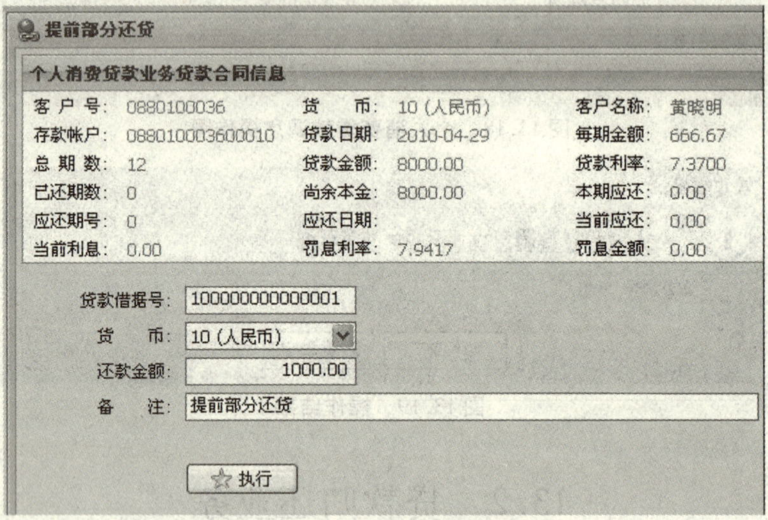

图 13.21 提前部分还款操作图

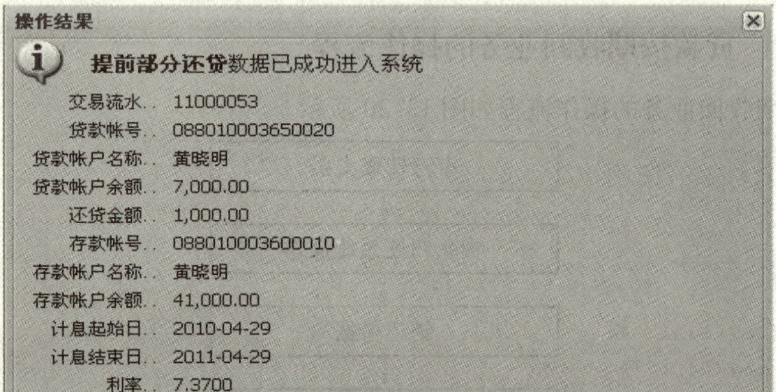

图 13.22 操作结果

注意:黄晓明的个人账户里也必须要有足够的存款,以便做此部分还贷,如果不够,需要去储蓄业务办理个人活期存款业务,如图 13.23、图 13.24 所示。

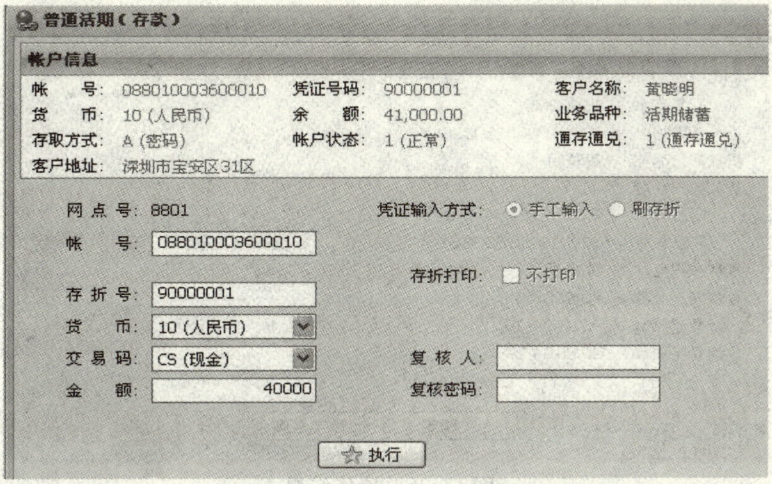

图 13.23　普通活期存款操作图

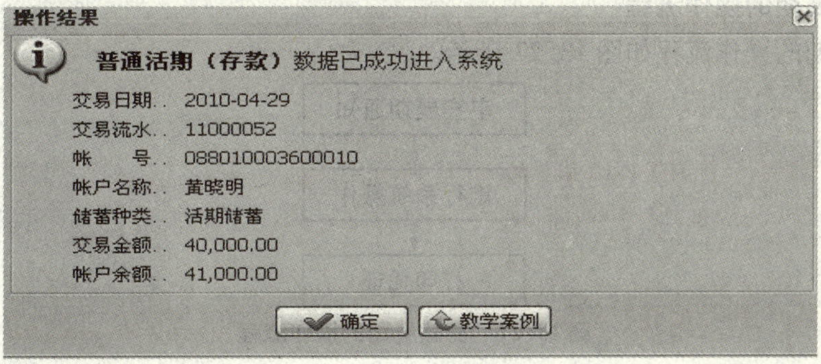

图 13.24　操作结果

2. 提前全部还贷

例如，客户黄晓明需提前全部还清所欠贷款余额 7,000 元。柜员为其完成“提前全部还贷”操作。如图 13.25、图 13.26 所示。

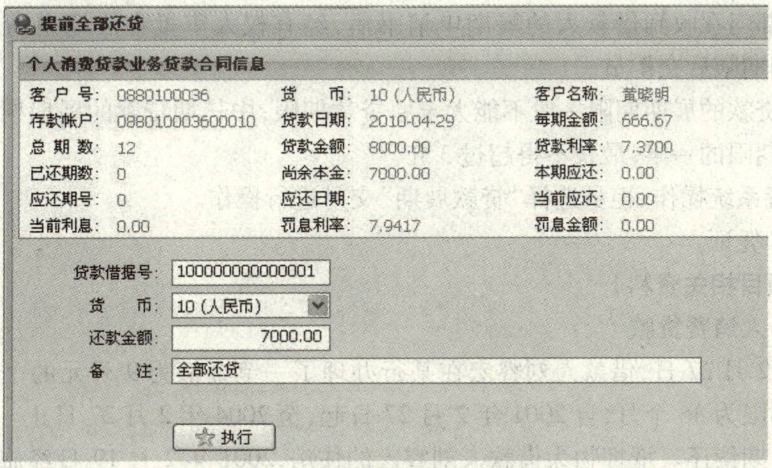

图 13.25　提前全部还贷操作图

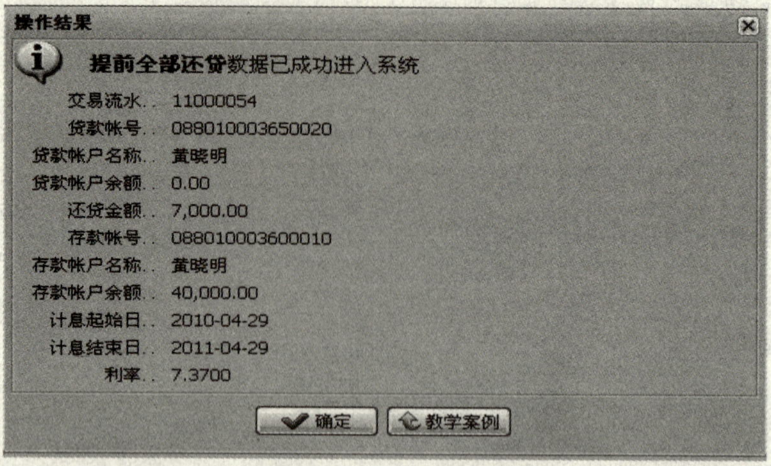

图 13.26　操作结果

3. 贷款展期的操作流程

贷款展期的操作流程如图 13.27 所示。

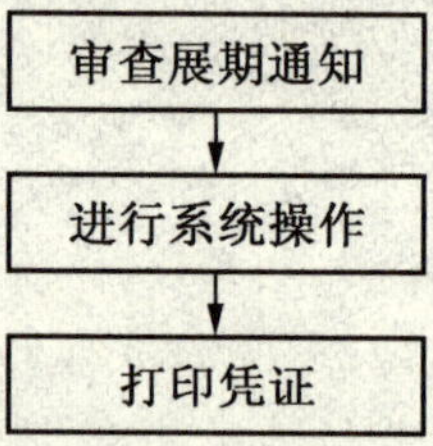

图 13.27　贷款展期的操作流程

操作要点:

(1)审查展期通知书。

①短期贷款的展期申请一般在贷款到期前 10 天办理,中长期贷款的展期申请一般在贷款到期前一个月办理。

②信贷部门在收到借款人的展期申请书后,经有权人审批在展期申请书上签注意见,确定展期期限后交柜员。

③短期贷款的展期期限一般不能大于原贷款期限;中长期贷款的展期期限一般不得超过原贷款期限的一半,最长不得超过 3 年。

(2)进行系统操作,柜员选择“贷款展期”交易进行操作。

(3)打印凭证。

【实训项目相关资料】

案例:个人消费贷款

2001 年 2 月 27 日,借款人刘睿宏在某行办理了一笔金额为 9 万元的个人综合消费贷款,借款期限为 36 个月,自 2001 年 2 月 27 日起,至 2004 年 2 月 27 日止。该笔贷款按季度共分 12 期偿还。抵押物为借款人刘睿宏的住房,2001 年 2 月 19 日经旅顺口房地产评估有限公司评估,当日可能实现的市场价值为 15.4 万元。合同签订后,某行如约全额发放贷款,但刘睿宏却自第 1 期开始就未按期归还借款,只是在 2001 年 10 月份归还了

1,000元。在借款人第 3 期未如约归还借款后，某行将刘睿宏诉至法院，请求提前归还全部贷款。

某行认为，依据借款合同第 9 条规定的分期还款计划、第 13 条(二)的甲方承诺及第 17 条第 2 款的规定，某行有权提前收回贷款，依据借款合同第 18 条，某行有权请求法院处置抵押物。

被告认为，借款合同第 13 条规定的保证条款本息的偿还，也可以解释为只要贷款到期后贷款本息全部偿还，就可以理解为保证贷款本息的偿还。

分析：本案属于个人综合消费贷款借款合同纠纷，双方当事人对借款合同及抵押合同的法律效力并无争议，而仅对某行是否有权提前收回贷款存在分歧，但依据借款合同第 13 条(二)可以认定被告纯属狡辩，某行最终胜诉。

法院判决：被告刘睿宏于本判决生效之日起十日内给付原告借款 81,500 元及利息 1,600 元。如逾期给付，按《中华人民共和国民事诉讼法》第 232 条规定办理。案件受理费 3,003 元由被告承担。

【实训项目小结】

贷款也称放款，是指银行对借款人提供的按约定的利率和期限还本付息的货币资金。贷款是银行最主要的资产业务。

个人消费贷款是指银行向申请购买"合理用途的消费品或服务"的借款人发放的个人贷款，是银行向个人客户发放的有指定消费用途的人民币贷款业务，用途主要有个人住房、汽车、一般助学贷款等消费性个人贷款。

个人综合消费贷款是指银行向借款人发放的不限定具体消费用途的人民币担保贷款。

国家助学贷款是由政府主导、财政贴息、财政和高校共同给予银行一定风险补偿金，银行、教育行政部门与高校共同操作的专门帮助高校贫困家庭学生的银行贷款。借款学生不需要办理贷款担保或抵押，但需要承诺按期还款，并承担相关法律责任。

【实训项目任务】

任务一　消费贷款

任务二　助学贷款

【实训项目报告】

实训项目报告一:消费贷款

目的	理解个人消费贷款的含义,掌握个人消费贷款业务的操作流程及业务规范
要求	1. 新建×××消费贷款合同管理,贷款借据号为15位数,存款账号为×××在本支行开设的个人活期存款账户,贷款类别为"中长期住房按揭贷款",贷款金额为80,000元,贷款月利率为5.79‰,还款日期1年以上,贷款用途为购房,经营商账户为房产商在本支行开立的对公活期存款账户,提保方式为抵押 2. 发放×××的个人消费贷款 3. 个人消费贷款调息:将×××的个人消费贷款月利率由5.79‰调整到6.37‰,调整比率为10% 4. ×××提前部分还贷10,000元 5. ×××提前全部还清所有贷款余额7,000元
报告内容	一、实验内容 二、实验基本步骤 三、实验数据记录和处理
实验结果与分析	

实训项目报告二:助学贷款

目的	理解助学贷款的含义,掌握助学贷款业务的操作流程及业务规范
要求	1. 助学贷款单位合同管理:为××××单位新建助学贷款合同 2. 消费贷款合同管理:为××××单位新建助学贷款借据(贷款借据号为15位数),贷款类别为“短期助学贷款”,贷款金额为6,000元,贷款利率为3‰,贷款用途为“其他” 3. 助学贷款借据管理维护:将上两步操作生成的贷款借据号及单位合同号录入,还款日期为1年以内 4. 个人消费贷款发放:录入借据号及贷款金额,经营商账户为××××单位对公活期存款账户,确认后将贷款发放到××××单位账户上 5. 助学贷款提前全部还贷:录入××××单位的借据号及还款金额,将此笔助学贷款全部提前还清
报告内容	一、实验内容 二、实验基本步骤 三、实验数据记录和处理
实验结果与分析	

实训项目 14 结算业务

【实训目标与要求】

1. 掌握银行本票的基本操作流程。
2. 掌握银行汇票的基本操作流程。
3. 掌握银行承兑汇票的基本操作流程。
4. 掌握商业承兑汇票的基本操作流程。
5. 掌握支票的处理手续。

【实训项目准备】

1. 银行本票票样。
2. 银行汇票票样。
3. 银行承兑汇票票样。
4. 商业承兑汇票票样。
5. 现金支票票样。
6. 转账支票票样。

【实训项目内容】

14.1　本票业务实训

14.1.1　本票基础知识

银行本票是银行签发的,承诺自己在见票时无条件支付确定的金额给收款人或持票人的票据。适用于在同一票据交换区域需要支付各种款项的单位和个人。

银行本票按照其金额是否固定可分为不定额和定额两种。不定额银行本票是指凭证上金额栏是空白的,签发时根据实际需要填写金额,并用压数机压印金额的银行本票;定额银行本票是指凭证上预先印定固定面额的银行本票,面额有 1,000、5,000、10,000 和 50,000 元,如图 14.1、图 14.2 所示。

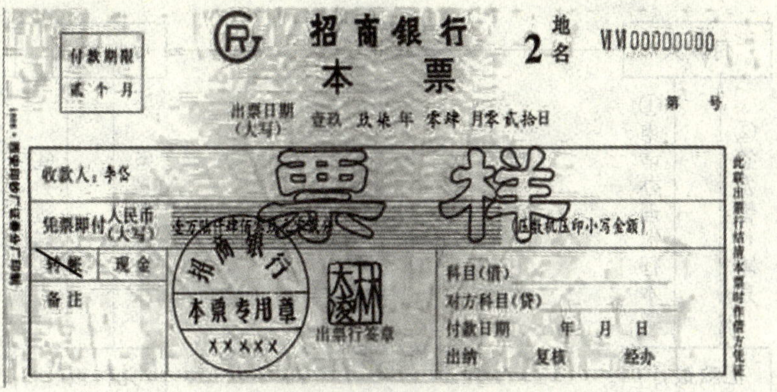

图 14.1　不定额银行本票

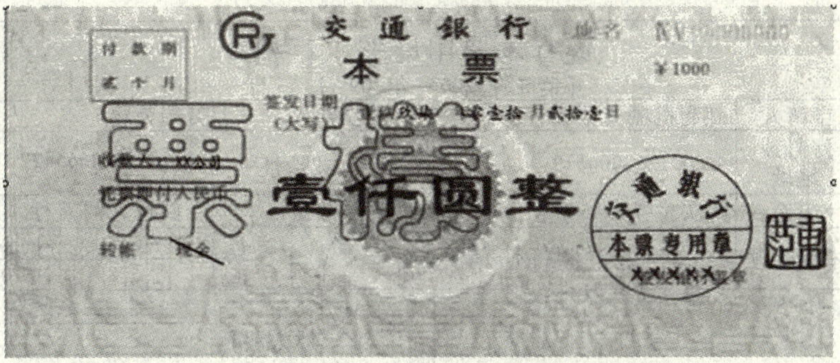

图 14.2　定额银行本票

14.1.2　实训操作

1. 银行本票的申请

(1)客户作为申请人,填写“银行本票申请书”后交银行,并足额交存票款。

(2)银行柜员收妥票款,受理开户单位提交的一式三联申请书,认真进行审查。

①申请书记载的内容是否齐全、清晰,申请书的日期、金额、收款人名称是否更改,更改的银行不予受理,其他记载事项若有更改,有无原记载人签章证明。

②申请人的签章是否符合规定,与预留银行的签章是否相符,使用支付密码的其密码是否正确。

③申请人账户是否有足够支付的款项。

④申请书填明“现金”字样的,经审查申请人和收款人是否均为个人,并由申请人交存现金办理,无误后,才能受理其签发银行本票的申请。银行本票的结算程序如图 14.3 所示。

(3)银行柜员审查无误后进行账务处理。

(4)转账支付的,在申请书上加盖业务清讫章,打印交易信息。第一联加盖业务清讫章作回单交给申请人。现金交付的,申请书第二联注销。第一联加盖业务清讫章和柜员名章退申请人作回单。银行本票申请书如图 14.4 所示。

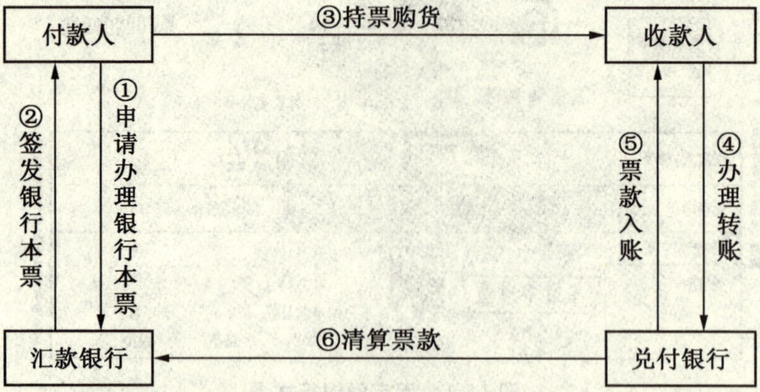

图 14.3　银行本票的结算程序

银行本票申请书（存根）　　1

申请日期　2009　年　09 月　13 日

申请人	胜利机械有限责任公司	收款人	美瑞公司
账号或地址	432001260004619	账号或地址	4321015403665432
用途	购买生铁	代理付款行	工商行天河支行
本票金额	人民币（大写）伍万捌仟伍佰元整	英黄印玉	千 百 十 万 千 百 十 元 角 分：¥ 5 8 5 0 0 0 0
备注		科目 对方科目	
		财务主管　复核　经办	

（印章：胜利机械有限责任公司 财务专用章）

图 14.4　银行本票申请书

2. 银行本票的出票

(1)银行柜员签发本票，在不定额本票上由授权经办员签章，将第二联本票及申请书交业务主办复核。如为定额本票同样由授权经办员签章后交业务主办复核。

本票的出票日期和出票金额必须大写，如果填写错误应将本票作废。用于转账的本票，须在本票上划去“现金”字样；按规定可以用于支取现金的本票，须在本票上划去“转账”字样。如图 14.5 所示。

付款期限　贰 个 月

中国工商银行　地　EB 01　20120132

本　票　2 名

出票日期（大写）　贰零零玖 年零玖月壹拾叁日

收款人	美瑞公司	申请人	胜利机械责任公司
凭票即付（大写）	人民币 伍万捌仟伍佰元整		¥ 58500.00
转账 √	现金		
备注：		出票行签章 2009年09月20日	出纳　复核　经办

（印章：工商银行广州天河支行 结算专用章）

图 14.5　银行本票出票

不定额转账银行本票没有金额起点和最高限额。提示付款期限自出票日起最长不得超过 2 个月。不定额本票小写金额必须为压数机压印金额。

(2)银行复核柜员复核无误后,在不定额本票第二联或定额本票的正联加盖本票专用章,密押柜员用总行统一制作的压数机在不定额本票的第二联加盖压数,并视当地人民银行规定加编密押。将本票第一联卡片或存根联留存,专人专夹保管。

(3)银行柜员出票。不定额本票第二联、定额本票正联交申请人。对于使用的本票登记“空白重要凭证——银行本票”的表外账户。

3. 银行本票的付款

(1)客户持票人交到开户行银行本票和二联进账单。

(2)银行柜员认真审查各要素。审查无误后,进行账务处理。第二联进账单作贷方凭证,第一联进账单加盖受理凭证专用章作收账通知交给持票人,本票加盖转讫章通过票据交换向出票行提出交换。

(3)出票行接到收款人交来的注明“现金”字样的本票时,抽出专夹保管的本票卡片或存根,经核对相符,确属本行签发的办理付款手续,不定额本票第二联、定额本票正联加盖业务清讫章作借方凭证,本票卡片或存根作附件。

本票上未划去“现金”和“转账”字样的,一律按转账办理。

4. 银行本票的结清

出票行银行柜员收到票据交换提入的本票时,抽出专夹保管的本票卡片或存根,经核对相符,确属本行出票,本票加盖业务清讫章作结清处理。

5. 银行本票退款

(1)客户交回本票及一式两联进账单。申请人为单位的,应由单位出具正式公函说明原因;申请人为个人的,应出示有效身份证件。

(2)银行柜员查询该笔本票与登记簿是否一致,并仔细审核本票真伪和要素是否齐全,并与原专夹保管的本票核对无误后,在本票上注明“未用退回”字样。

第一联进账单加盖转讫章作收账通知交申请人。

14.2　汇票业务实训

14.2.1　银行汇票

1. 基础知识

(1)银行汇票的定义。银行汇票是出票银行签发的,由其在见票时按照实际结算金额无条件支付给收款人或者持票人的票据,如图 14.6 所示。

银行汇票的出票银行为银行汇票的付款人。

银行汇票的代理付款人是代理本系统出票银行或跨系统签约银行审核支付汇票款项的银行。

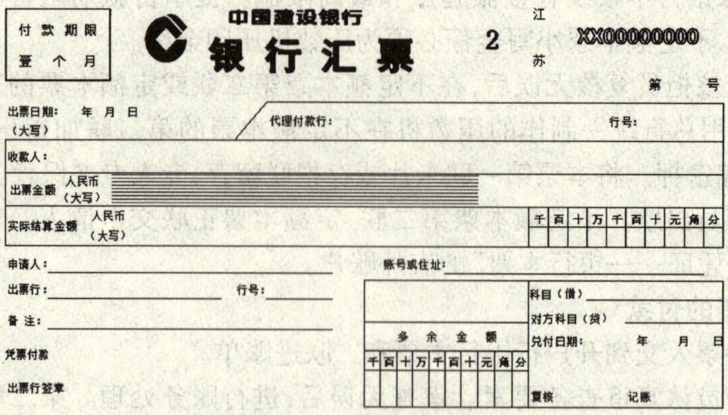
付款期限
壹个月
中国建设银行
银行汇票
2
江
苏
XX00000000
第 号
出票日期：（大写） 年 月 日
代理付款行： 行号：
收款人：
出票金额 人民币（大写）
实际结算金额 人民币（大写）
千 百 十 万 千 百 十 元 角 分
申请人：
账号或住址：
出票行： 行号：
备注：
凭票付款
出票行签章
多余金额
千 百 十 万 千 百 十 元 角 分
科目（借）
对方科目（贷）
兑付日期： 年 月 日
复核 记账

图 14.6 银行汇票

(2)银行汇票的分类。根据银行汇票的功能特点，可以分为转账银行汇票和现金银行汇票。

中国人民银行对于这两种银行汇票的使用有明确的规定：签发现金银行汇票，申请人和收款人必须均为个人；申请人或收款人为单位的，银行不得为其签发现金银行汇票。

(3)银行汇票业务办理注意事项。

①签发银行汇票必须记载下列事项。

表明“银行汇票”的字样；无条件支付的承诺；出票金额；付款人名称；收款人名称；出票日期；出票人签章。欠缺记载上列事项之一的银行汇票无效。

②银行汇票的提示付款期限。

银行汇票的提示付款期限为自出票日起 1 个月。持票人超过付款期限提示付款的，代理付款人不予受理。

③银行汇票的实际结算金额不得更改。

更改实际结算金额的银行汇票无效。

④印押证分管要求。

办理银行汇票业务的汇票专用章、密押机、汇票凭证必须实行三人分管。

2. 实训操作

银行汇票结算是指利用银行汇票办理现金或转账的结算，如图 14.7、图 14.8 所示。

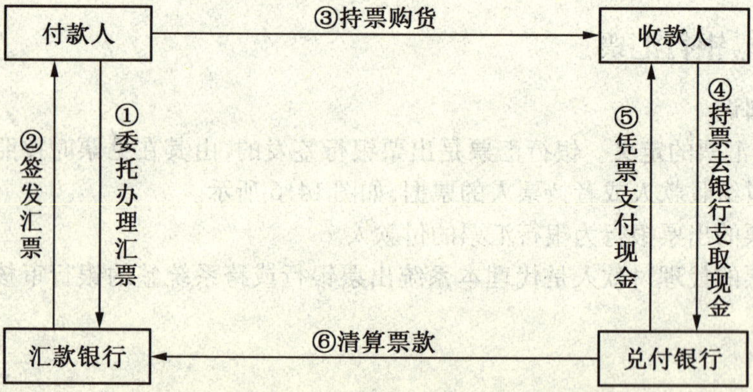

图 14.7 持票人直接支取库存现金的结算程序

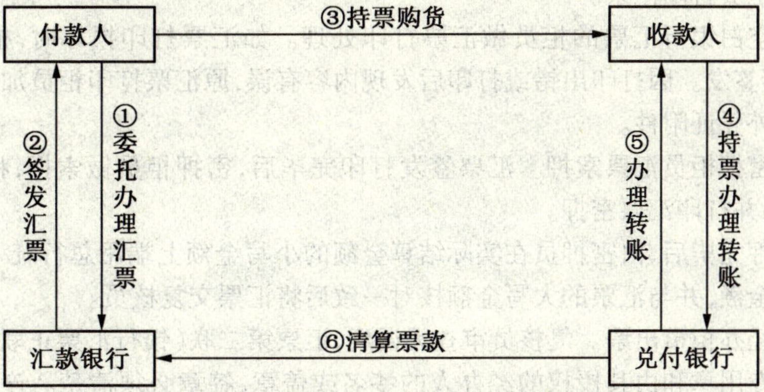

图 14.8　持票人直接到兑付银行办理转账结算的程序

(1)银行汇票的申请。

①客户作为银行汇票的申请人,填写“银行汇票申请书”后交银行,并足额交存票款。

②银行柜员收妥票款,受理开户单位提交的一式三联申请书,认真审查申请书内容填写是否齐全、清晰,签章是否为银行预留印鉴。

若申请书填明“现金”字样的,申请人和收款人是否均为个人。银行汇票申请书如图14.9所示。

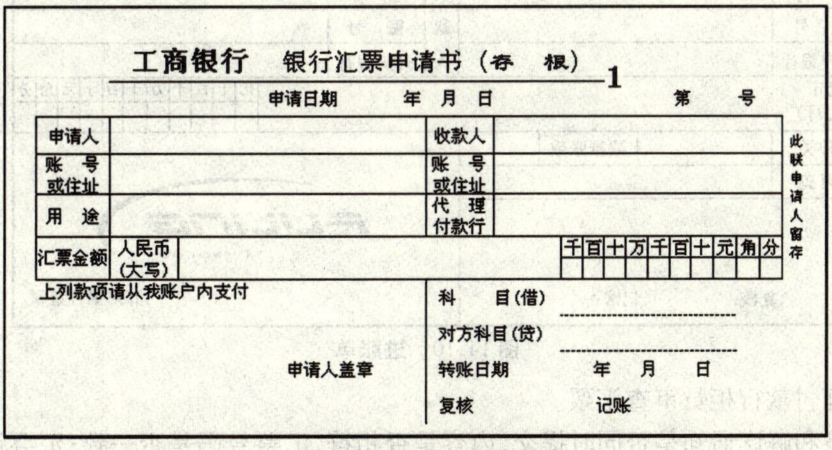
工商银行　银行汇票申请书（存　根）　1

申请日期　年　月　日　第　号

申请人		收款人	
账号或住址		账号或住址	
用途		代理付款行	
汇票金额	人民币（大写）	千百十万千百十元角分	

此联申请人留存

上列款项请从我账户内支付

申请人盖章

科目(借)

对方科目(贷)

转账日期　年　月　日

复核　记账

图 14.9　银行汇票申请书

(2)银行汇票的出票。

①银行临柜柜员汇票签发记账。在申请书各联加盖业务清讫章,第二联背面打印交易信息,第三联摘录汇票签发业务流水号。

处理完成后,交汇票签发复核柜员复核,日终时和已签发银行汇票的一、四联配对随当日传票装订。

②银行复核柜员汇票签发复核。汇票签发记账完毕后,复核柜员复核“兑付行行号”“收款人账号”“付款人账号”“金额”四项内容。

③银行授权柜员签发授权。授权“收款人账号”“付款人账号”“金额”三项内容,授权控制同汇票签发复核交易。

④银行柜员打印汇票。

已领用空白银行汇票的柜员做汇票打印处理。如汇票打印损坏时，柜员需选择抹账，然后重新签发。因打印出错或打印后发现内容有误，原汇票打印柜员加盖"作废"章，作为当日表外凭证附件。

⑤银行密押柜员汇票索押。汇票签发打印完毕后，密押柜员做索押，将该笔汇票进行加押处理，并打印汇票密押。

汇票索押完毕后，由密押员在实际结算金额的小写金额上端用总行统一制作的压数机压印出票金额，并与汇票的大写金额核对一致后将汇票交复核员。

⑥银行经办柜员出票。复核员审查无误后，汇票第二联（银行汇票正联）上用红色印泥加盖汇票专用章和由其授权的经办人的签名或盖章，签章必须清楚。连同第三联（解讫通知）一并交申请人。第一联加盖经办、复核人员名章，连同第四联一并加盖附件章后随当日传票装订。

（3）银行汇票的解付。

①客户交汇票、解付通知和进账单。进账单如图 14.10 所示。

中国农业银行 进账单（回单） 1

年 月 日

出票人	全 称		收款人	全 称	
	账 号			账 号	
	开户银行			开户银行	
金额	人民币（大写）				亿 千 百 十 万 千 百 十 元 角 分
票据种类		票据张数			
票据号码					
复核： 记账：			开户银行签章		

此联是开户银行交给持票人的回单

图 14.10 进账单

②代理付款行柜员审查汇票。

a. 汇票和解讫通知是否同时提交，内容是否相符，汇票号码是否一致；汇票记载内容是否齐全，是否有涂改、伪造或变造的痕迹。

b. 汇票是否超过提示付款期。出票行签章是否为汇票专用章并加盖法定代表人或其授权经办人名章，汇票专用章与印模是否一致。

c. 压数金额是否是由总行统一制作的压数机压印，与大写金额是否一致，全国银行汇票压数字头、汇票上打印的出票行行号、汇票上加盖的汇票专用章行号三者是否一致。

d. 汇票的实际结算金额大小写是否一致，是否在出票金额以内，与进账单金额是否一致。

e. 收款人或持票人是否在汇票背面"持票人向银行提示付款签章"处签章，签章是否与其预留签章一致。

f. 汇票正面记载"不得转让"字样的汇票是否被转让。

③银行柜员核押。对于系统内签发的全国银行汇票应核对汇票密押。解付系统内签发汇票时,进行汇票核押。

④银行柜员发送借报。审核无误后,进行汇划发报录入,系统将自动根据柜员录入的汇票要素,检查收报行的汇票登记簿。使用电子汇兑往账借方报单,汇票第三联加盖转讫章交汇划发报复核柜员复核后随联行借方报单寄出票行。

第一联进账单上加盖业务清讫章做收款通知交持票人,交易处理成功后在第二联进账单背面打印交易信息。

⑤银行柜员处理未开户的个人业务。代理付款行收到未在本行开户的持票人为个人交来的汇票和解讫通知及二联进账单时,除按上述要求对票据各要素进行审核,还应审查持票人的身份证件,是否在汇票背面“持票人向银行提示付款签章”处签章和注明身份证件名称、号码及发证机关,并要求持票人提交身份证件复印件留存备查。

(4)银行汇票的结清。银行柜员接到电子汇兑来账借方报单时,抽出原专夹保管的汇票卡片,经核对确属本行出票,借方报单与实际结算金额相符,多余金额结计正确无误后,按是否有多余款分别处理。

销记汇出汇款账的同时解付联行来账借方报单。

打印记账凭证,如有多余款时,还要打印多余款收账通知。

(5)银行汇票退款。

①申请人向出票行交回汇票(第二联)及解讫通知(银行汇票第三联)。申请人为单位的,应由单位出具正式公函说明原因;申请人为个人的,应出示有效身份证件。

②银行柜员出票行查询该笔汇票与登记簿是否一致,并仔细审核汇票真伪和要素是否齐全,并与原专夹保管的汇票卡片核对无误后,做汇票未用退回核销处理,在汇票的二、三联的实际结算金额大写栏填写“未用退回”字样,办理转账,销记汇出汇款登记簿。银行汇票第四联的多余金额栏填入原出票金额,打印多余款收账通知,并加盖转讫章交给申请人。

14.2.2　商业汇票

1.基础知识

(1)商业汇票的定义。

商业汇票是指由收款人或存款人(或承兑申请人)签发,由承兑人承兑,并于到期日向收款人或被背书人支付款项的一种票据。

承兑,是指汇票的付款人愿意负担起票面金额的支付义务的行为,通俗地讲,就是它承认到期将无条件地支付汇票金额的行为。

(2)商业汇票的分类。

商业汇票按其承兑人的不同,可以分为商业承兑汇票和银行承兑汇票两种。

商业承兑汇票是指由收款人签发,经付款人承兑,或者由付款人签发并承兑的汇票。商业承兑汇票由银行以外的付款人承兑。商业承兑汇票如图14.11所示。

银行承兑汇票是指由收款人或承兑申请人签发,并由承兑申请人向开户银行申请,经银行审查同意承兑的汇票。银行承兑汇票由银行承兑。银行承兑汇票如图14.12所示。

商业汇票的付款人为承兑人。

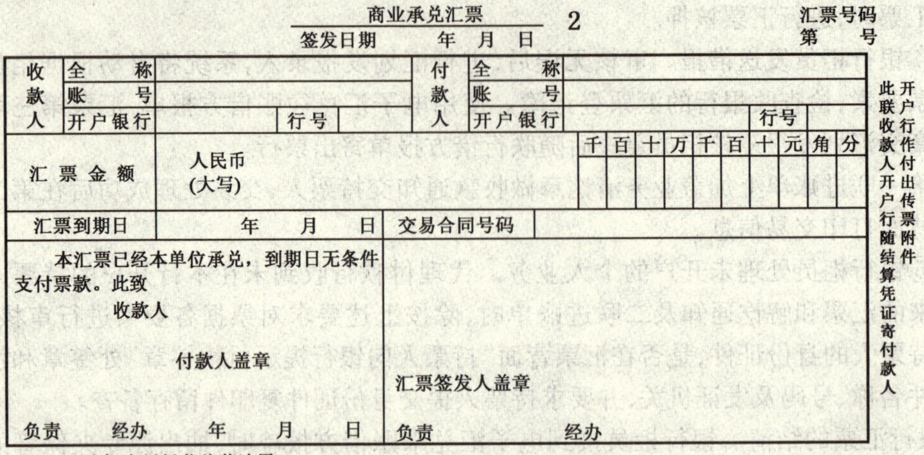

10×17.5厘米(白纸绿花纹蓝油墨)

图 14.11 商业承兑汇票

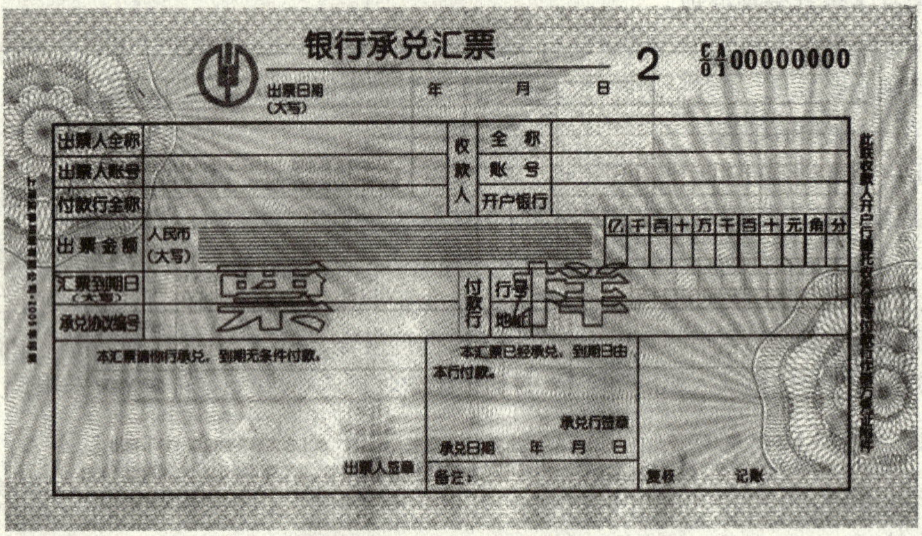

图 14.12 银行承兑汇票

(3)商业汇票的当事人。

商业汇票一般有三个当事人，即出票人、收款人和付款人。

①出票人。商业汇票的出票人是企业。

②收款人，即商业汇票上实际载明的收取汇票金额的人。

收款人有以下两种情况：

a. 如果出票人是基础关系中的债务人，收款人应当是其相对债权人。该债权人收到票据后，向与出票人有资金关系的其他工商企业或银行提示承兑，该债权人即可凭票据在规定日期收取款项。

b. 如果出票人是基础关系中的债权人，那么出票人应当是收款人。在这种情况下，出票人作为债权人向其相对债务人签发汇票，再由该债务人向其开户银行提示承兑(并供应充足资金)后，再将汇票还给出票人；原出票人可在规定日期持票通过银行收取债务人的票面金额。

③付款人，即对商业汇票金额实际付款的人。付款人有以下两种情况：

a. 出票人是债务人时，其相对债权人成为票据收款人，相对债权人可持票向出票人的开户银行提示承兑，由该银行从出票人的银行存款中代为付款，出票人是实际付款人；或者根据与出票人的约定，该债权人向与出票人有资金关系的其他企业提示承兑，该企业向该债权人付款并成为实际付款人。

b. 出票人是债权人时，其相对债务人收到票据后，可持票向其开户银行提示承兑并供应充足的资金，由该银行从该债务人的银行存款中向出票人代为付款，该债务人是实际付款人；或者根据与出票人的约定，该债务人将收到的票据，向与其有资金关系的其他企业提示承兑，再将承兑的票据还给出票人，该企业向出票人付款并成为实际付款人。

2. 银行承兑汇票实训操作

银行承兑汇票结算是指银行作为付款人办理的转账结算。银行承兑汇票流程如图 14.13 所示。

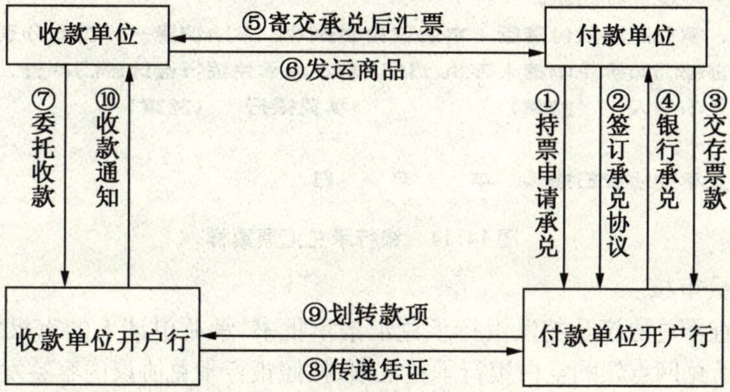

图 14.13　银行承兑汇票流程图

(1)承兑银行办理汇票承兑的处理。

①客户申请承兑。银行承兑汇票的出票人持银行承兑汇票一式三联向汇票上记载的付款银行申请承兑。

②银行信贷部门柜员审查。根据客户的信用等级核定应缴保证金比例，审查相关的单据、合同，同意后即可与出票人签署银行承兑协议，一联留存，另一联及其副本和第一、二联汇票一并交本行会计部门。如图 14.14 所示。

银行承兑汇票的内容：

收款人全称　　　　　　　　　　付款人全称

开户银行　　　　　　　　　　　开户银行

帐　号　　　　　　　　　　　　帐　号

汇票号码　　　　　　　　　　　汇票金额（大写）

签发日期　年　月　日　　　　　到期日期　年　月　日

以上汇票经承兑银行承兑，承兑申请人（下称申请人）愿遵守《银行结算办法》的规定以及下列条款：

一、申请人于汇票到期日前将应付票款足额交存承兑银行。

二、承兑手续费按票面金额千分之（　）计划，在银行承兑时一次付清。

三、承兑汇票如发生任何交易纠纷，均由收付双方自行处理，票款于到期前仍按第一条办理。

四、承兑汇票到期日，承兑银行凭票无条件支付票款。如到期日之前申请人不能足额交付票款时，承兑银行对不足支付票款转作承兑申请逾期贷款，并按照有关规定计收罚息。

五、承兑汇票款付清后，本协议自动失效。本协议第一、二联分别由承兑银行信贷部门和承兑申请人存执，协议副本由承兑银行会计部门存查。

承兑申请人　（盖章）　　　　　承兑银行　（盖章）

订立承兑协议日期　年　月　日

图 14.14　银行承兑汇票票样

③银行柜员审核。

a. 柜员审查承兑协议及签发银行承兑汇票审批书、承兑申请人的审批签章是否齐全，承兑申请人向承兑网点领购空白银行承兑汇票，按照银行承兑协议内容签发银行承兑汇票。

b. 柜员审核银行承兑汇票上各种必须记载的事项是否齐全规范，并与承兑协议内容一致，汇票上承兑申请人账号、名称、签章与存款户的账号、名称、预留签章是否相符。根据信贷部门签发的电子准签证处理。处理成功后，完成表外业务账务处理，登记银行承兑汇票登记簿，联机打印表外科目的借贷凭证。

c. 在第一、第二联汇票上注明承兑协议编号，并在第二联汇票上加盖银行汇票专用章和经办人名章，将承兑汇票第二联连同第一联承兑协议交出票人。承兑银行将第一联汇票卡片联、银行承兑汇票审批表、承兑协议副本、不可撤销承诺函等专夹保管。

(2)持票人开户行受理银行承兑汇票的处理。

①客户持票人持将要到期的银行承兑汇票，委托开户行向承兑银行提示付款，应匡算至承兑银行的邮程，提前委托开户行收款，填制邮划或电划委托收款凭证，在“委托收款凭证名称”栏注明“银行承兑汇票”字样及汇票号码，连同汇票一并送交开户行。

②柜员认真审查票据各记载事项。经审查无误，在委托收款凭证各联上加盖“银行承兑汇票”戳记，第三联加盖“结算专用章”，连同第四、五联凭证及银行承兑汇票按规定寄承兑银行。第一联委托收款凭证加盖业务公章作回单给持票人；第二联委托收款凭证单独保管，手工登记发出委托登记簿，并记载表外科目。

(3)承兑银行到期收取票款的处理。

银行柜员填制两联特种转账借方凭证:一联特种转账贷方凭证,并在“转账原因”栏注明“根据××号汇票划转票款”;另一联特种转账借方凭证加盖转讫章作付款通知交给出票人。

①出票人账户无款支付时:银行柜员填制两联特种转账借方凭证,一联特种转账贷方凭证,并在“转账原因”栏注明“根据××号汇票无款支付转入逾期贷款户”,每日按5‰计收利息;另一联特种转账借方凭证加盖业务公章交给出票人。

②出票人账户不足以支付时:银行柜员填制三联特种转账借方凭证;一联特种转账贷方凭证,并在“转账原因”栏注明“根据××号汇票划转部分票款”;一联特种转账借方凭证加盖转讫章作付款通知交给出票人;另一联特种转账借方凭证加盖业务公章作为逾期贷款通知交给出票人。

(4)承兑银行支付汇票款项的处理。

银行柜员接到持票人开户行寄来的委托收款凭证及汇票,抽出专夹保管的汇票卡片和承兑协议副本及其他资料,并认真审查。

①该汇票是否由本行承兑,与汇票卡片的号码和记载事项是否相符,汇票真伪。

②是否做成委托收款背书,背书转让的汇票其背书是否连续,签章是否符合规定,背书使用粘单的是否按规定在粘单处签章。

③委托收款凭证的记载事项是否与汇票记载的事项相符。

经审查无误,应于汇票到期日或到期日之后的见票当日,票据款项通过实时清算系统或同城票据交换等划转收款人开户银行。按委托收款方式的付款办理转账。在收到结算凭证时,应登记收到委托收款结算凭证登记簿,转账后应及时注销。登记表外科目登记簿。

(5)持票人开户行收到汇票款项的处理。

银行柜员接到承兑银行寄来的联行报单和委托收款结算凭证,按照委托收款的款项划回办理。以委托收款第四联作收账通知交给持票人。销记发出委托收款结算凭证登记簿。

3. 商业承兑汇票实训操作

商业承兑汇票结算是指工商企业作为付款人的转账结算。商业承兑汇票流程如图14.15所示。

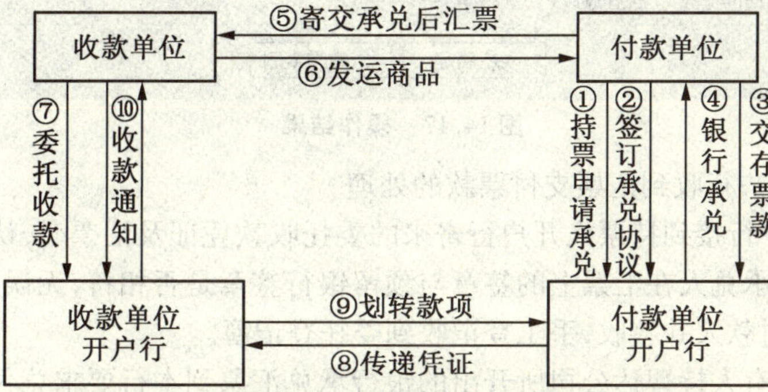

图 14.15 商业承兑汇票流程

(1)持票人开户行受理汇票的处理。

①客户收款人或持票人对将要到期的商业承兑汇票,委托开户行向付款人提示付款时,匡算至付款人开户行的邮程,提前委托开户行收款,填制邮划或电划委托收款凭证,并在“委托收款凭据名称”栏注明“商业承兑汇票”以及汇票号码,连同汇票一并送交开户行。

②银行柜员认真审查商业承兑汇票及委托收款凭证各要素。经审查无误后,在委托收款凭证各联上加盖“商业承兑汇票”戳记,第二联委托收款凭证单独保管,并登记发出委托收款凭证登记簿,其余手续按照发出委托收款凭证手续处理。

例如,智达公司出纳到本支行申请开出一张票面金额为500元的银行承兑商业汇票。申请开出汇票后本行将按票面金额100%从其基本账户中扣除保证金,手续费为票面金额的万分之五,汇票到期兑付再将保证金退回给汇票申请人。如图14.16、图14.17所示。

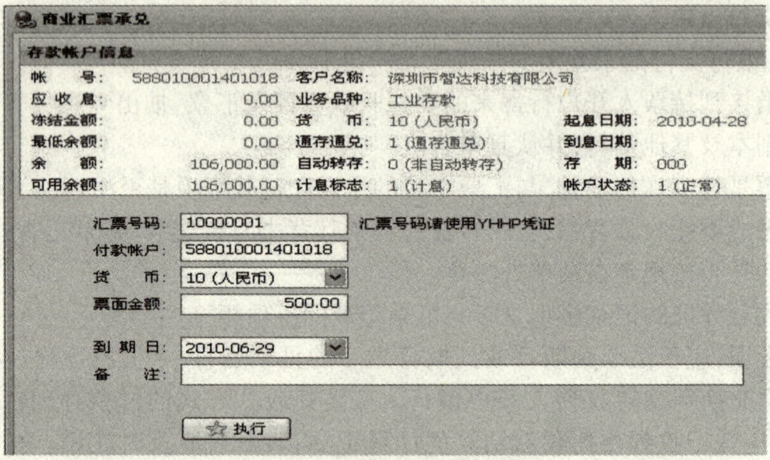

图14.16 商业汇票承兑操作图

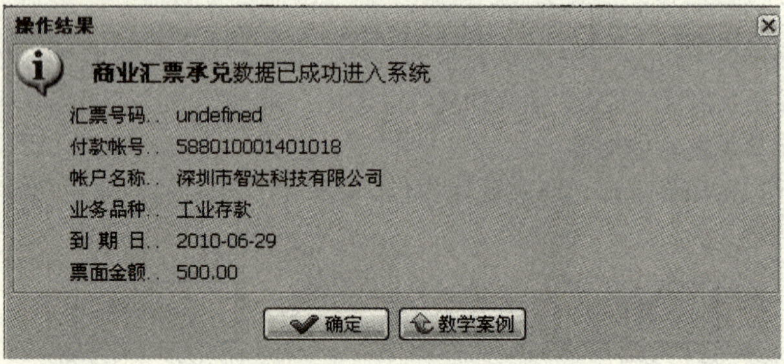

图14.17 操作结果

(1)付款人开户行收到汇票支付票款的处理。

①付款人开户行接到持票人开户行寄来的委托收款凭证及汇票时,认真审查付款人是否在本行开户、承兑人在汇票上的签章与预留银行签章是否相符,无误后,将第五联委托收款凭证交给付款人并签收,手工登记收到委托登记簿。

例如,汇票持有人持智达公司所开出的银行承兑汇票到本行要求兑付票款。对公柜员见票付款,按票面金额500元兑付给持票人。如图14.18、图14.19所示。

注意:本操作完成后,系统将从智达公司基本账户中按票面金额扣除相应款项,同时将之前已扣除的保证金退回到智达公司基本账户里。

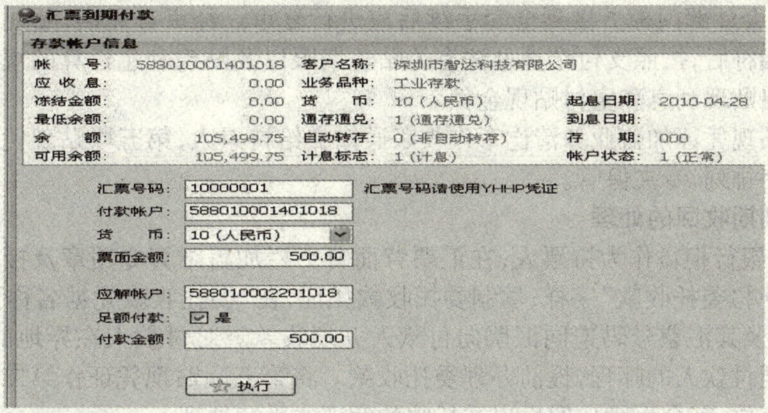

图 14.18　汇票到期付款操作图

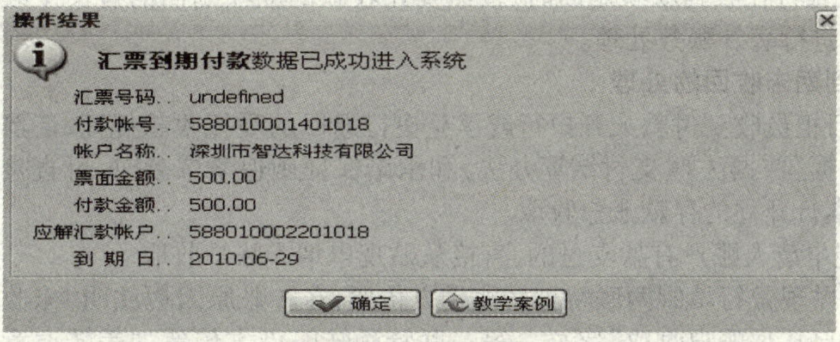

图 14.19　操作结果

②银行柜员接到付款人的付款通知或在付款人接到开户行的付款通知的次日起3日内仍未接到付款人的付款通知的,应按以下情况处理:

a. 付款人的银行账户有足够票款支付的。银行柜员进行账务处理。商业承兑汇票加盖转讫章,同时手工销记收到委托登记簿。

b. 付款人的银行账户余额不足支付的。银行柜员填制付款人未付票款通知书(用异地结算通知书代),在委托收款凭证备注栏注明"付款人无款支付"字样,同时填制两联特种转账借方凭证(其中一联做付款通知)和一联特种转账贷方凭证,根据中国人民银行有关规定按照票面金额的5%不低于1,000元向付款人收取罚款。

c. 拒绝付款。银行柜员在付款人接到通知次日起3日内收到付款人的拒付款证明(应付款项证明单)时,按照委托收款拒付手续处理。

14.2.3　贴现

贴现是指商业汇票的收款人或持票人,在汇票到期日前,为了取得资金而将票据权利转让给银行的票据行为。其主要业务有:申请贴现、到期收回和未收回业务。

1. 申请贴现的处理

(1)持票人持未到期的银行承兑汇票向银行申请贴现时,根据汇票填制一式五联贴现凭证,在第一联上按照规定签章后,连同汇票一并送交贴现银行。

(2)银行信贷部门柜员审查是否符合贴现条件,对符合条件的,在贴现凭证"银行审批”栏签注“同意”字样，并经有权人签章后送交会计部门。

（3）银行会计部门柜员接到全套手续后应进行复审。经审查无误，贴现凭证的填写与汇票核对相符后，按照支付结算办法有关贴现期限以及贴现利息计算的规定和规定的贴现率计算出贴现利息和实付贴现金额。

第四联贴现凭证加盖业务清讫章作收账通知交给持票人，第五联贴现凭证和汇票按照到期日顺序排列，专夹保管。

2. 贴现到期收回的处理

（1）贴现银行柜员作为持票人，在汇票背面背书栏加盖结算专用章及授权的柜员签名或盖章，注明“委托收款”字样；填制委托收款凭证，在“委托收款凭据名称”栏注明“银行承兑汇票”及其汇票号码连同汇票向付款人办理收款。对付款人在异地的，应在汇票到期前匡算至付款人的邮程，提前办理委托收款。将第五联贴现凭证作第二联委托收款凭证的附件存放，其余手续比照发出委托收款凭证的手续处理。

（2）贴现银行在收到款项划回时，按照委托收款的款项划回的有关手续处理。进行账务处理，并进行表外账务处理。

3. 贴现到期未收回的处理

贴现银行柜员收到付款人开户行或承兑银行退回的委托收款凭证、汇票和拒绝付款理由书后，依据《票据法》《支付结算办法》和承诺保证函追索票款时，可直接从申请贴现的持票人在本行开立的存款账户收取。

（1）贴现申请人账户有款支付的，直接从贴现申请人账户收取。

办理时，贴现银行填制两联特种转账借方传票，在转账原因栏注明“未收到××号汇票款，贴现款已从你账户收取”字样。另一联特种转账借方传票加盖转讫章作付款通知连同商业汇票和付款人未付票款通知书或拒绝付款理由书交给贴现申请人。

（2）贴现申请人账户余额不足的，按逾期贷款的规定办理。

贴现银行填制两联特种转账借方传票。另一联特种转账借方传票加盖转讫章作逾期贷款通知连同商业汇票和付款人未付票款通知书或拒绝付款理由书交给贴现申请人。如图 14.20 所示。

贴现凭证（到期卡）

申请日期　　年　　月　　日　　　　第　　号

贴现汇票	种类	号码	持票人	名称	
	出票日	年　月　日		账号	
	到票日	年　月　日		开户银行	
汇票承兑人	名称		账号		开户银行
汇票金额	人民币（大写）				千百十万千百十元角分
贴现率 ‰	贴现利息	千百十万千百十元角分	实付贴现金额		千百十万千百十元角分
备注：			科目（借）______ 对方科目（借）______ 复核　记账		

此联会计部门按到期日排列保管，到期日作贴现贷方凭证

图 14.20　贴现凭证

14.3　支票业务实训

14.3.1　基础知识

支票是出票人签发的，委托办理支票存款业务的银行在见票时无条件支付确定金额给收款人或者持票人的票据。支票分为现金支票、转账支票和普通支票。支票上印有“现金”字样的为现金支票，现金支票只能用于支取现金。支票上印有“转账”字样的为转账支票，转账支票只能用于转账。普通支票既可以支取现金，也可用于转账。如图 14.21 ~ 图 14.23 所示。

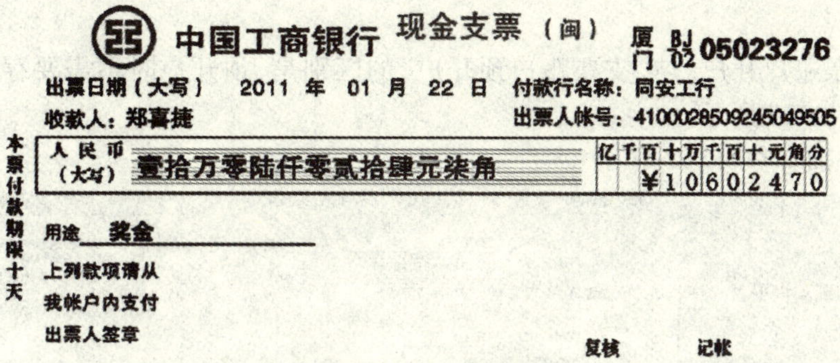

图 14.21　现金支票

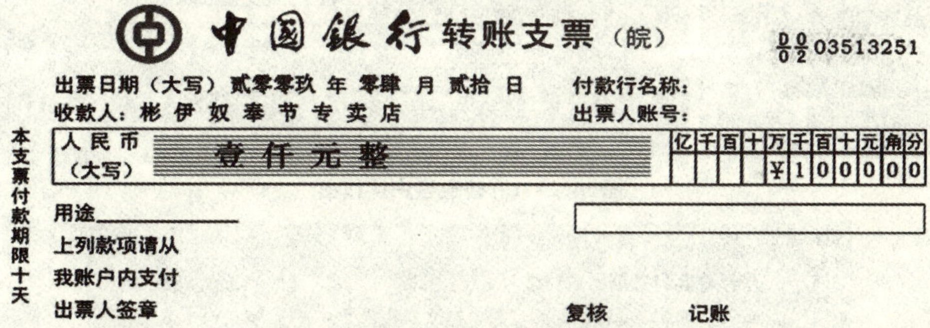

图 14.22　转账支票

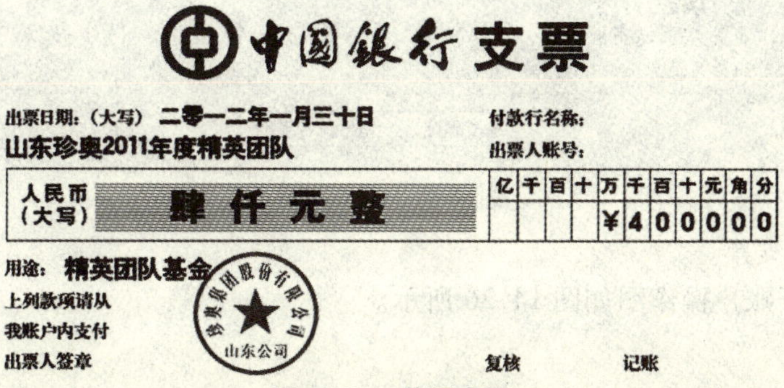

图 14.23　普通支票

支票的出票人为在银行开立结算账户的单位和个人，支票的付款人为支票上记载的出票人开户银行。

14.3.2 实训操作

1. 个人支票开户

“个人支票”是个人签发的，委托办理支票存款业务的银行，在见票时无条件支付确定的金额给收款人或者持票人的票据。个人支票即签即付，不受商户硬件条件限制，也无需找赎。个人支票也是个人信用的体现，可提高自身信用价值。

例如，客户钟小样是个体户，经常需支付大额款项采购货物，有时限于供应商硬件条件限制，无法刷卡交易，所以他决定开通“个人支票”账户，方便大额现金支付。

柜员为其开设普通支票账户一个，开户金额为300,000元，客户号为普通客户号，印鉴类别为：印鉴。

注：“支票账户开户”与“支票账户预开户”的区别是，预开户时不需要存入现金。如图14.24、图14.25所示。

（1）开普通客户号。

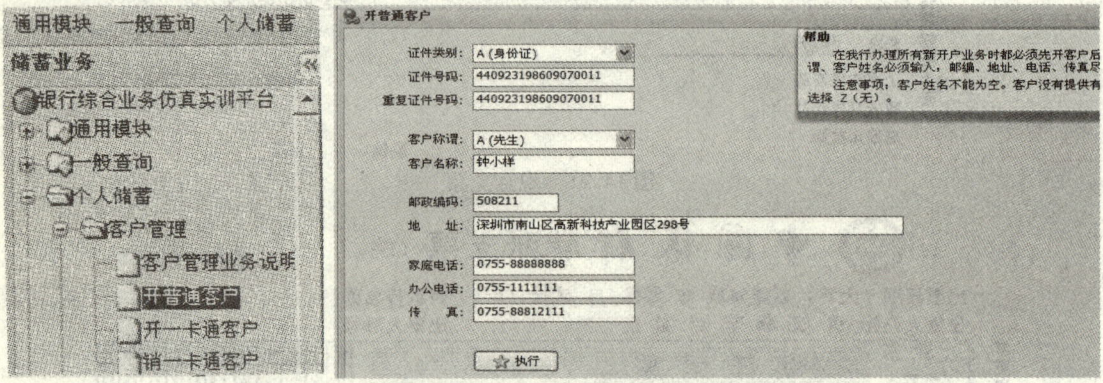

图14.24 开普通客户操作图

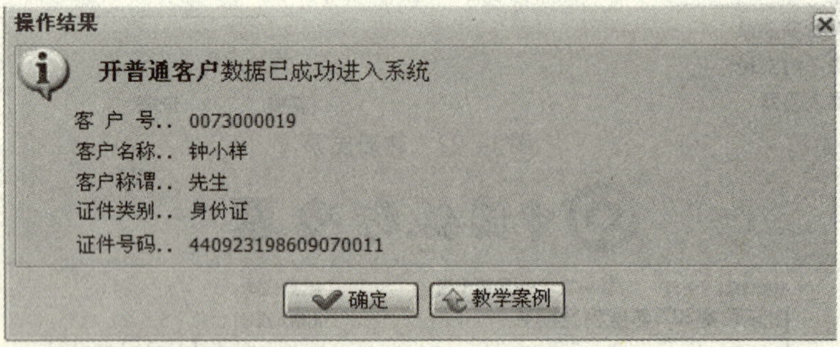

图14.25 操作结果

（2）开普通支票。

普通支票开账户操作图如图14.26所示。

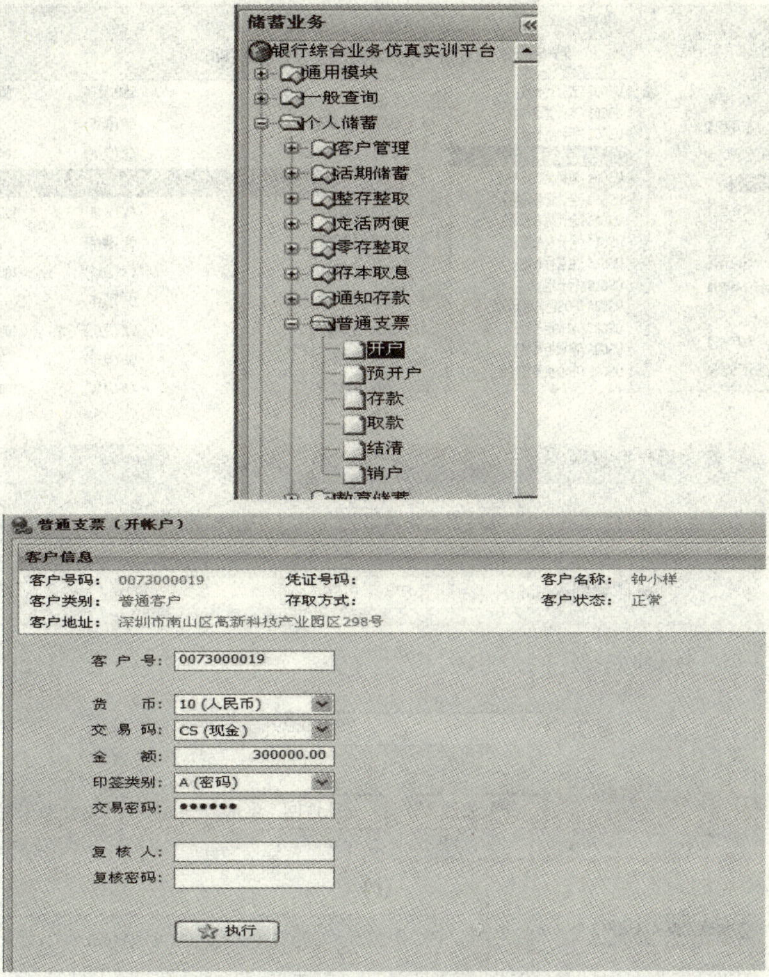

图 14.26　普通支票开账户操作图

注意：出现此提示时，请用管理员（教师账号）登录修改操作员操作额度。或者在操作时把金额调小。具体操作如下（图 14.27）：

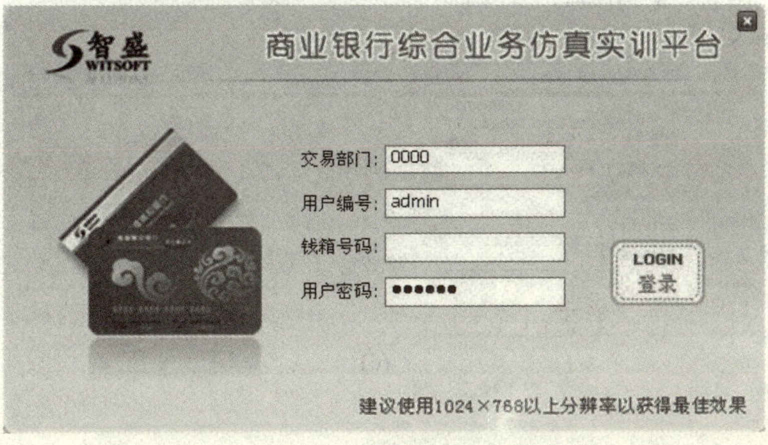

(a)

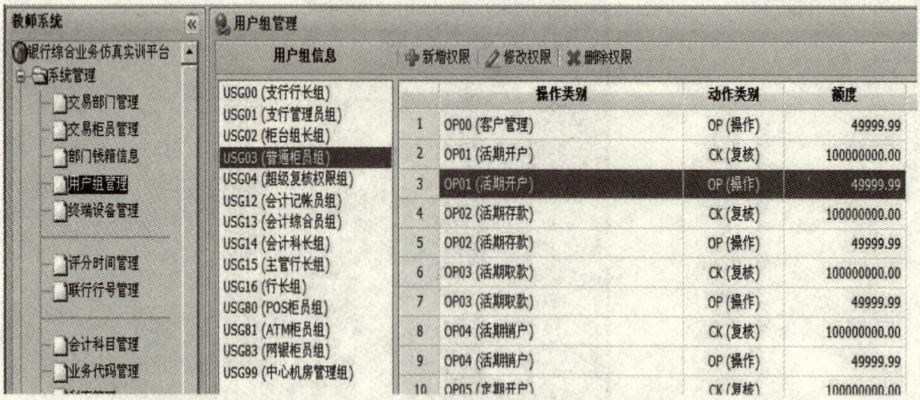
教师系统
银行综合业务仿真实训平台
系统管理
交易部门管理
交易柜员管理
部门钱箱信息
用户组管理
终端设备管理
评分时间管理
联行行号管理
会计科目管理
业务代码管理
用户组管理
用户组信息
新增权限
修改权限
删除权限
USG00 (支行行长组)
USG01 (支行管理员组)
USG02 (柜台组长组)
USG03 (普通柜员组)
USG04 (超级复核权限组)
USG12 (会计记帐员组)
USG13 (会计综合员组)
USG14 (会计科长组)
USG15 (主管行长组)
USG16 (行长组)
USG80 (POS柜员组)
USG81 (ATM柜员组)
USG83 (网银柜员组)
USG99 (中心机房管理组)
操作类别
动作类别
额度
1 OP00 (客户管理) OP (操作) 49999.99
2 OP01 (活期开户) CK (复核) 100000000.00
3 OP01 (活期开户) OP (操作) 49999.99
4 OP02 (活期存款) CK (复核) 100000000.00
5 OP02 (活期存款) OP (操作) 49999.99
6 OP03 (活期取款) CK (复核) 100000000.00
7 OP03 (活期取款) OP (操作) 49999.99
8 OP04 (活期销户) CK (复核) 100000000.00
9 OP04 (活期销户) OP (操作) 49999.99

(b)

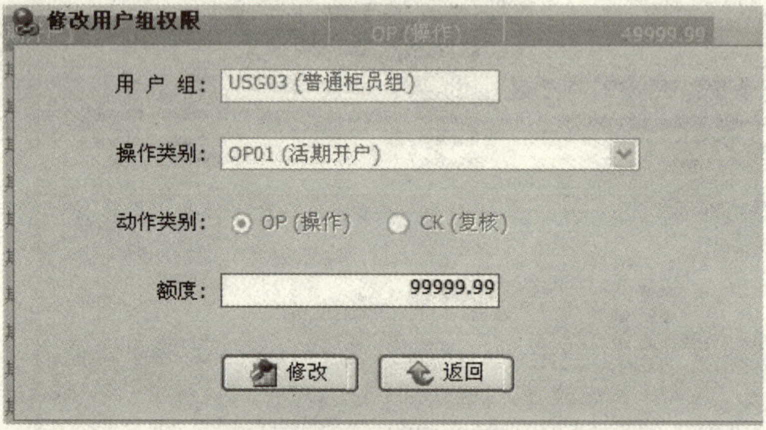
修改用户组权限
用 户 组: USG03 (普通柜员组)
操作类别: OP01 (活期开户)
动作类别: OP (操作) CK (复核)
额度: 99999.99
修改
返回

(c)

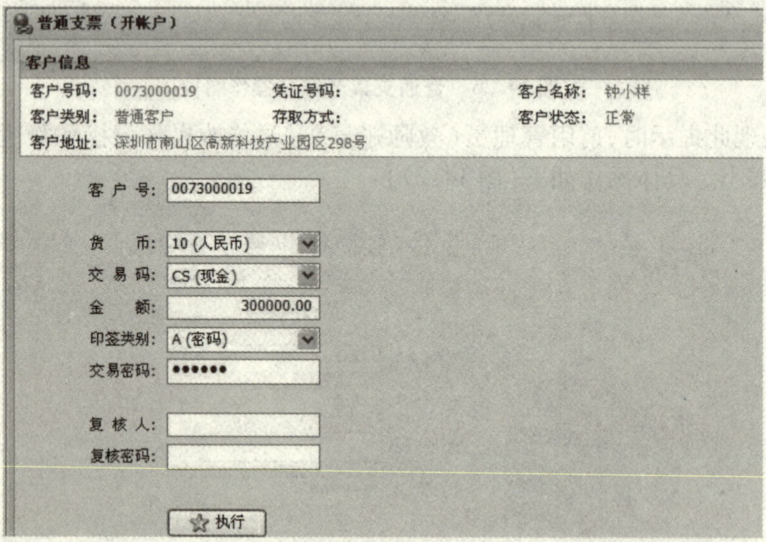
普通支票（开帐户）
客户信息
客户号码: 0073000019
凭证号码:
客户名称: 钟小祥
客户类别: 普通客户
存取方式:
客户状态: 正常
客户地址: 深圳市南山区高新科技产业园区298号
客 户 号: 0073000019
货 币: 10 (人民币)
交 易 码: CS (现金)
金 额: 300000.00
印签类别: A (密码)
交易密码: ••••••
复 核 人:
复核密码:
执行

(d)

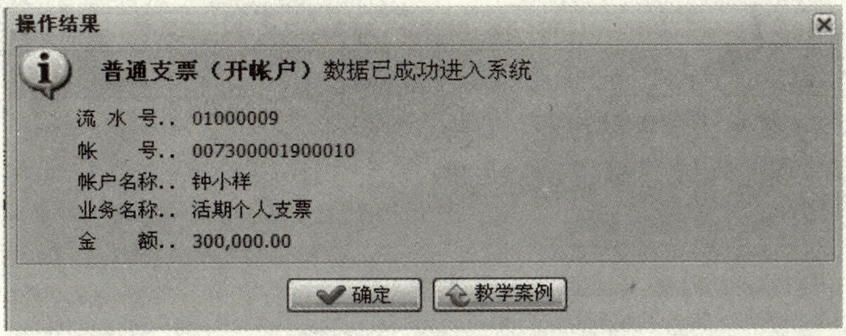

(e)

图 14.27　普通支票开户过程图

2. 个人支票存款

柜员为客户钟小样办理普通支票账户存款业务，向其之前开设的普通支票账户中存入人民币 38,000 元整。如图 14.28 所示。

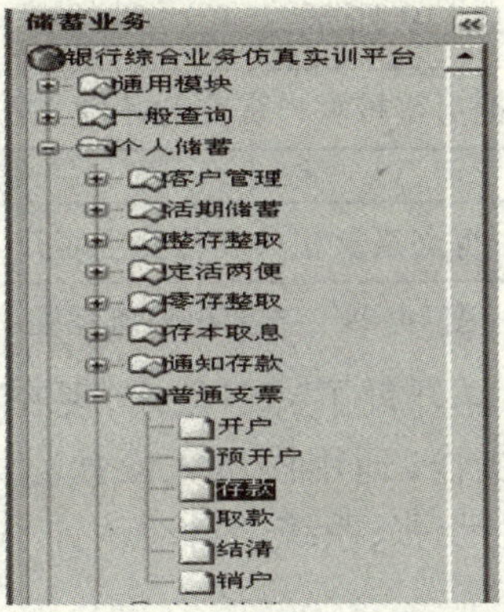

(a)

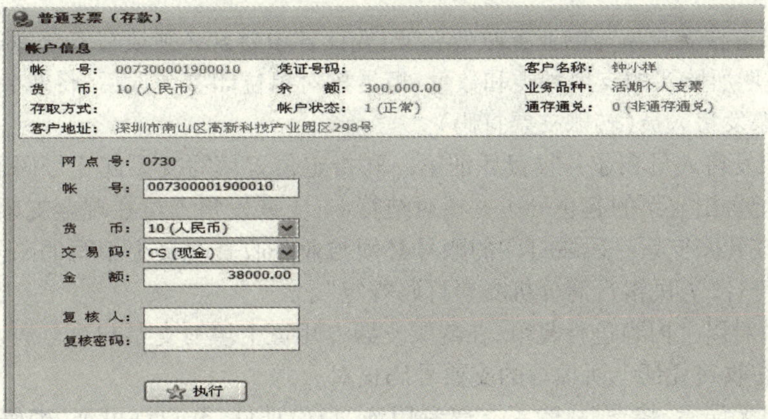

(b)

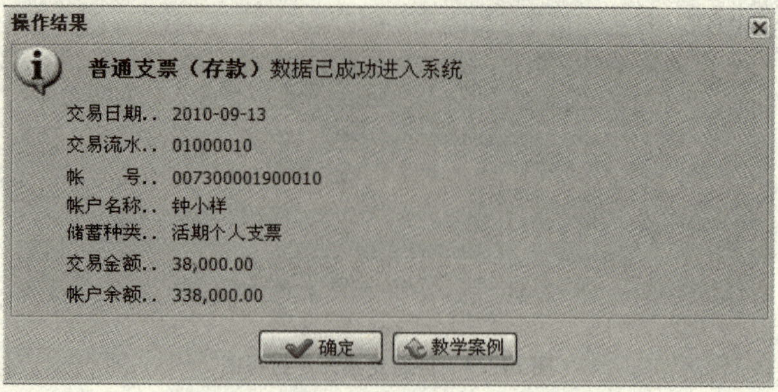

(c)

图 14.28　个人支票开户过程图

3. 出售支票的业务流程

出售支票的业务流程如图 14.39 所示。

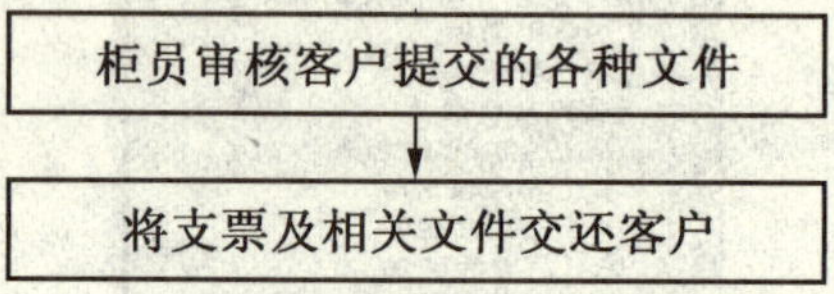

图 14.29　支票出售流程图

例如，柜员已经为客户钟小样开设了支票账户，现在钟小样需要向银行购买支票后才能签发个人支票。银行柜员操作“通用模块凭证管理支票出售”，将之前已出库的 25 张支票出售给钟小样，支票为 1 元/张，系统会自动从钟小样的个人支票账户中扣除此费用。如图 14.30 所示。

操作要点：

(1)柜员审核客户填写的业务收费凭证，凭证各项要素必须填写齐全，账号户名必须正确，摘要注明所购买的支票种类和数量；柜员核对单位印鉴无误后，将业务收费凭证第一联交给支票发售人员(转账支票打码)。

(2)支票发售人员在业务收费凭证第一联指定位置填写支票起止号码，进入计算机交易系统登记售出支票的起止号码并核对结算卡；支票发售人员在现金支票上加盖的账号戳记以及在转账支票磁码域打印的账号必须与业务收费凭证上填写的账号一致，打印的磁码必须符合“人民银行清分机支票打码规定”。

(3)柜员对以上内容进行复审，在购买支票专用证上填写支票起止号码及数量，与支票发售人员在收费凭证上所填写的支票号码核对。

(4)核对无误后，将支票、购买支票专用证、身份证件、开户许可证、密码支票的密码对照表、业务收费凭证第五联一并交还客户。

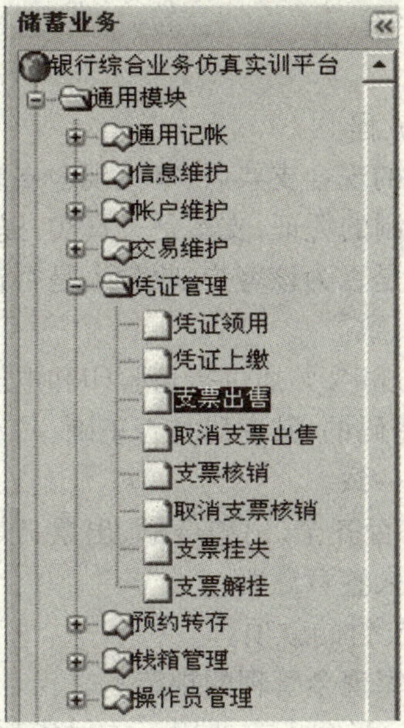

(a)

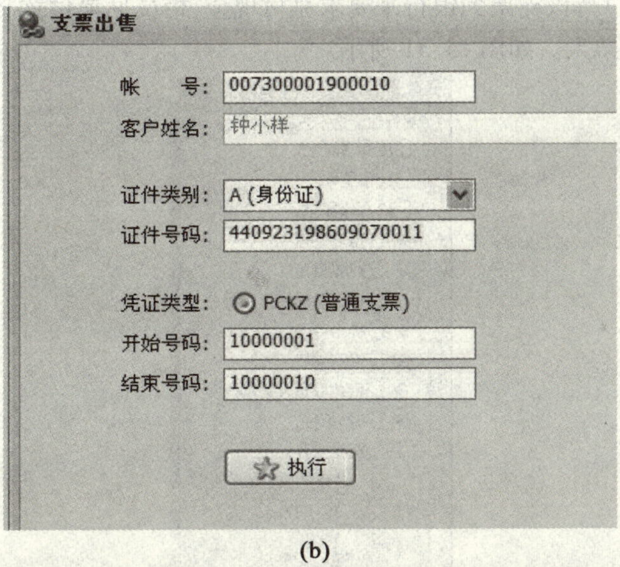

(b)

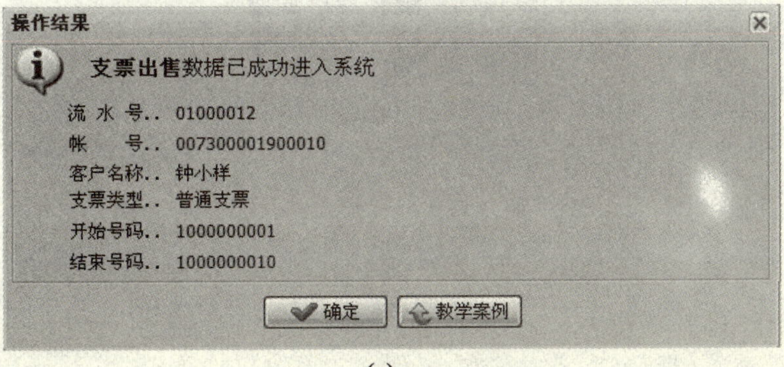

(c)

图 14.30　支票出售操作过程图

注意:支票号码为10位数字。

4. 支票付款的业务流程

(1)现金支票付款的操作流程。

①前台柜员接到客户送交的现金支票后,审核现金支票的填写内容:

a. 支票是否是统一规定印制的凭证,支票是否真实,提示付款期限是否超过。

b. 支票填写的收款人名称是否为该客户,收款人是否在支票背面"收款人签章"处签章,其签章是否与收款人名称一致。

c. 出票人的签章是否符合规定,并通过折角验印和电子验印系统核对其签章与预留银行签章是否相符,使用支付密码的,其密码是否正确。

d. 支票的大小写金额是否一致。

e. 支票必须记载的事项是否齐全,出票金额、出票日期、收款人名称是否更改,其他记载事项的更改是否由原记载人签章证明。

f. 出票人账户是否有足够支付的款项。

g. 支取的现金是否符合国家现金管理的规定。

例如,客户钟小样签发了一张个人支票用于支付货款,票面金额为人民币1,000元整,持票人(供货商)持该支票到银行来要求兑付现金,柜员见票付款,经验证该支票真伪后将现金支付给持票人。如图14.31所示。

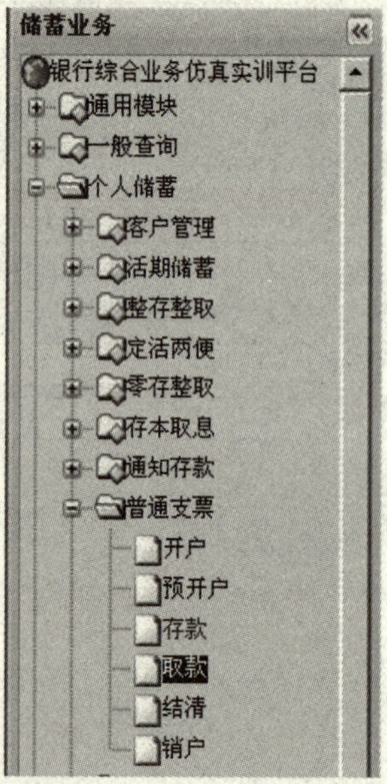

(a)

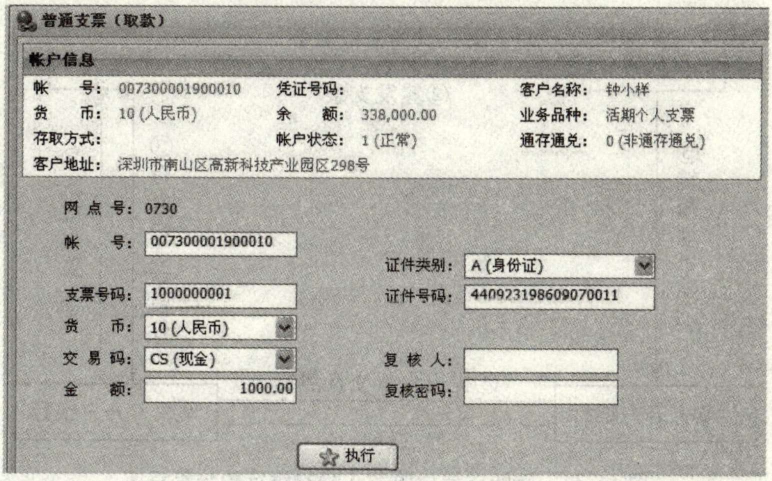

(b)

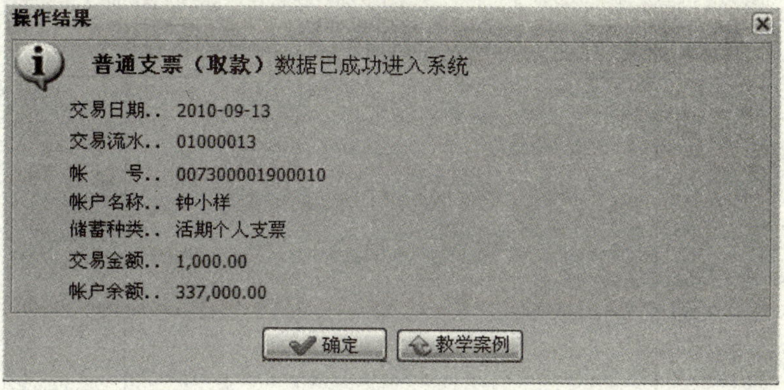

(c)

图 14.31 普通支票取款操作过程图

②前台柜员将支票相关内容录入银行柜面会计业务系统，如需授权，要提交授权员授权。

③授权后，前台柜员在现金支票上加盖“现金付讫”章和个人名章，授权业务要加盖授权人名章。

④按照现金付款流程配款，如需复核，交复核员进行复核。

⑤将现金支票收入传票格，将现金付给客户，结束该笔业务。

(2)转账支票付款的操作流程。

转账支票由收款人提交银行的结算程序，如图 14.32、图 14.33 所示。

转账支票由付款人提交银行的结算程序，如图 14.34 所示。

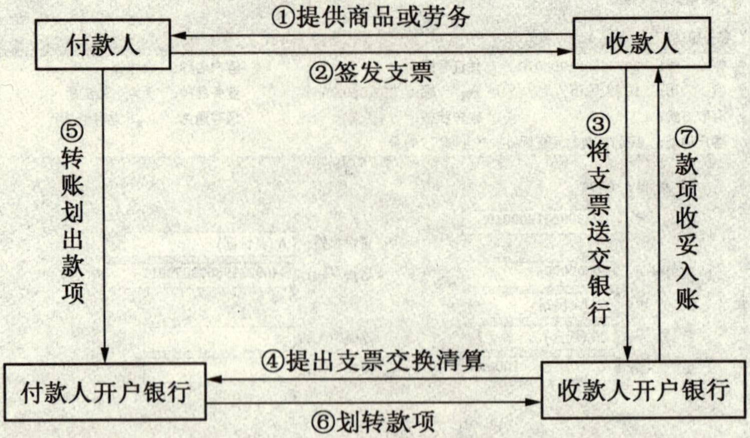

图 14.32　转账支票由收款人提交银行的结算程序

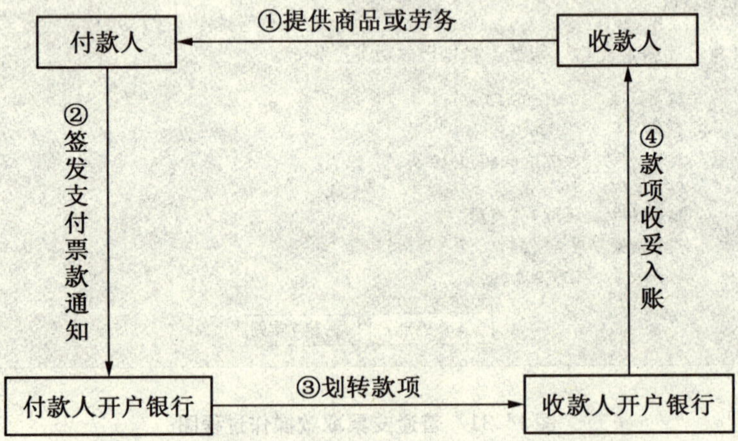

图 14.33　转账支票由付款人提交银行的结算程序

操作说明:

①前台柜员接到客户送交的转账支票和进账单后,审核转账支票的填写内容。

a. 出票人开户行受理出票人送交支票时应审核的内容。

b. 持票人开户行受理持票人送交支票时应审核的内容。

②前台柜员将支票相关内容录入银行柜面会计业务系统,如需复核,要提交复核员复核。

③复核后,前台柜员和复核员在转账支票和进账单上加盖转讫章和个人名章。

④收妥转账支票、进账单银行留存联,并将进账单客户联交给客户。

⑤如果支票为本行支票,可以直接入账处理;如果是他行支票,则转交交换员通过票据交换业务处理。

5. 支票结清

例如,客户钟小样要将之前要开设的个人支票账户销户,他需要先对该账户提出结清申请,方可销户。普通支票的销户处理,包含三个步骤,即账户结清—取款—销户。结清时,系统自动按当天该存款种类的挂牌利率进行计息,把利息转入活期账户。

柜员对该支票账户进行结清操作。此操作取款只需取一部分，剩下的余额销户时再取。如图 14.34 所示。

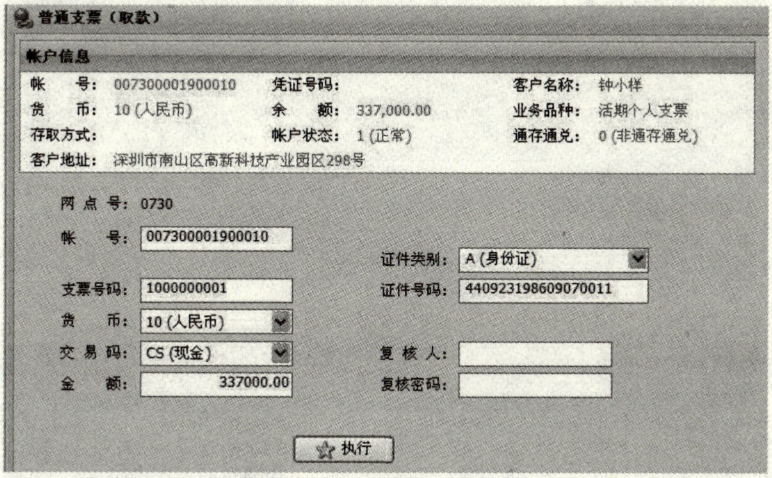

(a)

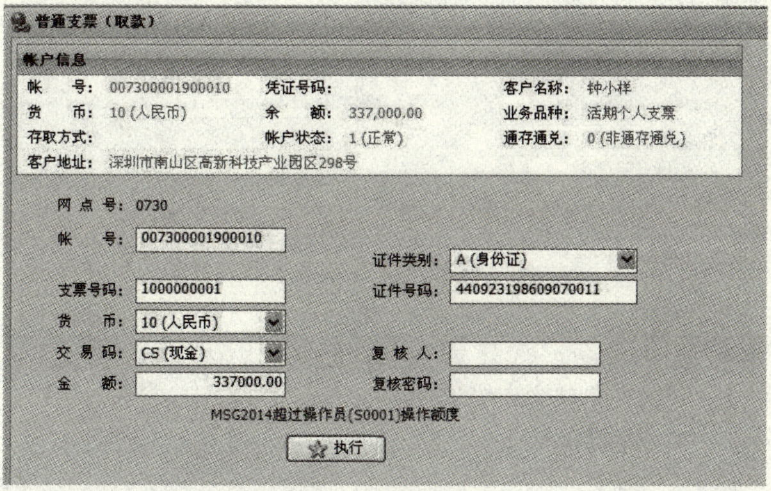

(b)

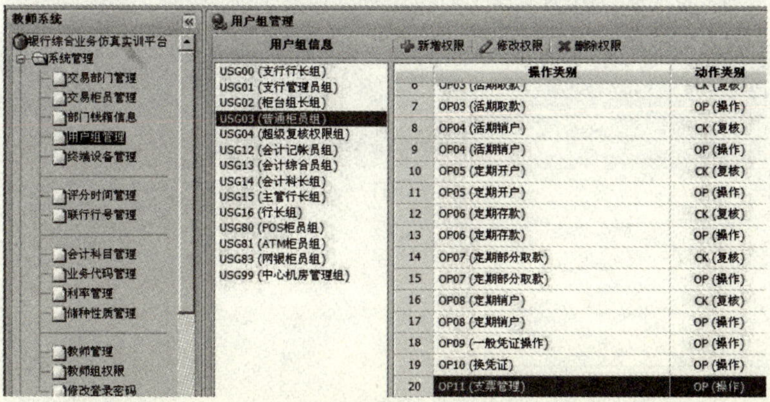

(c)

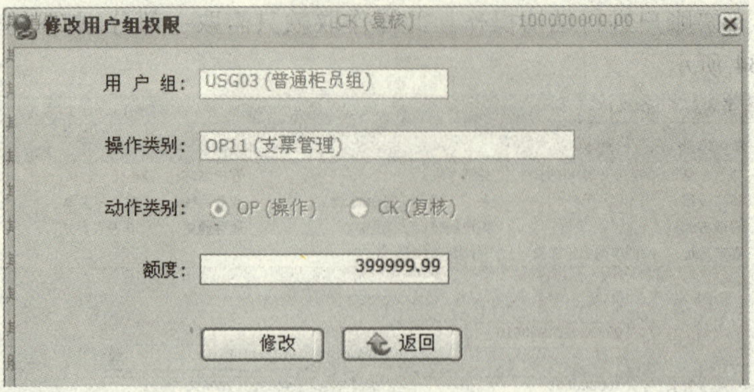
修改用户组权限
用 户 组: USG03 (普通柜员组)
操作类别: OP11 (支票管理)
动作类别: OP (操作) CK (复核)
额度: 399999.99
修改
返回

(d)

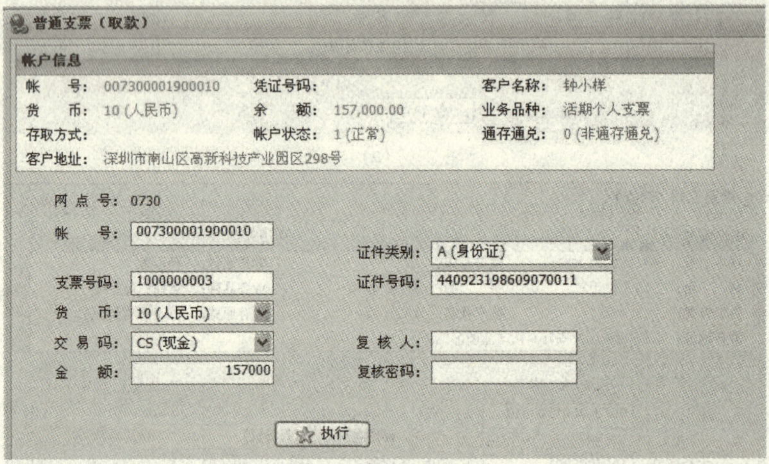
普通支票（取款）
帐户信息
帐 号: 007300001900010
凭证号码:
客户名称: 钟小样
货 币: 10 (人民币)
余 额: 157,000.00
业务品种: 活期个人支票
存取方式:
帐户状态: 1 (正常)
通存通兑: 0 (非通存通兑)
客户地址: 深圳市南山区高新科技产业园区298号
网 点 号: 0730
帐 号: 007300001900010
证件类别: A (身份证)
支票号码: 1000000003
证件号码: 440923198609070011
货 币: 10 (人民币)
交 易 码: CS (现金)
复 核 人:
金 额: 157000
复核密码:
执行

(e)

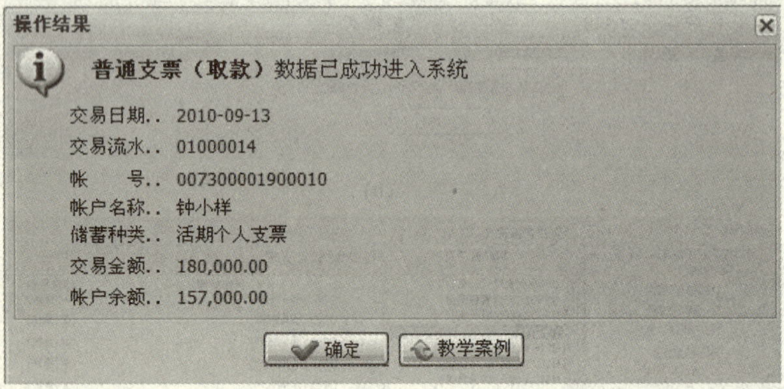
操作结果
普通支票（取款）数据已成功进入系统
交易日期.. 2010-09-13
交易流水.. 01000014
帐 号.. 007300001900010
帐户名称.. 钟小样
储蓄种类.. 活期个人支票
交易金额.. 180,000.00
帐户余额.. 157,000.00
确定
教学案例

(f)

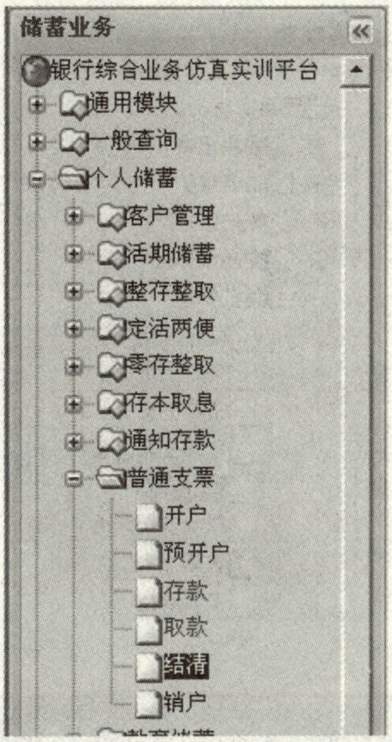
储蓄业务
银行综合业务仿真实训平台
通用模块
一般查询
个人储蓄
客户管理
活期储蓄
整存整取
定活两便
零存整取
存本取息
通知存款
普通支票
开户
预开户
存款
取款
结清
销户

(g)

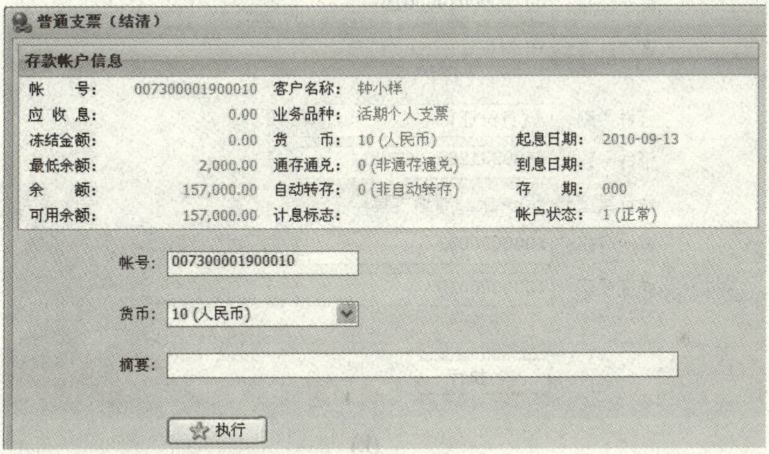
普通支票（结清）
存款帐户信息
帐　号: 007300001900010　客户名称: 钟小样
应 收 息: 0.00　业务品种: 活期个人支票
冻结金额: 0.00　货　币: 10 (人民币)　起息日期: 2010-09-13
最低余额: 2,000.00　通存通兑: 0 (非通存通兑)　到息日期:
余　额: 157,000.00　自动转存: 0 (非自动转存)　存　期: 000
可用余额: 157,000.00　计息标志:　帐户状态: 1 (正常)
帐号: 007300001900010
货币: 10 (人民币)
摘要:
执行

(h)

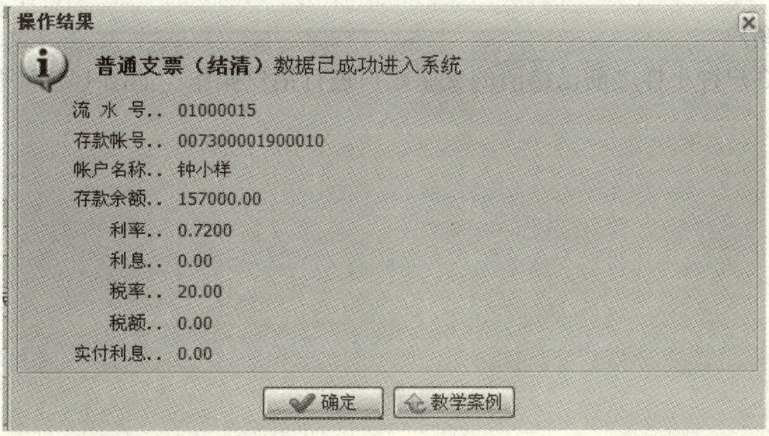
操作结果
普通支票（结清）数据已成功进入系统
流 水 号.. 01000015
存款帐号.. 007300001900010
帐户名称.. 钟小样
存款余额.. 157000.00
利率.. 0.7200
利息.. 0.00
税率.. 20.00
税额.. 0.00
实付利息.. 0.00
确定
教学案例

(i)

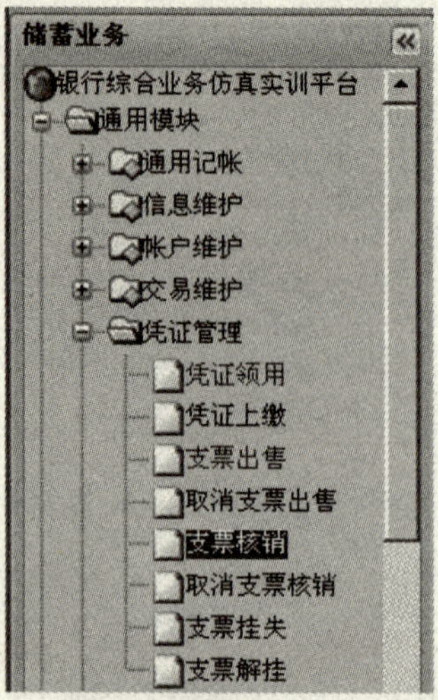

(j)

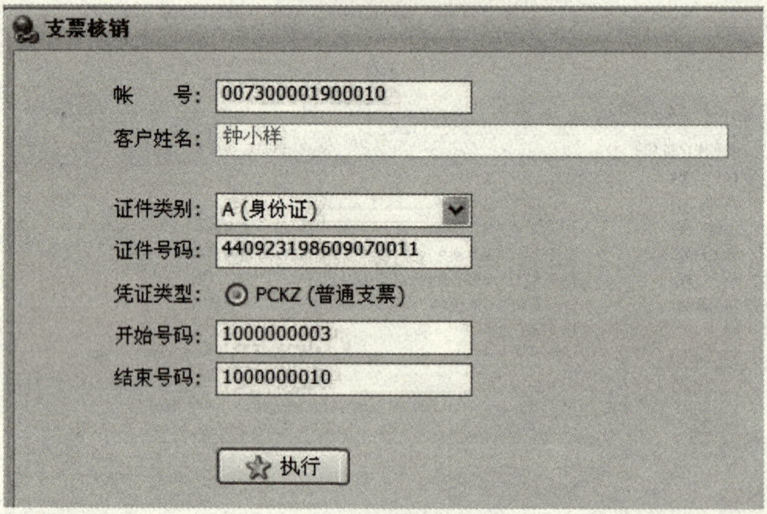

(k)

图 14.34　支票结清操作过程图

6. 支票销户

柜员对客户钟小样之前已结清的支票账户进行销户操作。如图 14.35 所示。

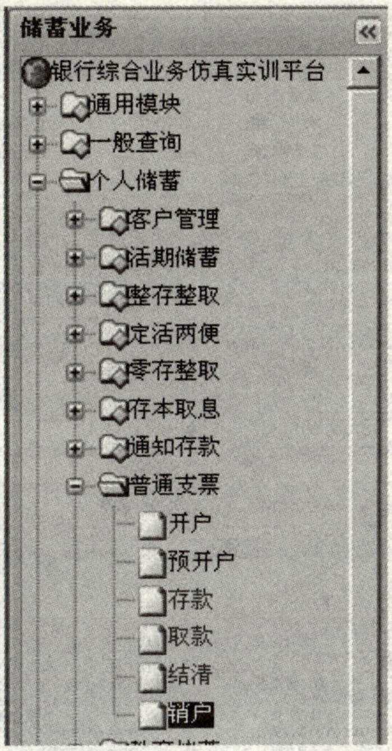
储蓄业务
银行综合业务仿真实训平台
通用模块
一般查询
个人储蓄
客户管理
活期储蓄
整存整取
定活两便
零存整取
存本取息
通知存款
普通支票
开户
预开户
存款
取款
结清
销户

(a)

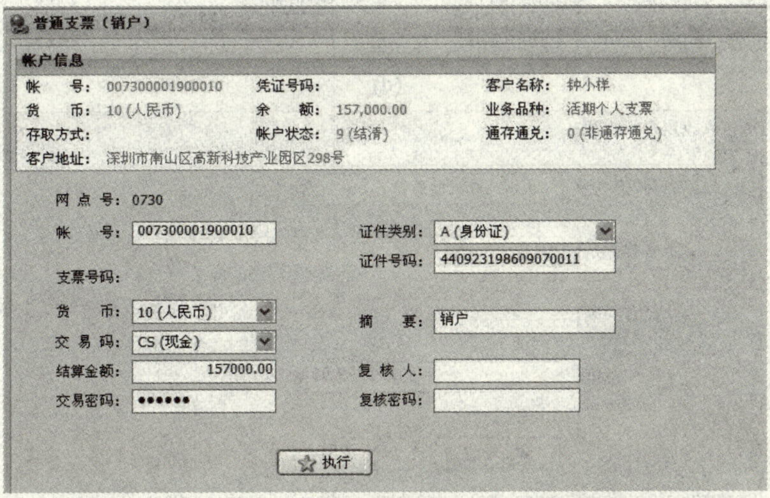
普通支票（销户）
帐户信息
帐　号：007300001900010
凭证号码：
客户名称：钟小样
货　币：10 (人民币)
余　额：157,000.00
业务品种：活期个人支票
存取方式：
帐户状态：9 (结清)
通存通兑：0 (非通存通兑)
客户地址：深圳市南山区高新科技产业园区298号
网 点 号：0730
帐　号：007300001900010
证件类别：A (身份证)
证件号码：440923198609070011
支票号码：
货　币：10 (人民币)
摘　要：销户
交 易 码：CS (现金)
结算金额：157000.00
复 核 人：
交易密码：•••••••
复核密码：
执行

(b)

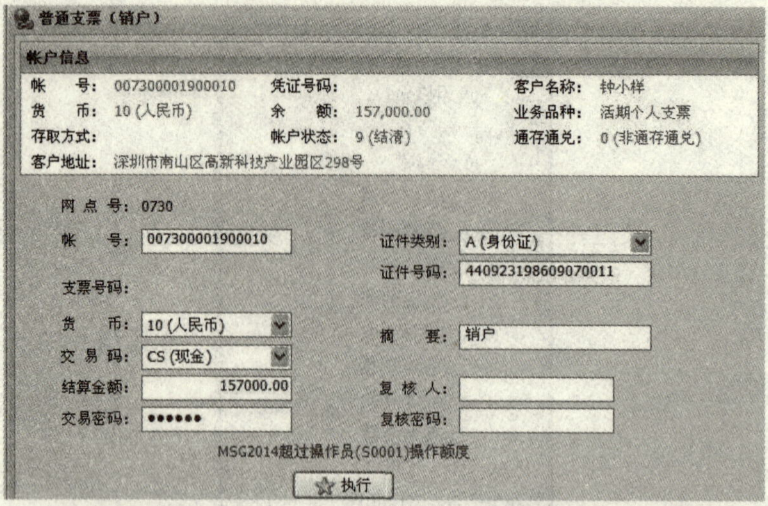
普通支票（销户）
帐户信息
帐　号：007300001900010
凭证号码：
客户名称：钟小祥
货　币：10 (人民币)
余　额：157,000.00
业务品种：活期个人支票
存取方式：
帐户状态：9 (结清)
通存通兑：0 (非通存通兑)
客户地址：深圳市南山区高新科技产业园区298号
网 点 号：0730
帐　号：007300001900010
证件类别：A (身份证)
证件号码：440923198609070011
支票号码：
货　币：10 (人民币)
摘　要：销户
交 易 码：CS (现金)
结算金额：157000.00
复 核 人：
交易密码：••••••
复核密码：
MSG2014超过操作员(S0001)操作额度
执行

(c)

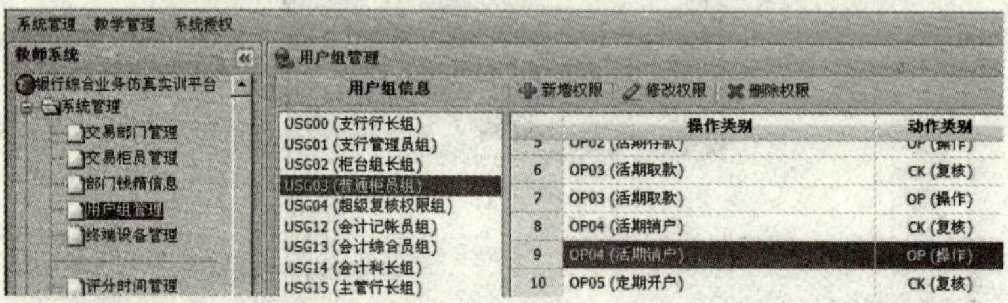
系统管理　教学管理　系统授权
教师系统
银行综合业务仿真实训平台
系统管理
交易部门管理
交易柜员管理
部门级稽信息
用户组管理
终端设备管理
评分时间管理
用户组管理
用户组信息
新增权限　修改权限　删除权限
USG00 (支行行长组)
USG01 (支行管理员组)
USG02 (柜台组长组)
USG03 (普通柜员组)
USG04 (超级复核权限组)
USG12 (会计记帐员组)
USG13 (会计综合员组)
USG14 (会计科长组)
USG15 (主管行长组)
操作类别
动作类别
6　OP03 (活期取款)　CK (复核)
7　OP03 (活期取款)　OP (操作)
8　OP04 (活期销户)　CK (复核)
9　OP04 (活期销户)　OP (操作)
10　OP05 (定期开户)　CK (复核)

(d)

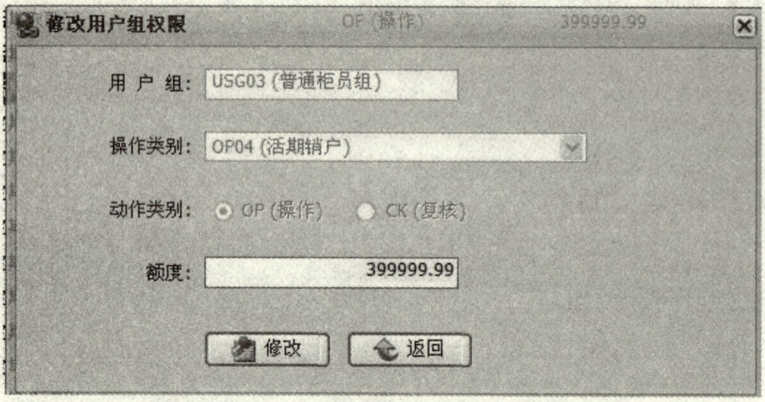
修改用户组权限
OP (操作)
399999.99
用 户 组：USG03 (普通柜员组)
操作类别：OP04 (活期销户)
动作类别：OP (操作)　CK (复核)
额度：399999.99
修改
返回

(e)

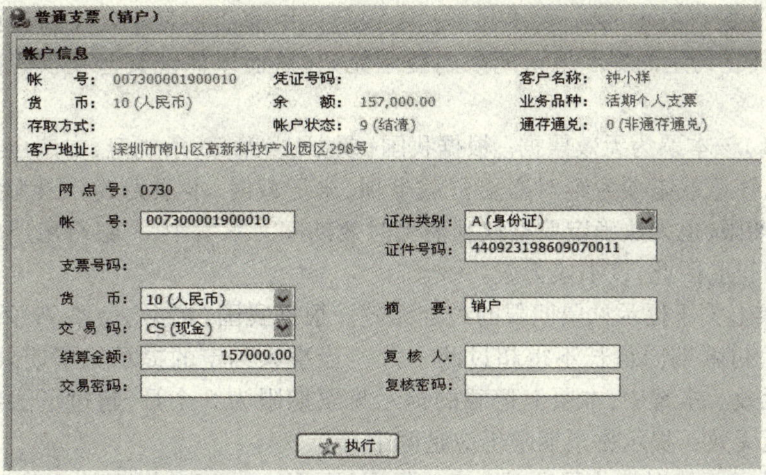

(f)

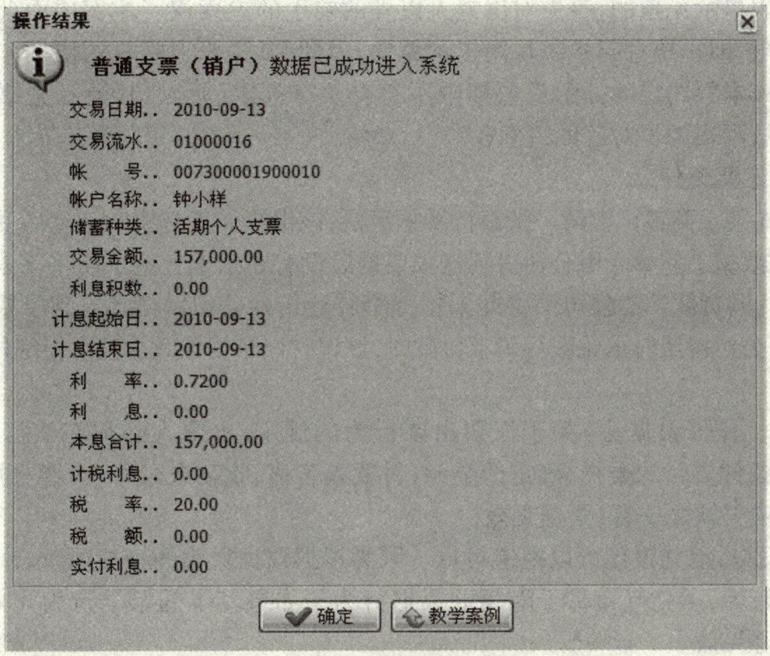

(g)

图14.35　支票销户操作过程图

【实训项目相关资料】

案例1:银行本票要件

2000年3月7日,甲商店同乙公司签订一份彩电购销合同。该合同规定:由乙公司在10日内向甲商店提供彩电100台,共计货款25万元。双方约定以本票进行支付。3月15日,乙公司将100台彩电交付甲商店,甲遂向其开户银行A申请签发银行本票。3月20日,A银行遂发出了出票人、付款人为A银行,收款人为乙公司,票面金额25万元,付款期限为6个月的本票。但由于疏忽,银行工作人员未记载出票日期。甲商店将该本票交付乙公司。后来,乙公司又将该本票背书转让给丙公司。2000年9月4日,丙公司持该本票向A银行提示见票,要求付款。A银行以甲商店存款不足支付为由拒绝付款。丙公司遂以其在约定的提示见票期限内提示见票,从而以保证其追款权为由,向乙公司进行追索。

分析:(1)该本票为无效票据。根据我国《票据法》第76条规定,本票出票时,必须记载出票日期,该记载事项为绝对必要记载事项,未记载时,本票无效。因为此时,无法确定提示付款期限,也无法确定票据权利消灭时效期间。本案中,A银行出票时,由于疏忽未记载出票日期,因此,该本票无效。

(2)本票上关于提示见票期限的约定无效。根据我国《票据法》第79条规定:“本票自出票日起,付款期限最长不得超过两个月。”当事人约定的提示见票期限超过两个月的,该约定无效。本案中,本票上记载的提示见票期限为6个月,超过了法定的两个月,因此,该约定无效。提示见票期限仍应是两个月。

(3)丙公司不能对乙公司进行追索。根据《票据法》第80条规定:“本票的持票人未按照规定期限提示见票的,丧失对出票人以外的前手的追索权。”本案中丙公司在约定的提示见票期限,即出票日起6个月内提示见票,因此,其主张追索权的依据和理由是正确的。但由于该本票约定的提示见票期限不符合法律规定,所以,其提示见票超过了法定的期限,所以,丙丧失了对乙的追索权。

案例2:汇票要件

甲公司向某工商银行申请一张银行承兑汇票,该银行作了必要的审查后受理了这份申请,并依法在票据上签章。甲公司得到这张票据后没有在票据上签章便将该票据直接交付给乙公司作为购货款。乙公司又将此票据背书转让给丙公司以偿债。到了票据上记载的付款日期,丙公司持票向承兑银行请求付款时,该银行以票据无效为理由拒绝付款。

分析:

(1)根据我国《票据法》关于汇票出票行为的规定,出票人必须在票据上记载:“汇票”字样,无条件支付的委托,确定的金额,付款人名称,收款人名称,出票日期,出票人签章。以上事项欠缺之一者,票据无效。

(2)本案中,承兑银行可以拒绝付款。因为根据票据行为的一般原理,出票行为属于基本的票据行为,承兑行为属于附属的票据行为。如果基本的票据行为无效,附属的票据行为也随之无效。

【实训项目小结】

支付结算类业务是指由商业银行为客户办理因债权债务关系引起的与货币支付、资金划拨有关的收费业务。结算业务借助的主要结算工具包括银行本票、银行汇票、商业汇票和支票。

1. 银行本票是银行签发的、承诺自己在见票时无条件支付确定的金额给收款人或者持票人的票据。

2. 银行汇票是出票银行签发的、由其在见票时按照实际结算金额无条件支付给收款人或者持票人的票据。

3. 商业汇票是出票人签发的、委托付款人在指定日期无条件支付确定的金额给收款人或持票人的票据。商业汇票分银行承兑汇票和商业承兑汇票。

4. 支票是出票人签发的、委托办理支票存款业务的银行在见票时无条件支付确定的金额给收款人或持票人的票据。

【实训项目任务】

任务一 银行本票

任务二 银行汇票

任务三 银行承兑汇票

任务四 商业承兑汇票

任务五 贴现

任务六 现金支票

任务七 转账支票

【实训项目报告】

实训项目报告一:银行本票

目的	熟练掌握银行本票的基本操作程序实训
要求	1. 甲行开户单位A厂提交银行本票申请书,申请签发不定额本票20,000元,收款人为跨系统乙行开户的C厂 2. 甲行收到王一提交的现金5,000元及银行本票申请书,申请签发银行本票一份 3. 收到甲行开户单位K厂提交银行本票一份,金额20,000元 4. 收到甲行开户单位C厂提交银行本票一份,金额30,000元,本票为开户单位B厂申请
报告内容	一、实验内容 二、实验基本步骤 三、实验数据记录和处理
实验结果与分析	

实训项目报告二:银行汇票

目的	熟练掌握银行本票的基本操作程序实训
要求	1. 甲行开户单位 A 厂提交银行汇票申请书,申请签发银行汇票一份,金额 10,000 元 2. 甲行收到开户单位 B 厂提交的进账单及省外系统内丁行签发的银行汇票二、三联,金额 30,000 元,实际结算金额 29,000 元 3. 甲行收到王一提交的省外系统内丁行签发的现金银行汇票二、三联,金额 5,000 元,要求支取现金 4. 甲行收到省外系统内银行划来的银行汇票款一笔,汇款人系本行开户单位 A 厂,汇款金额 10,000 元 5. 甲行开户单位 B 厂由于汇票超过付款期限,要求退款,金额 30,000元
报告内容	一、实验内容 二、实验基本步骤 三、实验数据记录和处理
实验结果与分析	

实训项目报告三:银行承兑汇票

目的	掌握银行承兑汇票的基本流程
要求	1. 商业汇票承兑:深圳××××科技有限公司出纳到本支行申请开出一张票面金额为5,000元的银行承兑商业汇票 2. 汇票到期付款:持有深圳××××科技有限公司所开出汇票的持票人到本行要求兑付票款
报告内容	一、实验内容 二、实验基本步骤 三、实验数据记录和处理
实验结果与分析	

实训项目报告四:商业承兑汇票

目的	掌握商业承兑汇票的基本流程
要求	受理汇票、收到汇票支付票款、收到票款业务的处理
报告内容	一、实验内容 二、实验基本步骤 三、实验数据记录和处理
实验结果与分析	

实训项目报告五:贴现

目的	掌握贴现各业务的基本流程
要求	申请贴现、到期收回和未收回业务的处理
报告内容	一、实验内容 二、实验基本步骤 三、实验数据记录和处理
实验结果与分析	

实训项目报告六:现金支票

目的	掌握个人银行结算账户现金支票取款业务处理流程和操作方法
要求	收到王明提交的现金支票一份,金额800元,要求支取现金
报告内容	一、实验内容 二、实验基本步骤 三、实验数据记录和处理
实验结果与分析	

实训项目报告七:转账支票

目的	掌握转账支票的处理手续
要求	1. A、B 两厂同在甲行开户,A 厂送存两联进账单及 B 厂签发的转账支票一份,金额 10,000 元 2. A、B 两厂同在甲行开户,B 厂送存三联进账单及本厂签发的转账支票一份,金额 10,000 元 3. 甲行开户单位 A 厂送存进账单及跨系统乙行开户单位 E 厂签发的转账支票一份,金额 10,000 元 4. 甲行开户单位 A 厂送存三联进账单及本厂签发的转账支票一份,金额20,000元,收款人为跨系统乙行开户单位 E 厂
报告内容	一、实验内容 二、实验基本步骤 三、实验数据记录和处理
实验结果与分析	

实训项目 15

对公存贷业务

【实训目标与要求】

1. 重点掌握如何开立对公基本账户。

2. 掌握单位活期存、取的操作要点和业务流程。

3. 掌握单位定期存、取的操作要点和业务流程。

4. 了解单位通知存款，单位协定存款，单位保证金存款存、取的操作要点和业务流程。

5. 掌握如何进行贷款业务处理。

【实训项目准备】

1. 企业开户申请书。

2. 企业贷款申请表。

【实训项目内容】

15.1 对公存款业务实训

对公存款也称单位存款，是商业银行以信用方式吸收的企事业单位的存款。按存款期限及稳定性可分为单位活期存款、单位定期存款、单位通知存款、单位协定存款和单位保证金存款等。

15.1.1 单位活期存款

1. 单位活期存款基础知识

(1)单位活期存款定义。

单位活期存款是指企业、事业、机关、部队、社会团体及其他经济实体(以下简称单位)在银行开立单位结算账户，办理不规定存期，单位可随时转账、存取的存款。单位的活期存款账户根据管理要求不同，划分为基本存款账户、一般存款账户、临时存款账户和专用存款账户四种。

①基本存款账户是指存款人因办理日常转账结算和现金收付需要开立的银行结算账户。

②一般存款账户是指存款人因借款或其他结算需要,在基本存款账户开户银行以外的银行营业机构开立的银行结算账户。

③临时存款账户是指存款人因临时需要并在规定期限内使用而开立的银行结算账户。

④专用存款账户是指存款人按照法律、行政法规和规章,对其特定用途资金进行专项管理和使用而开立的银行结算账户。

(2)单位活期存款业务特点。

单位活期存款是单位客户在存入人民币、外币存款时不约定存期,随时存取使用的一种存款。活期存款具有灵活、存取频繁、存款者可随时提取存款的特点,银行有随时付款的义务,存款利率低,无金额起点限制。

(3)单位活期存款计息方式。

人民币活期存款结息时按中国人民银行公布的活期存款利率和实存天计息,每季结息一次,计息期间如遇利率调整,分段计息。

(4)币种。

币种主要包括人民币、美元、欧元、英镑、日元、澳大利亚元、加拿大元、瑞士法郎及其他可自由兑换的货币。

2. 实训操作

(1)单位活期存款账户的开立。

新开客户号:对公柜员为第一次来本行办理开户业务的对公客户深圳智达科技有限公司(客户名称及证件号码可由柜员自行设定)开客户号一个。如图 15.1 所示。

①基本账户。

操作要点:

a. 客户向银行提交由当地工商行政机关核发的《企业法人执照》或《营业执照》正本、《中华人民共和国法人代码证书(副本)》或代码卡。

b. 银行审核上述材料,如果合格,客户可向银行领取、填制一式三联《开户申请书》并加盖单位公章及法人代表名章或被授权人名章(附属单位还应加盖主管单位公章),连同单位印鉴卡一起送交银行。

c. 银行审核相关内容无误后,在《开户申请书》上加盖公章;操作柜员终端,在系统录入相关内容,包括企业性质、客户名称、证件类别及号码、地址、联系电话等,生成客户编号。

d. 业务主管核对上述客户信息,确认准确无误后,打印该客户信息采集表。

e. 根据客户档案信息,开立银行账户,生成银行账号。

f. 客户留存支取方式。

g. 打印开户许可证。

h. 合同盖章。

i. 整理收齐开户许可证及开户相关资料;将单位公章、经办及主管签章相关资料交客户,并在登记簿上登记,该笔开户业务结束。

g. 相关内容录入系统,报结算科,待核准。

k. 待批准盖章后，通知客户领取开户许可证正本，副本银行留存。

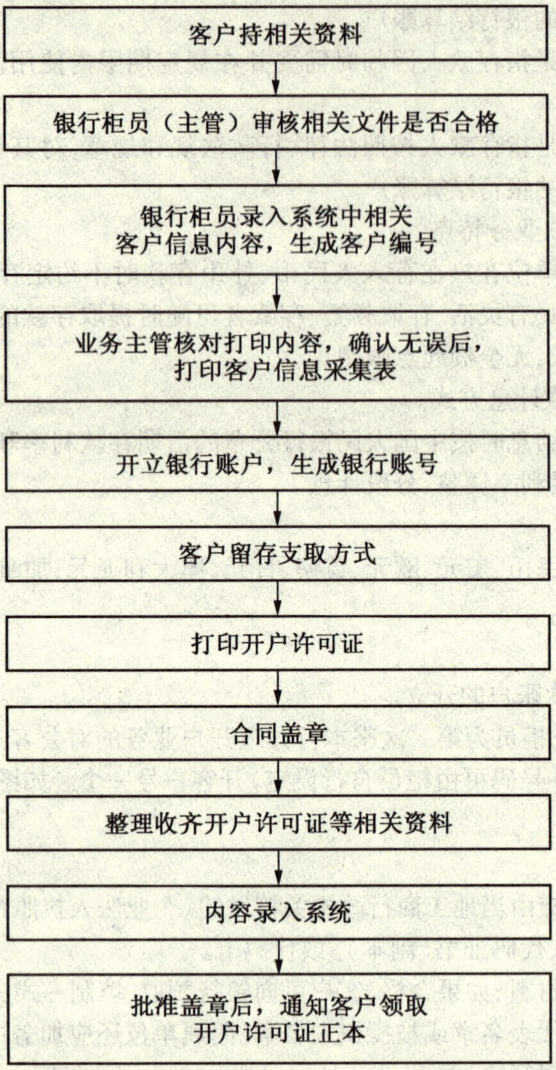

图 15.1　单位活期存款账户的开立流程图

印鉴卡正面如图 15.2 所示。

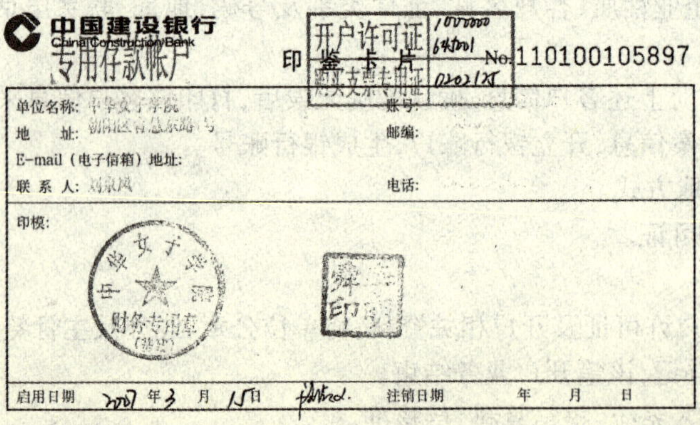

图 15.2　印鉴卡正面

印鉴卡背面如图 15.3 所示。

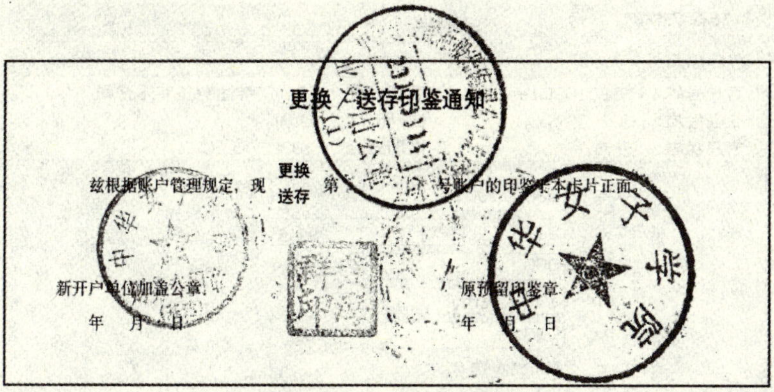

图 15.3　印鉴卡背面

注意：一个证件号码只能在本支行开立一个对公客户号。客户号由系统自动生成，并记录下来，开立对公基本账户或结算账户时需要填写系统生成的对公客户号。如图 15.4、图 15.5 所示。

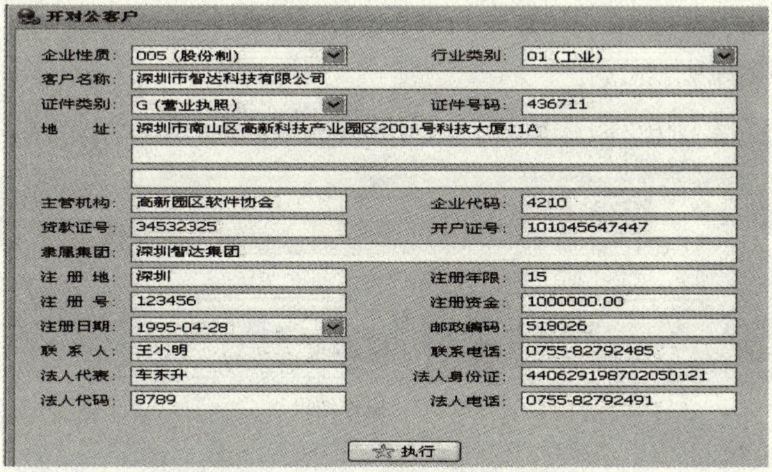

图 15.4　新开对公客户操作图

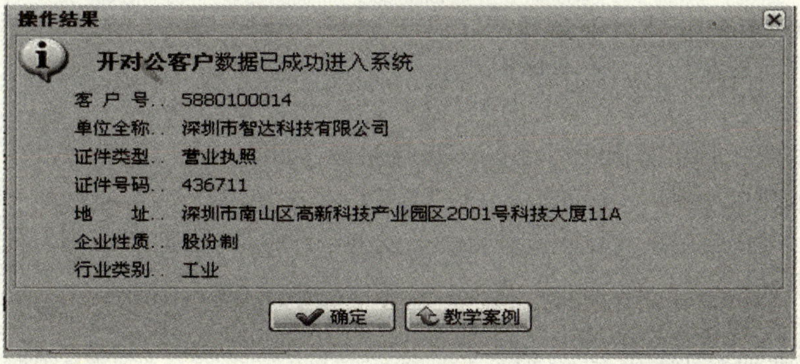

图 15.5　操作结果

开存款账户：对公柜员为深圳智达科技有限公司开对公存款“基本账户”一个（账户类别：工业存款；分析码：任意三个数字；存期：000；账户标志：基本户。其他项按默认内容)。如图 15.6、图 15.7 所示。

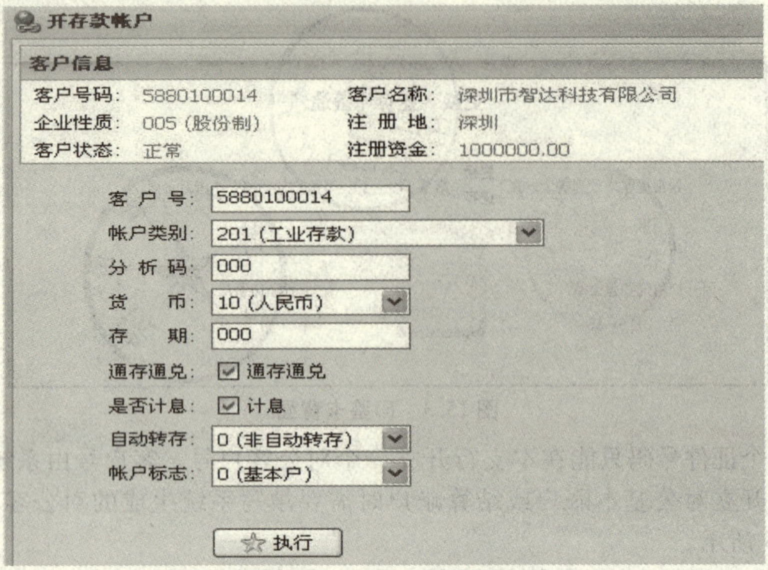

图 15.6 开存款账户操作图

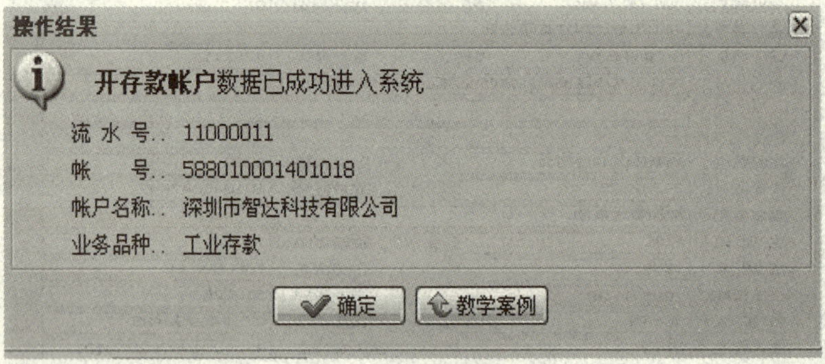

图 15.7 操作结果

②一般账户。

a. 客户向银行提供《企业法人执照》或《营业执照》正本、《中华人民共和国法人代码证书(副本)》或代码卡、基本存款账户开户许可证。

b. 其余开户程序与开立基本户相同。

③专用账户。

专用存款账户的开立、申报手续与一般存款账户相同。

④临时账户。

a. 向银行提供当地工商行政管理机关核发的临时执照、当地有权部门同意设立外来临时机构的批件。

b. 其余开户程序与一般存款账户相同。如图 15.8 所示。

(2)单位活期存款账户存入现金。

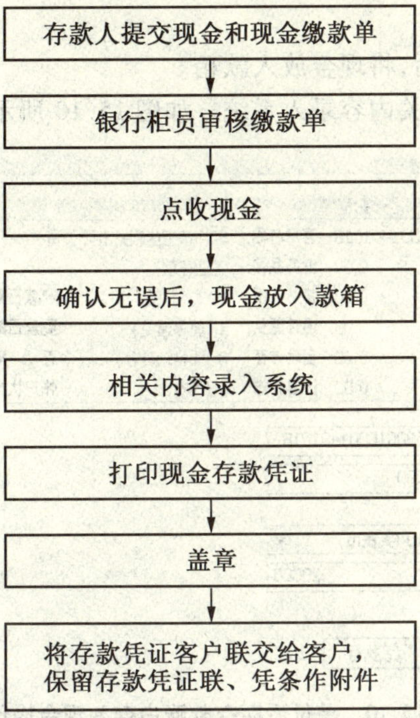

图 15.8 单位活期存款账户存入现金流程

步骤说明：

①存款人提交现金和现金缴款单。如图 15.9 所示。

中国农业银行 AGRICULTURAL BANK OF CHINA　现金缴款单

2009 年 6 月 12 日　　序号：

客户填写部分	收款人户名	杭州智泉工控技术有限公司							
	收款人账号	74817888888888				收款人开户行	杭州银行西溪支行		
	缴款人					款项来源			
	币种（√）	人民币☑ / 外币：	大写：壹万贰仟叁佰肆拾伍元整			亿 千 百 十 万 千 百 十 元 角 分	￥ 1 2 3 4 5 0 0		
	券别	100元	50元	20元	10元	5元	2元	1元	辅币（金额）
	张数								
银行填写部分	日期：	日志号：	交易码：	币种：					
	金额：	终端号：	主　管：	柜员：					

第二联 收款人入账通知

制票：　　复核：

图 15.9 现金缴款单

②银行柜员审核存款凭条的真实性、正确性及合法性。

③进行现金清点。

④确认现金数目无误后,将现金放入款箱。

⑤操作柜员终端,将相关内容录入系统。如图 15.10 所示。

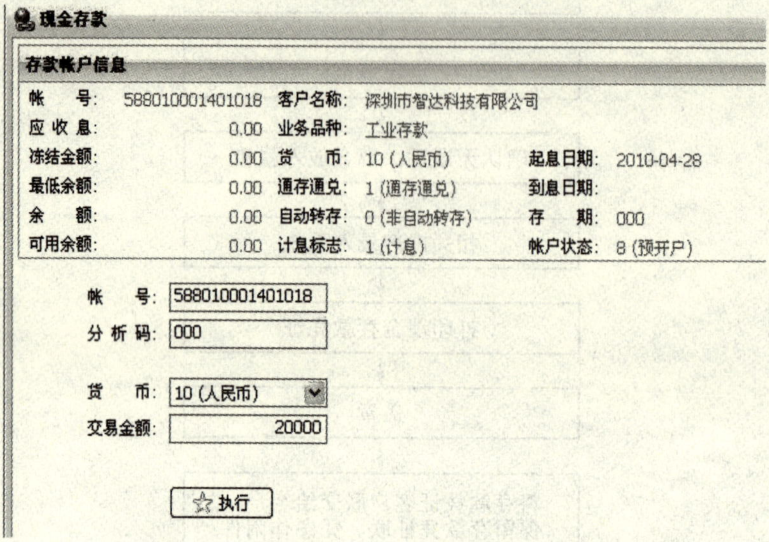

图 15.10 单位活期存款账户存入现金操作图

⑥打印现金存款凭证,之后盖章。

⑦资料整理分类:留存及归还客户。

例如,智达公司出纳到本支行办理 20,000 元现金存款业务,对公柜员为其存入现金 20,000元到其基本账户里。

(3)单位活期存款账户支取。如图 15.11 所示。

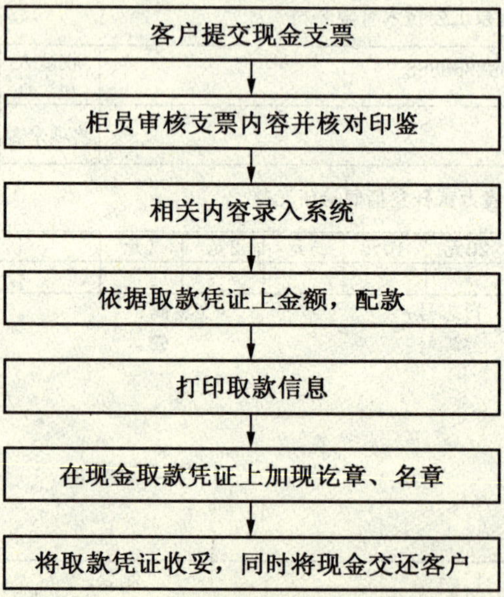

图 15.11 单位活期存款账户支取流程

步骤说明:

①客户提交现金支票。如图 15.12 所示。

②银行柜员审核取款凭证的真实性、正确性及合法性。

③操作柜员终端，将相关内容录入系统。

④依据取款凭证上金额，配款。

⑤打印取款信息。

⑥在现金取款凭证上加现讫章、名章。

⑦将取款凭证收妥，同时将现金交还客户。

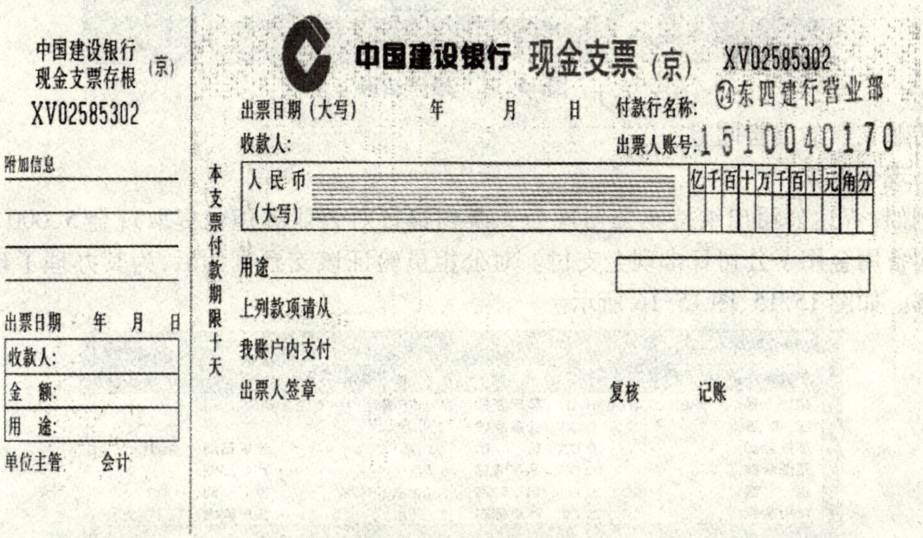

图 15.12　现金支票

注意：对公活期账户只有做了支票出售业务，才可以取款。

a. 现金支票出售。

例如，智达公司出纳前来银行购买支票，对公柜员将之前已出库的现金支票及转账支票各一本（各 25 张）出售给该公司。支票出售时需输入智达公司基本账户的账号。如图 15.13、图 15.14 所示。

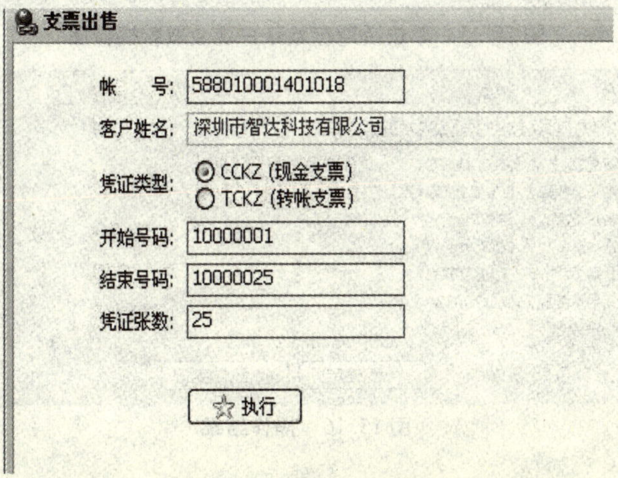

图 15.13　支票出售操作图

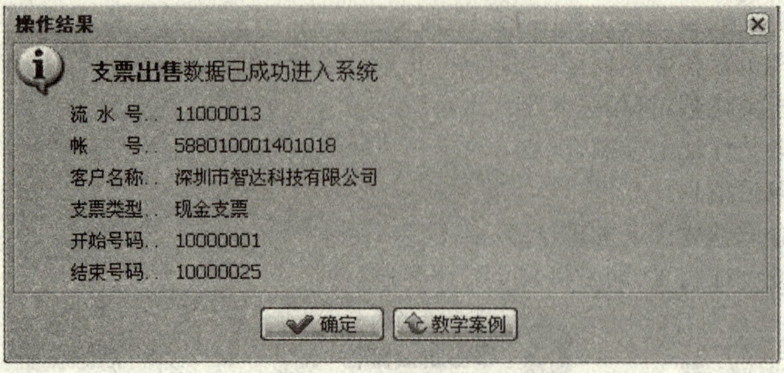

图 15.14 操作结果

转账支票的出售同上。

b. 现金取款。

例如,智达公司出纳持本公司现金支票到银行对公业务柜台提取现金 5,000 元,作为公司备用金用于公司日常现金支付。对公柜员验证该支票真伪后,为其办理了现金提取业务。如图 15.15、图 15.16 所示。

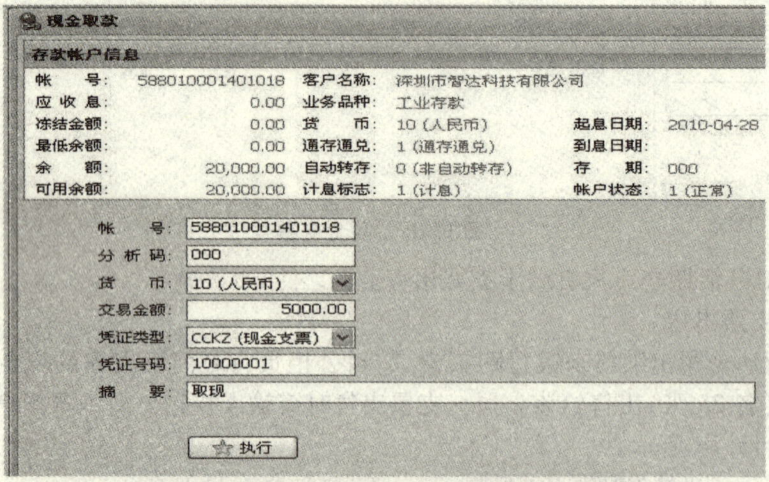

图 15.15 单位活期存款账户现金取款操作图

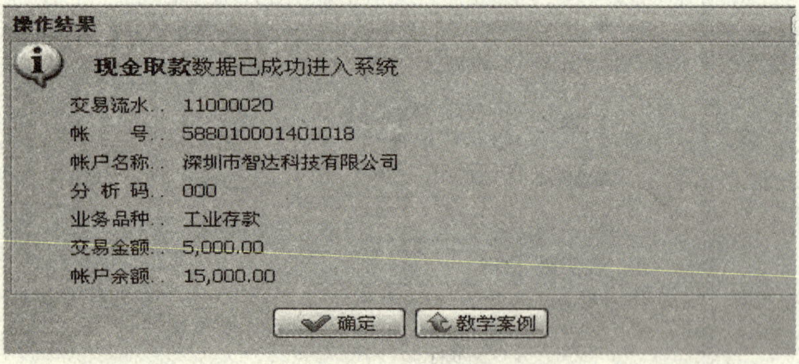

图 15.16 操作结果

c. 转账支取。

账户转账(在进行此业务操作前应先为另一公司开立一个对公活期账户。)

例如,智达公司开出转账支票一张,用于支付往来货款 8,000 元,收款方为在本支行开户的另一对公客户(转出账户为智达公司基本账户,转入账户为另一公司在本支行开设的对公一般结算账户)。如图 15.17、图 15.18 所示。

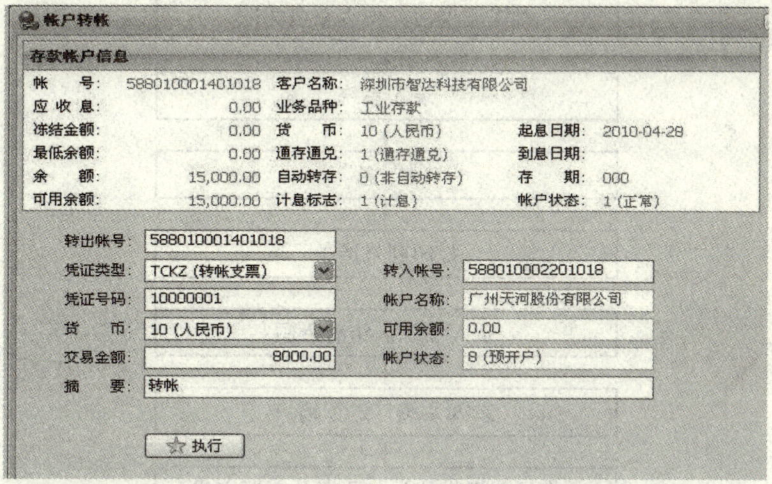

图 15.17　单位活期存款账户转账支取操作图

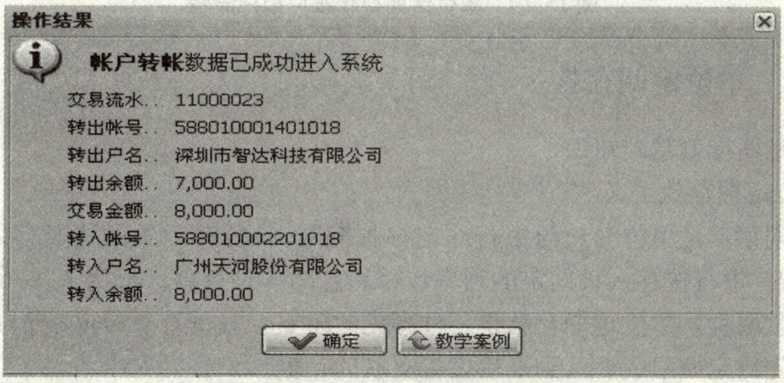

图 15.18　操作结果

(4)单位活期存款账户销户。

单位活期存款账户销户流程如图 15.19 所示。

①客户持相关证明文件到柜台要求销户。

②审核上述证明文件的完整性、真实性及有效性。

③对账无误后,作废空白凭证。

④操作柜员终端,录入系统。

⑤打印利息清单。

⑥操作柜员终端,录入结清系统。

⑦审核结清系统相关信息无误后,结清余额。

⑧操作柜员终端,录入系统,进行销户。

⑨将相关资料分类:留存及交还客户。

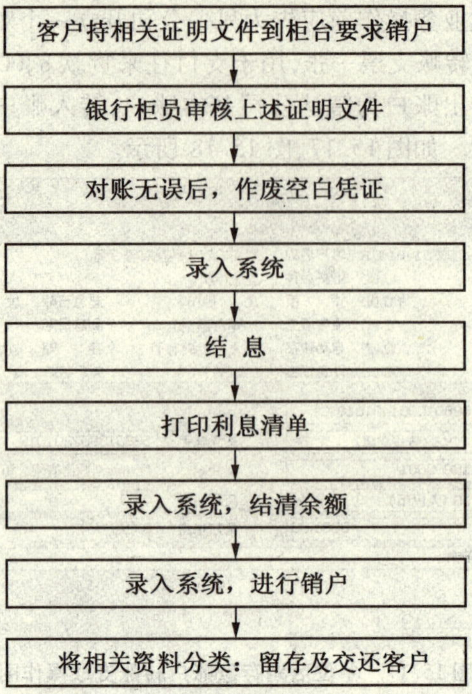

图 15.19　单位活期存款账户销户流程

15.1.2　单位定期存款

1. 单位定期存款基础知识

(1)单位定期存款定义。

单位定期存款是单位客户与银行约定存款期限,将暂时闲置的资金存入银行,在存款到期支取时,银行按存入日约定的利率计付利息的一种存款。分为人民币定期存款和外币定期存款两种。单位定期存款是一种事先约定支取日的存款,即银行与存款人双方在存款时事先约定期限、利率,到期后方可支取的存款。

(2)存款期限。

人民币定期存款的存款期限包括三个月、六个月、一年、二年、三年、五年六个档次可供选择。

外币定期存款包括小额外币定期存款(300 万美元以下或等值外币)和大额外币定期存款(300 万美元以上或等值外币)。存款期限包括一个月、三个月、六个月、一年、二年五个档次可供选择。

(3)起存金额。

人民币 1 万元(或等值外币),须一次性存入。

(4)计息方式。

人民币单位定期存款到期支取时,按存入日中国人民银行公布的定期存款相应档次利率计息,利随本清,存期内如遇利率调整,不分段计息。如存款到期日未支取,当期存款利息自动转入本金,并按转存日中国人民银行公布的同档次挂牌利率和原约定存期自动转存。

小额外币定期存款到期支取时，按存入日中国银行同业公会公布的定期存款相应档次利率计息，利随本清，存期内如遇利率调整，不分段计息。如存款到期日未支取，当期存款利息自动转入本金，并按转存日中国银行同业公会公布的同档次挂牌利率和原约定存期自动转存。

2. 实训操作

（1）单位定期存款账户的开立。

单位定期存款账户开立流程如图 15.20 所示。

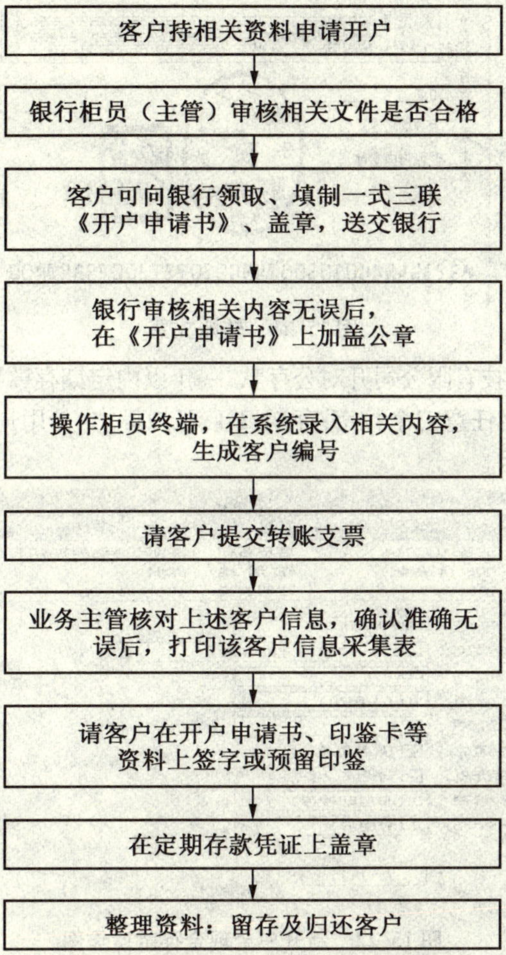

图 15.20　单位定期存款账户开立流程

操作说明：

①客户向银行提交由当地工商行政机关核发的《企业法人执照》或《营业执照》正本、《中华人民共和国法人代码证书（副本）》或代码卡。

②银行审核上述材料，如果合格。客户可向银行领取、填制一式三联《开户申请书》并加盖单位公章及法人代表名章或被授权人名章。

③银行审核相关内容无误后，在《开户申请书》上加盖公章；操作柜员终端，请客户提

交转账支票。如图 15.21 所示。

④业务主管核对上述客户信息，确认准确无误后，打印该客户信息采集表。

⑤请客户在开户申请书、印鉴卡等资料上签字或预留印鉴。

⑥在定期存款凭证上盖章。

⑦整理分类相关资料：留存及归还客户。

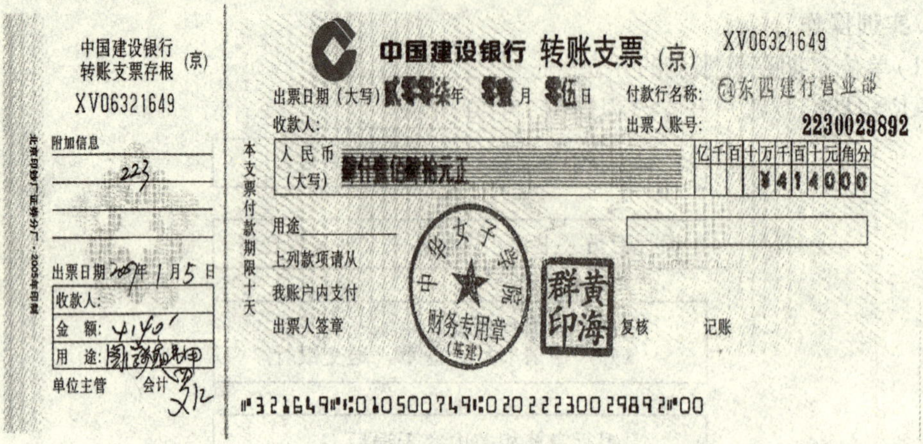

图 15.21 转账支票

例如，为深圳智达科技有限公司开对公存款“一年以内定期存款”账户一个（账户类别：一年以内定期存款；分析码：任意三个数字；存期：301；账户标志：专用户。其他项按默认内容）。如图 15.22、图 15.23 所示。

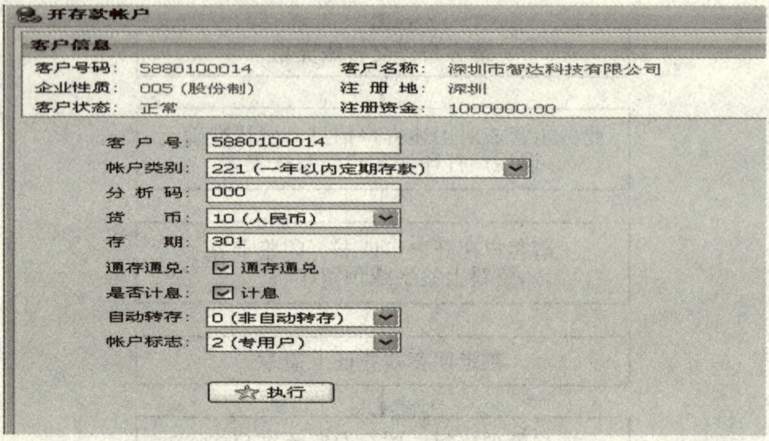

图 15.22 新开户金现金存款操作图

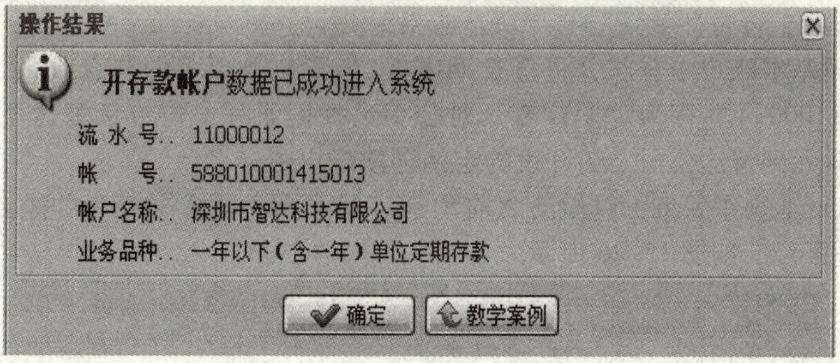

图 15.23　操作结果

(2)新开户金现金存款。

广州天河股份有限公司出纳到对公柜台办理现金存定期业务。对公柜员为其办理了存入人民币 10,000 元现金到智达公司新开的定期存款账户中。如图 15.24、图 15.25 所示。

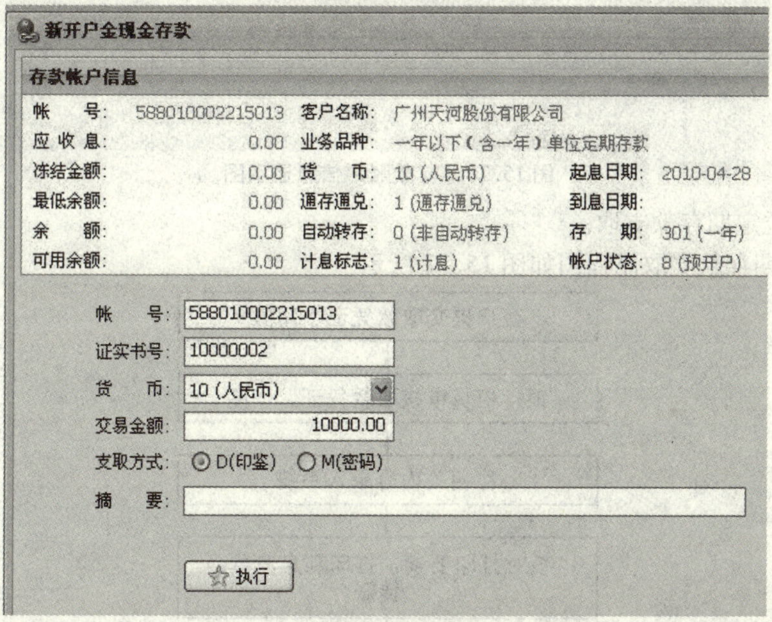

图 15.24　新开户金转账存款操作图

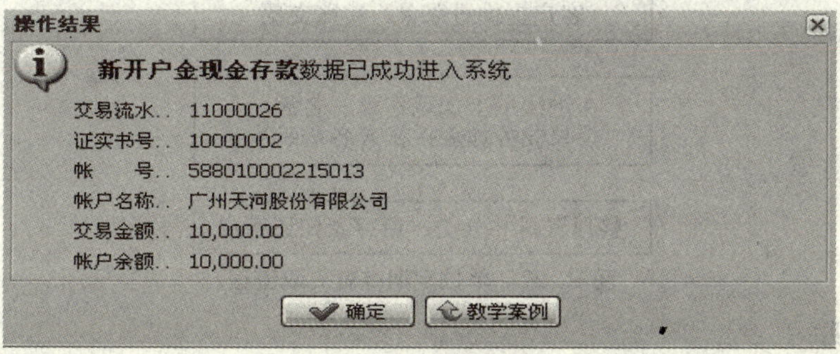

图 15.25　操作结果

(3)新开户金转账存款。

智达公司基本账户中有部分资金长期闲置,为了获取更多的利息收入,决定从基本账户中取出1,000元转存为定期存款。对公柜员根据业务申请单从智达公司基本账户中转出1,000元到智达公司之前开设的定期存款账户中。

注意:执行本操作后将可以激活之前预开定期账户。证实书号为“单位定期存款开户证实书”凭证号。如图15.26所示。

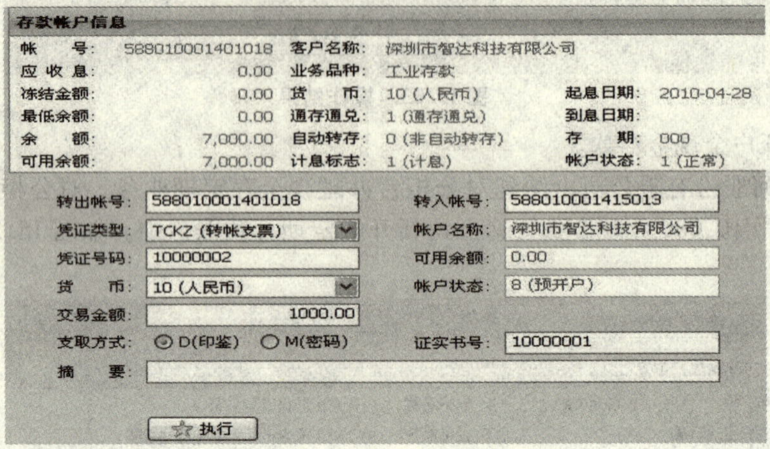

图15.26　存款账户信息显示图

(4)单位定期存款支取。

单位定期存款支取流程图如图15.27所示。

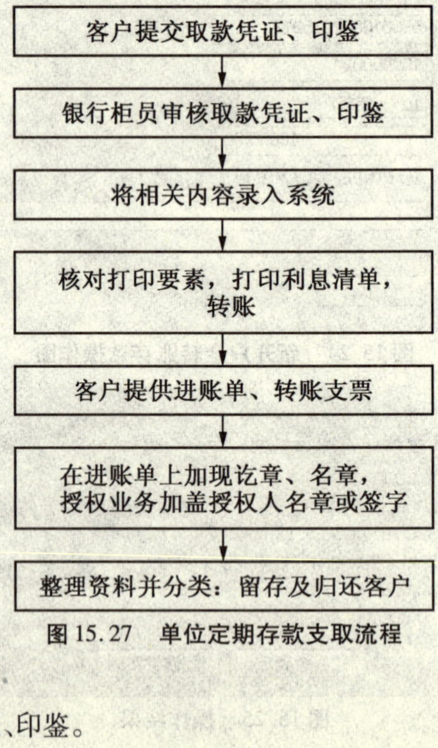

图15.27　单位定期存款支取流程

操作说明:

①客户提交取款凭证、印鉴。

②银行柜员审核取款凭证、印鉴的真实性、正确性及合法性。

③操作柜员终端,将相关内容录入系统。如图 15.28、图 15.29 所示。

④核对打印要素,打印利息清单,转账。

⑤客户提供进账单、转账支票。

⑥在进账单上加现讫章、名章,授权业务加盖授权人名章或签字。

⑦银行整理收妥定期取款凭证、进账单留存联、进账单客户联、印鉴交还客户。

例如,广州天河股份有限公司需从定期存款账户提前支取 8,000 元,转出账号为定期存款账号,转入账号为公司基本账号。提前支取定期存款需要更换证实书号。

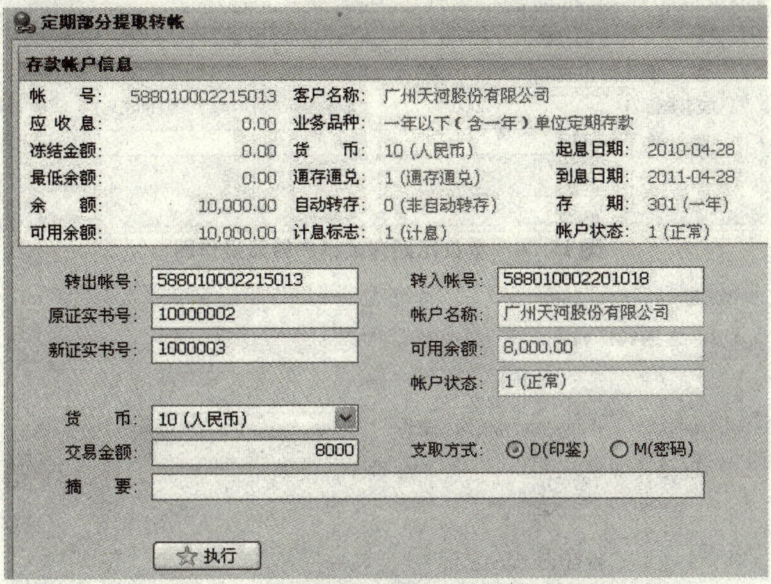

图 15.28　单位定期存款部分提取操作图

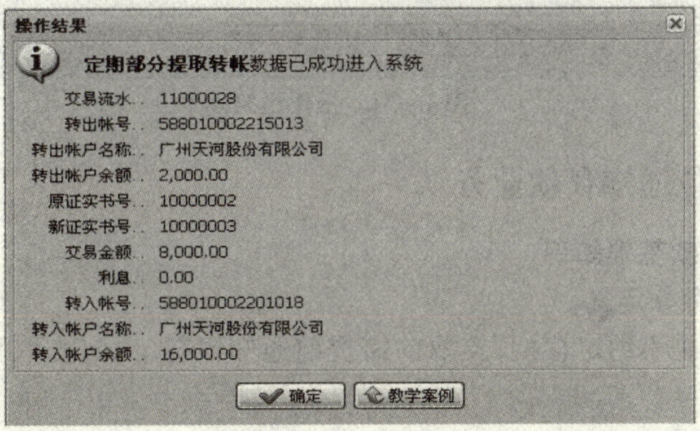

图 15.29　操作结果

(5)单位定期存款销户转账。

例如,广州天河股份有限公司需将之前开设的定期存款账户进行销户处理,对公柜员为其办理该业务,将该定期存款账户余额全部转账取出转入其基本账户中。如图 15.30、图 15.31 所示。

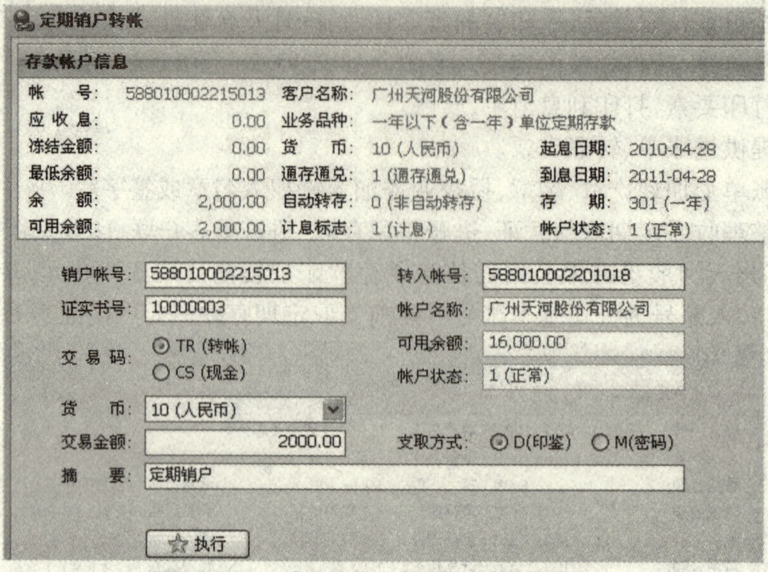

图 15.30 单位定期存款销户转账操作图

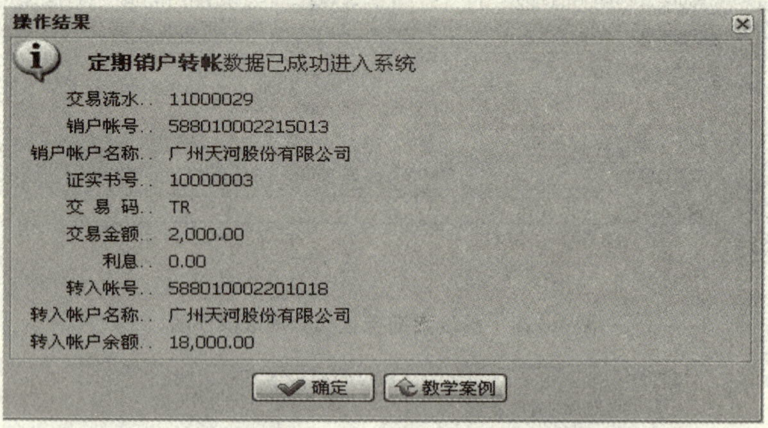

图 15.31 操作结果

15.1.3 单位通知存款业务

1. 单位通知存款基础知识

(1)单位通知存款定义。

单位通知存款是不约定存期,支取前需提前通知银行,约定支取日期和和金额才能提取的单位存款。

(2)存款期限。

单位通知存款可分为 1 天通知存款和 7 天通知存款。

(3)起存金额。

单位通知存款起存金额为 50 万元,最低支取金额为 10 万元,须一次性存入,一次或多次支取。

2. 实训操作

(1)单位通知存款账户的开立流程,如图 15.32 所示。

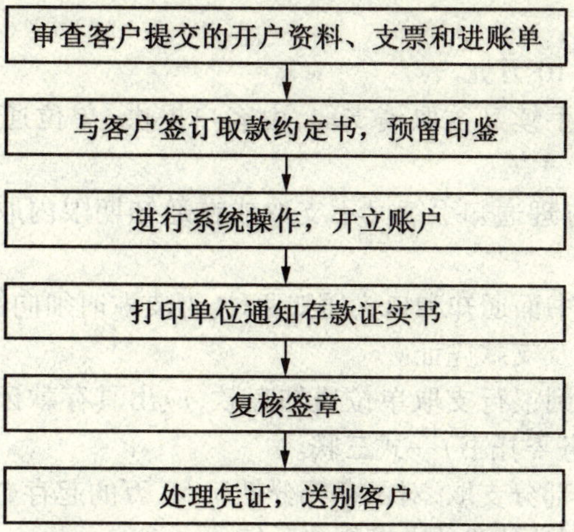

图 15.32　单位通知存款账户的开立流程

操作要点:

①审核开户资料、支票和进账单。

②与客户签订支取约定书,在支取约定书上预留银行印鉴。

③进行系统操作。

④打印"单位通知存款证实书"。"单位通知存款证实书"一式三联,一联银行做留底联,一联做记账凭证附件,另一联加盖印章后交给客户。须注明是一天通知存款还是七天通知存款。

⑤进行凭证处理。

(2)单位通知存款支取的操作流程,如图 15.33 所示。

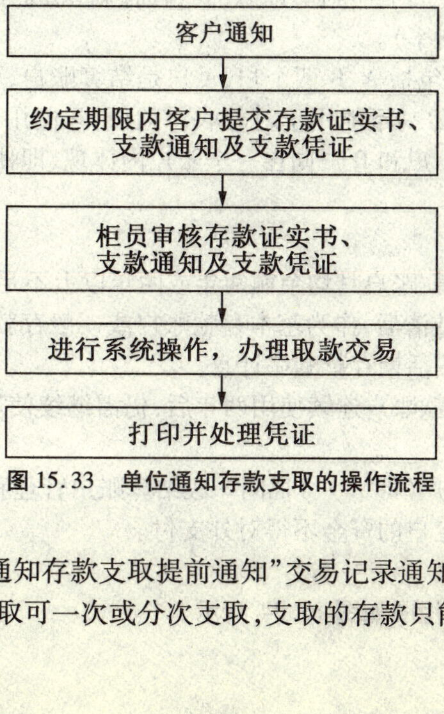

图 15.33　单位通知存款支取的操作流程

操作要点:

①受理通知。使用"通知存款支取提前通知"交易记录通知登记簿等。

a. 单位通知存款的支取可一次或分次支取,支取的存款只能转入存款单位的活期存款户,不得支取现金;未提前通知而支取的,支取部分按支取日活期存款利率计息。没有违约的单位通知存款按最后支取日相应利率和实际存期计息,利随本清(采用日积数法计息)。

b. 最低支取金额为 10 万元。

c. 客户已办理通知手续又欲取消支取,由客户提供"单位通知存款取消通知书"办理。

d. 通知存款,如已办理通知手续又不支取或在通知期限内取消通知的,通知期限内不计息。

e. 通知提交方式有书面通知和口头通知两种,但支取时须向银行递交正式通知书。

②审核存款证实书及支款凭证。

a. 约定期限内客户到银行支取单位通知存款,应出具存款证实书,提交加盖银行预留印鉴的支款凭证(业务委托书)一式三联。

b. 单位通知存款若部分支取,对留存部分低于 50 万的起存金额的,应提请单位予以清户,按清户日的活期利率计息并办理销户手续。

③进行系统操作。

④打印相关凭证。

⑤进行凭证处理。

15.1.4 单位协定存款

1. 基础知识

(1)单位协定存款定义。

单位协定存款是指单位通过与银行签订《协定存款合同》,约定合同期限、协商确定结算账户需要保留的基本存款额度,超过基本额度的存款为协定存款。基本存款按活期利率计息,协定存款按协定的上浮利率计息的一种存款(协定存款利率一般高于活期利率,低于 6 个月定期存款利率)。

单位协定存款的账户包括 A、B 两个户,A 户是结算账户,可以直接用于对外收付结算款项,B 户是协定存款账户,不能用于对外收付款项,只能用于和 A 户的内部对转(一般由计息机自动完成)。A 户和 B 户同在一个账户内体现,即使用相同的账号,但分两种余额计息 。

(2)有关规定。

①人民币单位协定存款账户月均余额两年或两年以上不足基本存款额度(不低于人民币 50 万元)的,将利息结清后,作为基本存款账户或一般存款账户处理,不再享受人民币单位协定存款利率,并按活期存款利率计息。

②人民币单位协定存款账户连续使用两年后,仍需继续使用的,须与银行续签《单位协定存款合同》。

③协定存款的结算账户(即 A 户)视同一般结算账户管理和使用,协定存款的结算户和协定户均不得透支,协定户的资金不得对外支付。

2. 实训操作

单位协定存取开户流程图如图 15.34 所示。

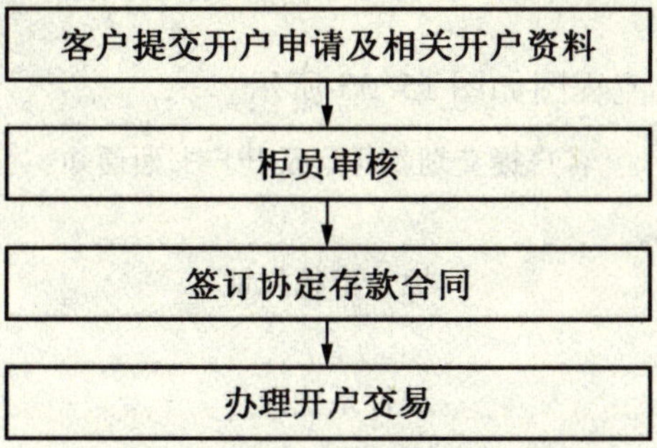

图 15.34　单位协定存款开户流程图

操作要点：

①审核开户申请书及资料。

②签订单位协定存款合同。

③进行系统操作。

如果单位没有在本网点开结算账户，则银行按规定为其开立结算账户，同时计算机系统自动为其办理协定存款利息维护；如单位已有结算账户，则直接按合同要求为单位办理协定存款利息维护。

④打印“协定存款登记通知书”。

⑤送别客户。

15.1.5　单位保证金存款

1. 单位保证金存款基础知识

(1)单位保证金存款定义。

保证金存款是商业银行在办理银行承兑汇票、保函、信用证等融资业务时，为降低风险而按客户信用等级和信贷管理规定收取的业务保证金。保证金存款在办理融资业务期间，只能用于保证项下的支付，一般不得支取现金。

(2)保证金的保留、保证金保留的解除和保证金的划回。

①保证金的保留。在银行承兑汇票承兑或保函出票时，选择“承兑汇票/保函开票”进行操作。

②保证金保留的解除。票据到期日时，选择“保函部分解除保留”或“承兑汇票/保函核销”交易进行操作。

③保证金的划回。保证金解除保留后，柜员启动“保证金缴存/划回”交易，选择“划回”功能进行操作，将保证金划回出票人的账户。

2. **实训操作**

单位保证金存款开户流程图如图 15.35 所示。

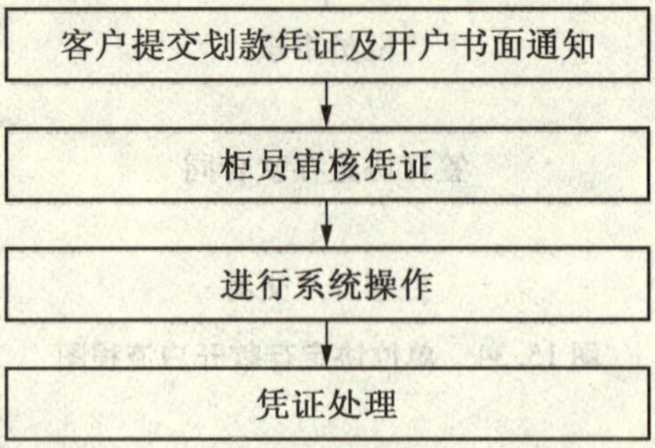

图 15.35　单位保证金存款开户流程图

操作要点：

①审核客户提交的划款凭证。

②进行系统操作，办理开户交易和存款交易。选择“保证金存款账户开户”。

③处理凭证。

15.2　对公贷款业务实训

15.2.1　贷款借据录入

智达公司在本行申请到一笔贷款，公司会计凭贷款合同办理借款手续。对公柜员首先要为其新建借据。（存款账户为智达公司的基本账户，贷款类别为“中期流动资金抵押质押贷款”，贷款金额为 50,000 元，贷款利率为 8‰，担保方式为抵押，贷款借据号为 15 位数）如图 15.36、图 15.37 所示。

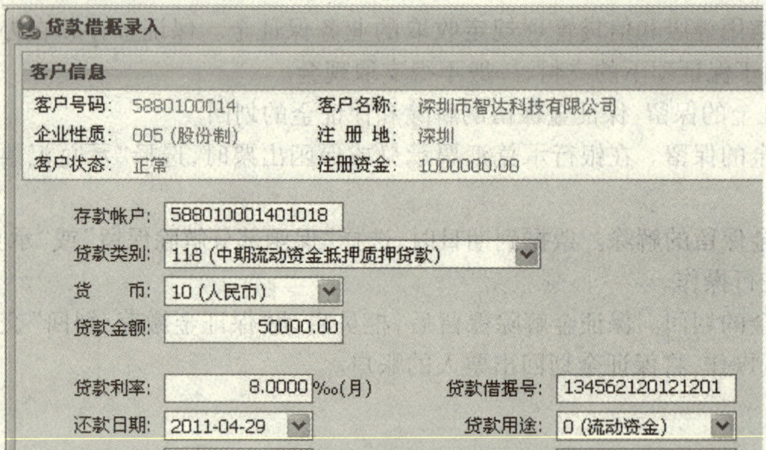

图 15.36　贷款借据录入操作图

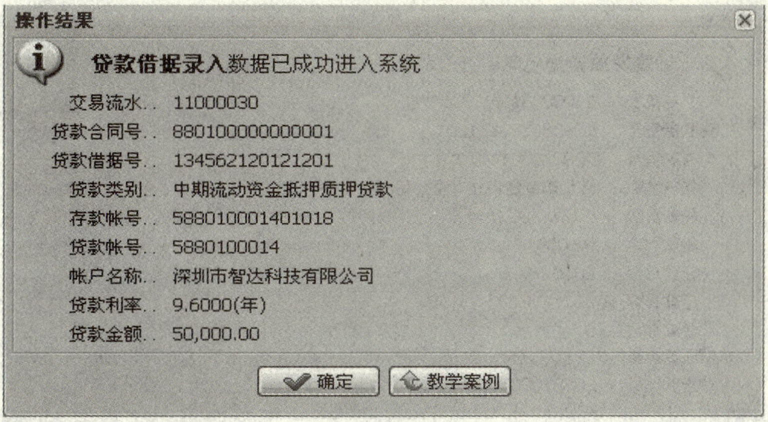

图 15.37　操作结果

15.2.2　贷款发放

对公柜员将智达公司的50,000元贷款发放(借据号为上一步操作所用借据号),该笔款项将会转放到其基本账户中。如图15.38、图15.39所示。

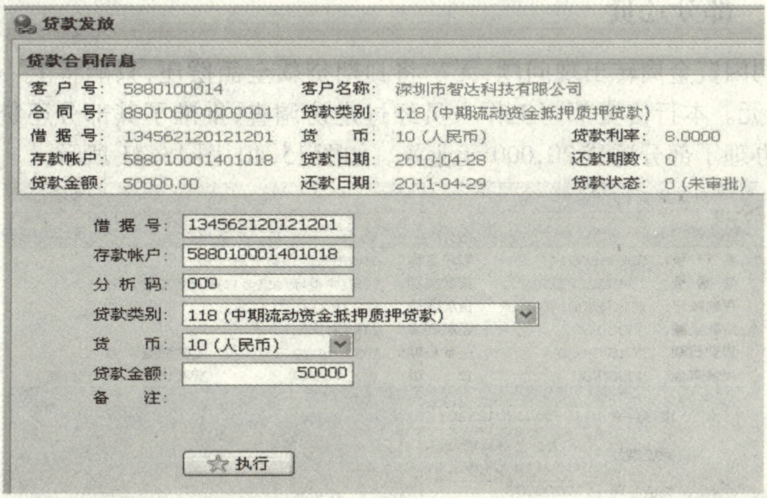

图 15.38　贷款发放操作图

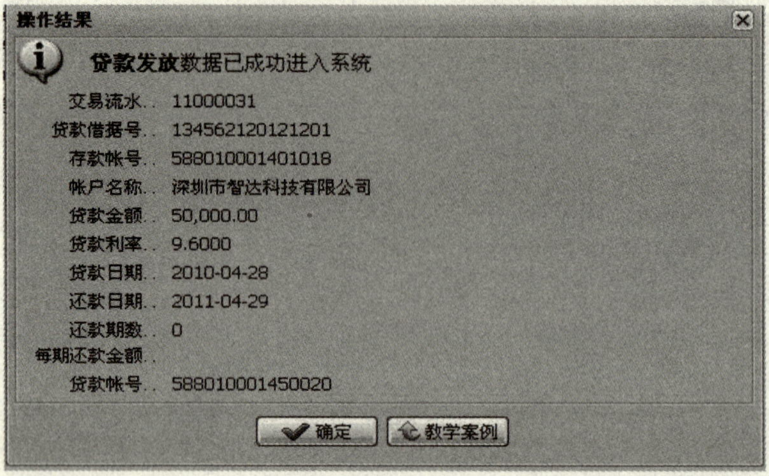

图 15.39 操作结果

注意:在银行业务中,给企业发放贷款应经信贷部门的审批后才能发放。本系统的贷款管理主要是处理贷款业务中的会计账务处理,不作贷款审批。

15.2.3 部分还贷

智达公司因资金周转出现问题,无法将到期贷款全额偿还,只能将上一笔贷款部分还贷 20,000 元。本行信贷部门工作人员经过走访调查,批准了其部分还贷的申请。对公柜员为其办理了部分还贷 20,000 元业务。如图 15.40、图 15.41 所示。

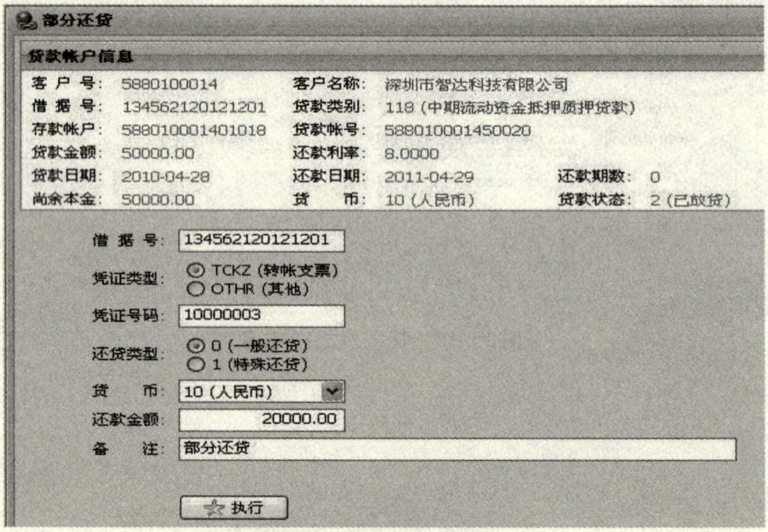

图 15.40 部分还贷操作图

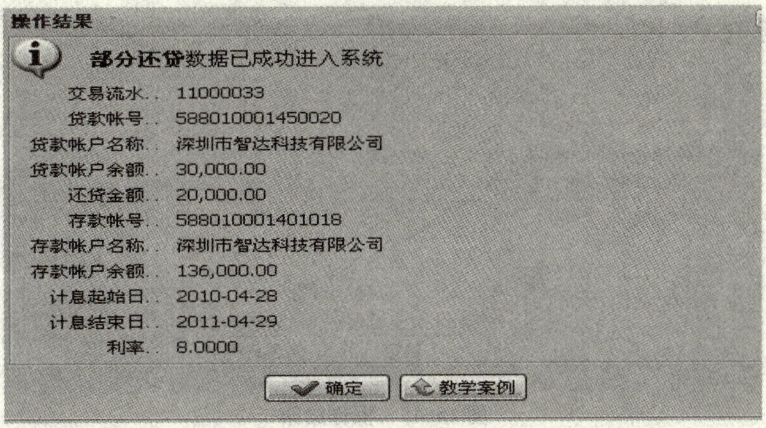

图 15.41　操作结果

15.2.4　贷款展期确认

智达公司要求将上一笔贷款的还款期限再延长三个月，经本行信贷部门批准同意。对公柜员为其办理了贷款展期业务。如图 15.42、图 15.43 所示。

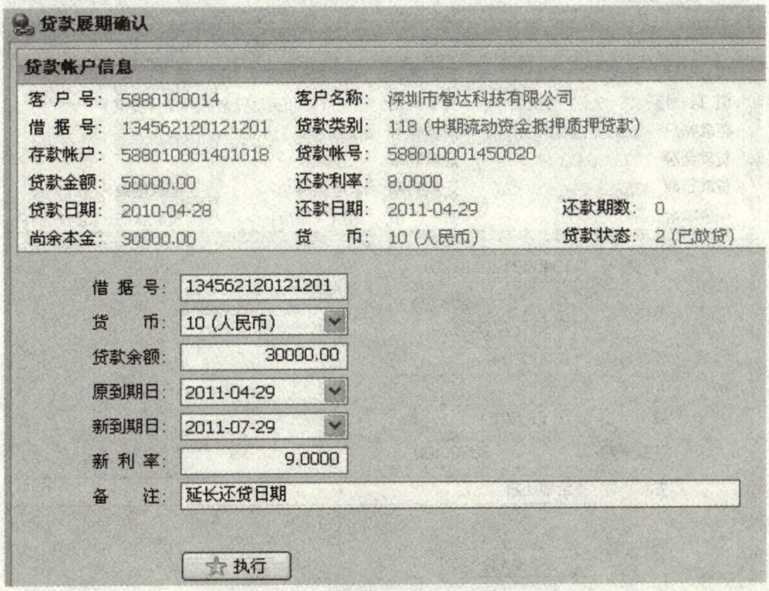

图 15.42　贷款展期确认操作图

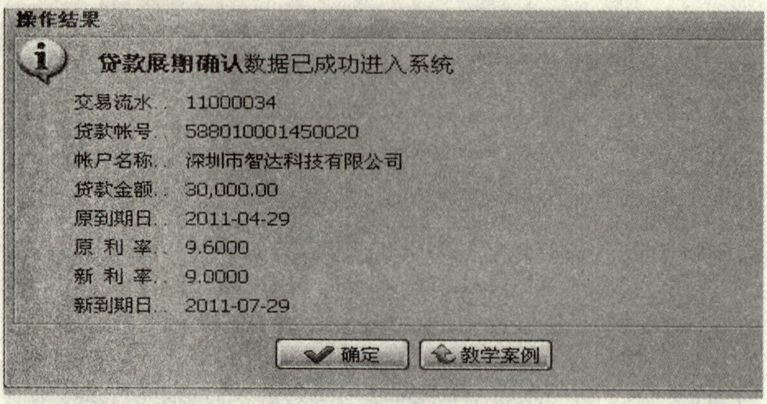

图 15.43　操作结果

15.2.5　全部还贷

智达公司会计前来银行柜台办理全部还贷业务，将上一笔贷款全部贷款还清。如图 15.44、图 15.45 所示。

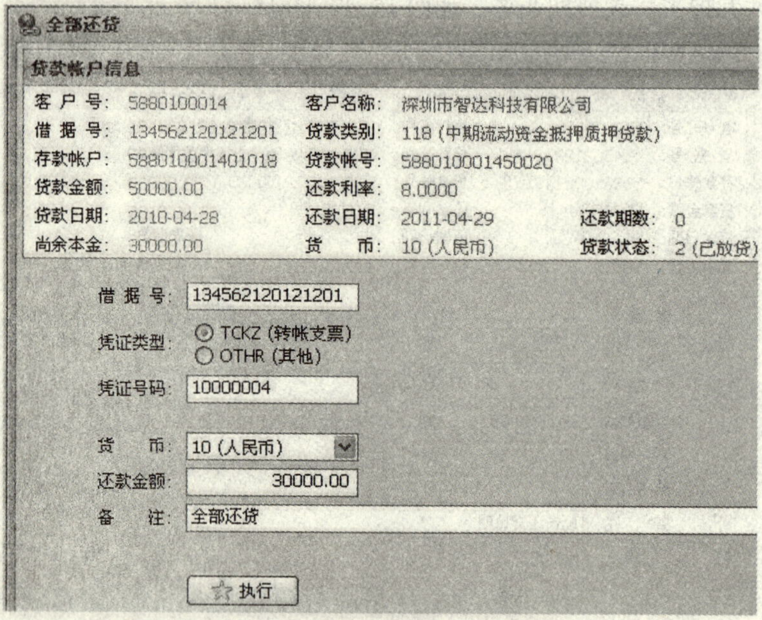

图 15.44　全部还贷操作图

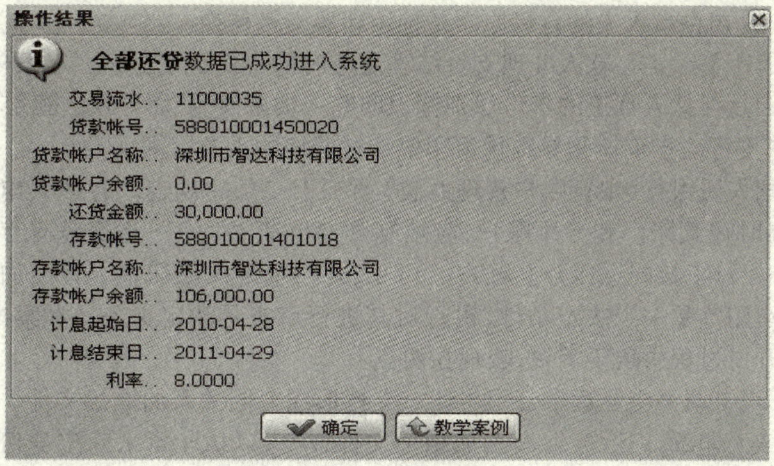

图 15.45　操作结果

【实训项目相关资料】

案例:客户预留印鉴卡被盗责任在谁?

2002 年 6 月,陕西省铜川远丰精细化工有限公司(以下简称远丰公司)因业务需要在广州市设立存款账户。经人介绍,一名自称是招商银行广州环市东路支行(以下简称环东支行)“刘主任”的人提出可将存款账户开立在环东支行。6 月 12 日,该“刘主任”带远丰公司工作人员到环东支行办理开户手续。远丰公司填写了《开立人民币存款账户申请书》和《企业电话银行服务申请书》,在开户申请书上加盖了单位行政公章,在电话银行服务申请书上按规定加盖了单位预留印鉴两枚,一枚是财务专用章,一枚是法定代表人私章。上述两份申请书均由银行盖章确认。接着,远丰公司按照银行要求办理了预留印鉴卡片手续,填写了《招商银行印鉴卡》。印鉴卡背面开户申请人身份认证栏里加盖了行政公章,正面预留了与电话银行服务申请书上预留印鉴一致的两枚印鉴。在办理上述手续的过程中,远丰公司工作人员被安排坐在服务室,主要手续在远丰公司加盖印章后由“刘主任”前去柜台办理。开户手续办理完毕后,银行将开户申请书、电话银行服务申请书、印鉴卡各交给远丰公司留存一份。

6 月 16 日,远丰公司通过电汇方式向其设在环东支行的账户上转入 450 万元,但当其在 6 月 19 日去环东支行查询该笔账项时,却被告知账上资金仅余 5,000 元。远丰公司遂即向公安机关报案。

经公安机关侦查,所谓的“刘主任”并非环东支行主任。6 月 18 日,犯罪嫌疑人“刘主任”以加盖伪造印鉴的汇款凭证将远丰公司 449.5 万元汇出。经技术鉴定,该虚假汇款凭证加盖的伪造印鉴与环东支行保留的远丰公司预留印鉴卡上的预留印鉴一致。而环东支行保留的预留印鉴卡已被调换。调换后的印鉴卡背面加盖的远丰公司行政公章与远丰公司在开户申请书上加盖的行政公章不同,正面预留的财务专用章及法定代表人私章与电话银行服务申请书上远丰公司预留的财务专用章及法定代表人私章不一致。

其后,远丰公司要求环东支行承担偿付存款本息责任,环东支行以“刘主任”为远丰公司经办人为由,拒绝了远丰公司的要求。

分析:

(1)远丰公司存款灭失的直接原因是预留印鉴卡被调换。

银行预留印鉴卡是存款人办理支付结算业务时的身份识别标识。本案中,存款被转走的直接原因是存款人真正的身份识别标识印鉴卡被调换,从而导致巨额款项被转走。

(2)环东支行疏于审核是导致预留印鉴卡被调换的重要因素。

根据中国人民银行《银行账户管理办法》第二十二条的规定,"存款人申请开立一般存款账户、临时存款账户和专用账户,应填制开户申请书———送交盖有存款人印章的印鉴卡片,经银行审核同意后开立账户。"可见,开户申请人在印鉴卡背面加盖公章以确认正面的预留印鉴是一个法定条件,银行对其进行审查是法定义务。本案中,环东支行在远丰公司开户过程中疏于审核,表现在两点:

其一,开户申请书应是远丰公司与环东支行形成合同关系的原始文件。开户申请书既已加盖存款人印章,以后存款人其他相关文件,均应以该印章来确定身份。印鉴卡背面加盖开户申请人公章的目的,在于说明预留印鉴卡正面预留的印鉴是开户申请人所预留。环东支行对开户申请书和印鉴卡背面一真一假两枚印章未能审核发现。

其二,远丰公司在提交给环东支行的电话银行服务申请书上已经在单位预留印鉴卡栏里加盖了两枚真实预留印鉴,而犯罪嫌疑人调换的假预留印鉴卡上的预留印鉴与远丰公司在电话银行服务申请书上的预留印鉴不一致,环东支行亦未能审核发现。

(3)环东支行应承担相应的民事责任。

根据《中华人民共和国民法通则》第一百零六条关于承担民事责任的要件,并参照最高人民法院《关于审理票据纠纷案件若干问题的规定》中有关"付款人或者代理付款人未能识别出伪造、变造的票据或者身份证件而错误付款,属于票据法第五十七条规定的'重大过失',给持票人造成损失的,应当依法承担民事责任"的规定,银行作为金融服务企业,在业务流程中应承担严格审核义务。对基于伪造印鉴卡而形成的客户资金流失,应向客户承担赔偿责任。同时,银行的审核行为是对开户申请人开户时提交的资料的真伪及合法与否进行审查核对,对其经办人相貌特征无审核义务。犯罪嫌疑人"刘主任"的实际身份,对确认相关民事责任无实质意义。

综上,专家们一致认为,本案中环东支行在审核工作上的重大过失是造成远丰公司预留印鉴卡被调换、巨额资金灭失的直接原因;环东支行应承担返还财产并赔偿损失的民事责任。

【实训项目小结】

1. 单位存款也称对公存款,对公存款是商业银行以信用方式吸收的企事业单位的存款。按存款期限及稳定性分为:单位活期存款、单位定期存款、单位通知存款、单位协定存款和单位保证金存款等。

2. 单位结算账户是指银行为单位开立的办理资金收付结算的人民币活期存款账户。单位结算账户按用途分为基本存款账户、一般存款账户、临时存款账户和专用存款账户。

3. 单位活期存款是指企业、事业、机关、部队、社会团体及其他经济实体在银行开立单位结算账户,办理不规定存期,单位可随时转账、存取的存款。

4. 单位定期存款是单位客户与银行约定存款期限,将暂时闲置的资金存入银行,在存款到期支取时,银行按存入日约定的利率计付利息的一种存款。

【实训项目任务】

任务一　新开户业务
任务二　单位活期存款业务
任务三　单位定期存款业务
任务四　单位通知存款业务
任务五　单位协定存款业务
任务六　单位贷款业务

【实训项目报告】

实训项目报告一:新开户业务

目的	熟练掌握开新客户号、基本存款户、开一般户和销户等操作流程
要求	1. 新开客户号:为深圳××××科技有限公司开客户号一个 2. 开基本存款账户:为深圳××××科技有限公司开对公存款“基本账户”一个 3. 开定期存款账户:为深圳××××科技有限公司开对公存款“3 个月定期存款”账户一个
报告内容	一、实验内容 二、实验基本步骤 三、实验数据记录和处理
实验结果与分析	

实训项目报告二:单位活期存款业务

目的	通过单位活期存款业务的实践,让学生熟练掌握基本户存款、取款和转账等操作流程
要求	1. 现金存款:深圳××××科技有限公司出纳到本支行柜台存入现金200,000元到其基本账户里 2. 现金取款:深圳××××科技有限公司出纳到本支行柜台从该公司基本账户中提取现金1,000元 3. 账户转账:深圳××××科技有限公司开出转账支票一张,用于支付往来货款1,800元,收款方为本支行开户的对公存款客户(转出账户为深圳××××科技有限公司基本账户,转入账户为其他公司在本支行开设的对公存款基本账户)
报告内容	一、实验内容 二、实验基本步骤 三、实验数据记录和处理
实验结果与分析	

实训项目报告三:单位定期存款业务

目的	通过单位定期存款业务的实践,让学生熟练掌握定期转账存款、现金存款、部分取款和销户转账等操作流程。
要求	1. 新开户金转账存款:从深圳××××科技有限公司基本账户中转出 50,000 元到深圳××××科技有限公司定期存款账户 2. 新开户金现金存款:存入 100,000 元现金到深圳××××科技有限公司定期存款账户 3. 部分提取转账:从深圳××××科技有限公司定期存款账户提前支取 8,000 元 4. 销户转账:将深圳××××科技有限公司定期存款账户进行销户处理,该账户余额全部转账取出
报告内容	一、实验内容 二、实验基本步骤 三、实验数据记录和处理
实验结果与分析	

实训项目报告四:单位通知存款业务

目的	熟练掌握单位通知存款业务的处理流程和操作方法
要求	为北京凯通商贸有限公司基本存款账户中的临时闲置资金200万元办理七天通知存款的业务
报告内容	一、实验内容 二、实验基本步骤 三、实验数据记录和处理
实验结果与分析	

实训项目报告五:单位协定存款业务

目的	掌握单位协定存款业务处理流程和操作方法
要求	为北京凯通商贸有限公司的基本存款账户办理协定存款账户的业务
报告内容	一、实验内容 二、实验基本步骤 三、实验数据记录和处理
实验结果与分析	

实训项目报告六:单位贷款业务

目的	通过单位在银行办理流动资金贷款业务的实践,让学生熟练掌握单位流动资金贷款业务的发放、收回等操作流程
要求	1. 贷款借据管理:为深圳××××科技有限公司新建借据。(存款账户为深圳××××科技有限公司的基本账户,贷款类别为“中期流动资金抵押质押贷款”,贷款金额为500,000元,贷款利率为5‰,担保方式为抵押,贷款借据号为15位数) 2. 贷款发放:将深圳××××科技有限公司的500,000元贷款发放(借据号为上一步操作所用借据号) 3. 部分还贷:将上一笔贷款部分还贷200,000元 4. 贷款展期确认:将上一笔贷款的还款期限延长三个月 5. 全部还贷:将上一笔贷款全部还清
报告内容	一、实验内容 二、实验基本步骤 三、实验数据记录和处理
实验结果与分析	

实训项目 16 银行卡业务

【实训目标与要求】

能够正确掌握银行卡的各种规定，熟悉银行卡业务的操作流程，做出相应的业务处理。

【实训项目准备】

1. 乾隆银行模拟操作教学系统硬件及软件环境。

2. 学生端 PC 设备。

【实训项目内容】

16.1 借　记　卡

16.1.1 借记卡的开户

点击【开户】按钮即进入“填写开户申请表”画面，选择身份证件类型，并填入证件号码中英文姓名（英文可不填）、通讯地址、联系电话、邮编等信息。

点击【下一步】可进入“填写开户种类”画面，选择操作种类及填入存款金额（任意金额），点击【下一步】，则进入“信息确认”画面（如果选择有密印，则先进入密码填写画面），完毕后再进入确认画面，点击【完成】即可。如图 16.1 所示。

注意：因模拟系统生成的是电子凭证，但后续对该账户进行存款、取款、转账等操作均需银行卡号，所以请在结束该开户业务前，须记录银行卡号（在存款凭证可看到）。

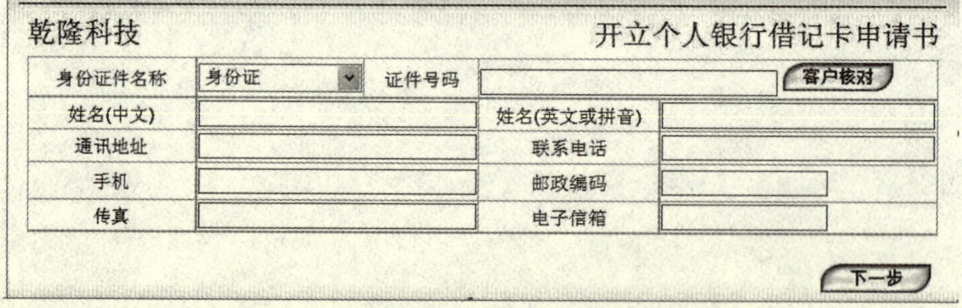

图 16.1　开立个人银行借记卡申请书操作图

16.1.2 借记卡的存款

点击【存款】按钮即进入“填写个人存款凭证”画面，输入账户号码及金额（至少为1元），点击【下一步】按钮进入信息确认画面，确认无误后点击【完成】即可。如图16.2所示。

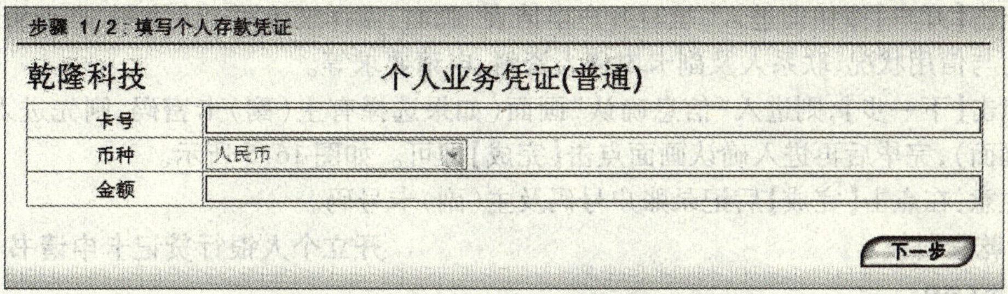

图16.2 填写个人存款业务凭证操作图

16.1.3 借记卡的取款

点击【取款】按钮即进入“填写个人取款凭证”画面，输入账户号码及金额（不得小于1元），点击【下一步】按钮进入信息确认画面（如果该账户有密印，则须先输入密码），对账户信息及金额进行核对，确认无误后点击【完成】即可。如图16.3所示。

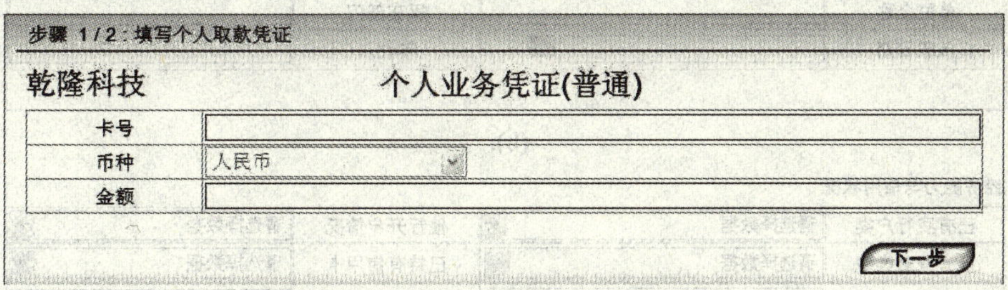

图16.3 填写个人取款业务凭证操作图

16.1.4 借记卡的转账

点击【转账】按钮即进入“填写个人转账凭证”画面，输入收款人姓名、收款人及付款人银行卡号及金额（不得小于1元），点击【下一步】按钮进入信息确认画面（如果付款账户有密印，则须先输入密码），确认无误后点击【完成】即可。如图16.4所示。

图16.4 填写个人转账业务凭证操作图

16.2 贷 记 卡

16.2.1 贷记卡的开户

点击【开户】按钮即进入“填写开户申请表”画面，需详细填写个人资料、职业资料、经济能力与信用状况、联系人及副卡申请人资料、申请要求等。

点击【下一步】，则进入“信息确认”画面（如果选择有主（副）卡密码，则先进入密码输入画面），完毕后再进入确认画面点击【完成】即可。如图 16.5 所示。

注意：在点击【完成】后记录账户号码及主（副）卡号码。

乾隆科技　　　　开立个人银行贷记卡申请书

个人资料			
证件名称	身份证	证件号码	客户核对
姓名(中文)		姓名(英文或拼音)	
性别	[请选择数据...]	婚否	否
出生日期	2013-5-6		

(a)

职业资料			
单位全称		所在部门	
入职日期		年收入	

(b)

经济能力与信用状况			
已有我行户类	请选择数据	他行开户情况	请选择数据
已有业务类型	请选择数据	已持有信用卡	请选择数据
车辆情况	请选择数据	牌号	
发放工资	否		

(c)

联系人资料(不承担担保责任)			
直属亲属名字		与你的关系	请选择数据
住宅地址	___市(县)___区___路(街)___号___楼___室		
联系电话		手机	
亲密朋友名字		与你的关系	朋友
工作单位			
联系电话		手机	

(d)

副卡申请人资料			
证件名称	[请选择数据...]	证件号码	
姓名(中文)		姓名(英文或拼音)	
性别	[请选择数据...]	婚否	否
单位全称		单位电话	
联系电话		手机	
关系	请选择数据	出生日期	

(e)

图 16.9　开立个人银行贷记卡申请操作图

16.2.2　贷记卡的存款

点击【存款】按钮即进入“填写个人存款凭证”画面，输入主(副)卡号码及金额(不得小于 1 元)，点击【下一步】按钮进入信息确认画面，点击【完成】即可。

16.2.3　贷记卡的取款

点击【存款】按钮即进入“填写个人存款凭证”画面，输入主(副)卡号码及金额(不得小于 1 元)，点击【下一步】按钮进入信息确认画面(如果主(副)卡设有密码，则须先输入密码)，完毕后点击【完成】即可。

16.2.4　贷记卡的转账

点击【转账】按钮即进入“填写个人转账凭证”画面，输入收款人姓名、收款人及付款人银行卡号及金额(不得小于 1 元)，点击【下一步】按钮进入信息确认画面(如果付款卡号设有密码，则须先输入密码)，确认无误后点击【完成】即可。

16.3　银行卡的综合管理

点击【银行卡查询】按钮即进入“查询条件输入”画面，可以通过卡号、用户名、用户号、注册时段等条件进行查询，点击【查询】即可看到查询结果。

16.4　银行卡的销户

点击【销户】按钮即进入“填写现金注销提款凭证”画面，选择身份证件类型，并填入证件号码和姓名，如果为委托代理人销户，需选择代理人的证件类型并填写证件号码，填入账户号码，点击【下一步】进入确认画面(选择有密印则须输入密码才能进入)，点击【完成】即可。如图 16.6 所示。

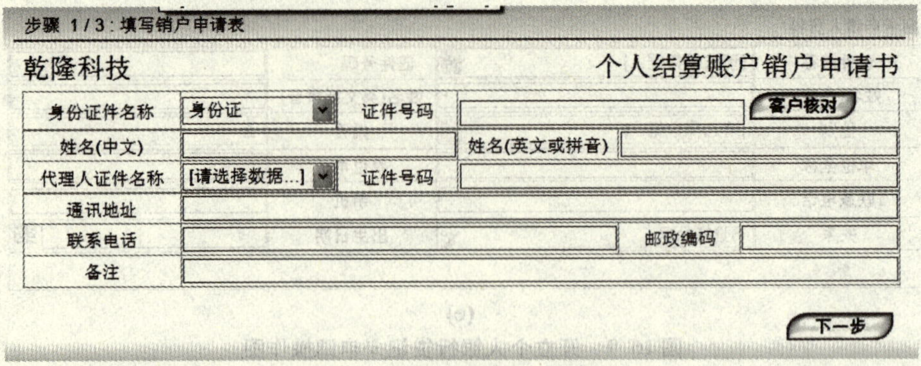

图 16.16　银行卡销户操作图

【实训项目小结】

本实训项目主要介绍了银行卡的操作流程和方法，并可以根据个人的实际情况填写下单，为今后学生从事银行工作奠定了实践基础。实际上，虽然各家银行提供的软件形式有所不同，但其在使用方法上具有较大的相似性。本章内容以乾隆银行模拟软件为例，可为学生提供借鉴。

【实训项目任务】

任务一　上机操作：借记卡的开户、存款、取款、转账

任务二　上机操作：贷记卡的开户、存款、取款、转账

任务三　上机操作：银行卡的综合管理

任务四　上机操作：银行卡的销户

【实训项目报告】

实训项目报告一：借记卡的操作流程

目的	熟练掌握借记卡的开户、存款、取款和转账
要求	能够通过乾隆银行模拟操作系统的使用，熟练掌握借记卡的开户、存款、取款和转账
报告内容	一、实验内容 二、实验基本步骤 三、实验数据记录和处理
实验结果与分析	

实训项目报告二:贷记卡的操作流程

目的	熟练掌握贷记卡的开户、存款、取款和转账
要求	能够通过乾隆银行模拟操作系统的使用,熟练掌握贷记卡的开户、存款、取款和转账
报告内容	一、实验内容 二、实验基本步骤 三、实验数据记录和处理
实验结果与分析	

实训项目 17

代理业务

【实训目标与要求】

能够正确掌握代理业务的操作，熟悉各项代理业务的操作流程，做出相应的业务处理。

【实训项目准备】

1. 乾隆银行模拟操作教学系统硬件及软件环境。

2. 学生端 PC 设备。

【实训项目内容】

17.1 代理水费

17.1.1 逐笔收费

点击【逐笔收费】按钮即进入"水费"画面，选填入姓名、用户号、收费账单号、年份、月份、期数及金额，点击【下一步】进入确认画面，点击【完成】即可。如图 17.1 所示。

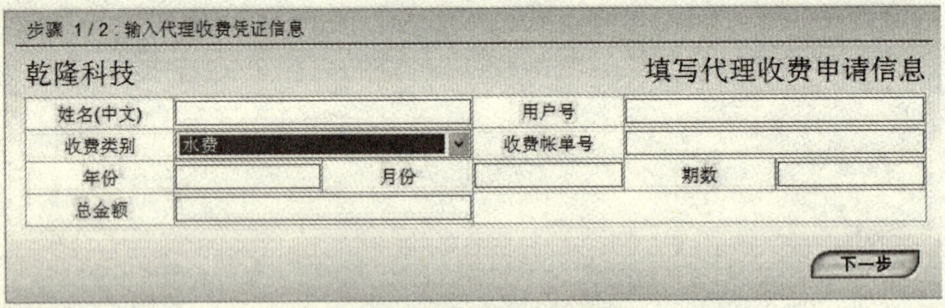

图 17.1 银行代收水费操作图

17.1.2 自动收付

点击【自动收费】按钮即进入"水费"画面，选择身份证件类型，并填入证件号码、姓名及账户号码、联系电话、收费账单号，还需要选择收费类别，点击【下一步】进入确认画面（如果该账户有密印，则须先输入密码），点击【完成】即可。如图 17.2 所示。

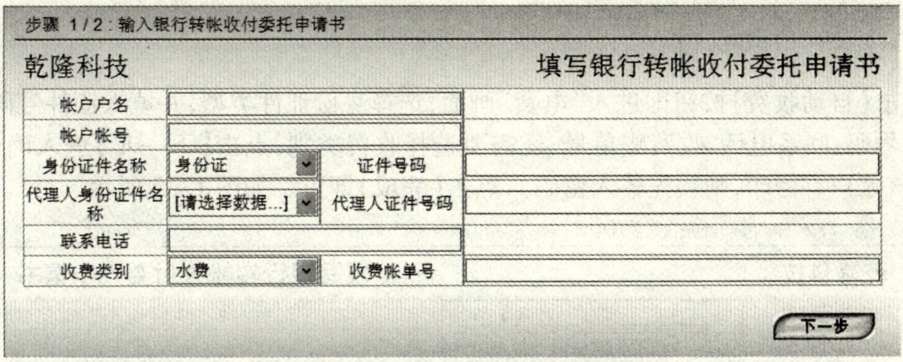

图 17.2　银行代收水费转账收付操作图

17.1.3　终止收付

点击【终止收费】按钮即进入“水费”画面，选择身份证件类型，并填入证件号码、姓名及账户号码、联系电话、收费账单号，还需要选择终止项目，点击【下一步】进入确认画面（如果该账户有密印，则须先输入密码），点击【完成】即可。如图 17.3 所示。

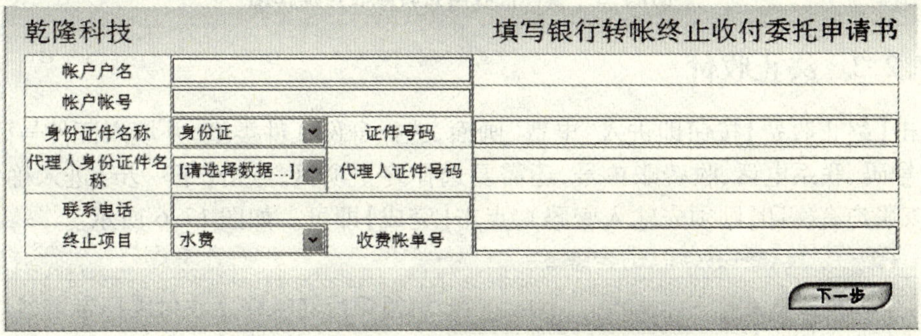

图 17.3　银行代收水费转账终止收付操作图

17.2　代理电费

17.2.1　逐笔收费

点击【逐笔收费】按钮即进入“电费”画面，选填入姓名、用户号、收费账单号、年份、月份、期数及金额，点击【下一步】进入确认画面，点击【完成】即可。如图 17.4 所示。

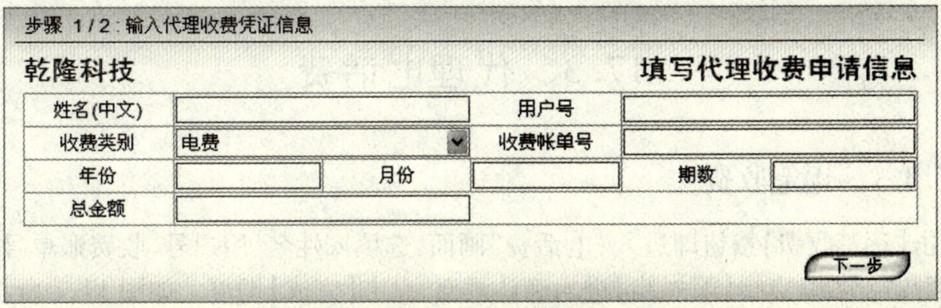

图 17.4　银行代收电费申请操作图

17.2.2 自动收付

点击【自动收费】按钮即进入“电费”画面，选择身份证件类型，并填入证件号码、姓名及账户号码、联系电话、收费账单号，还需要选择收费类别，点击【下一步】进入确认画面（如果该账户有密印，则须先输入密码），点击【完成】即可。如图 17.5 所示。

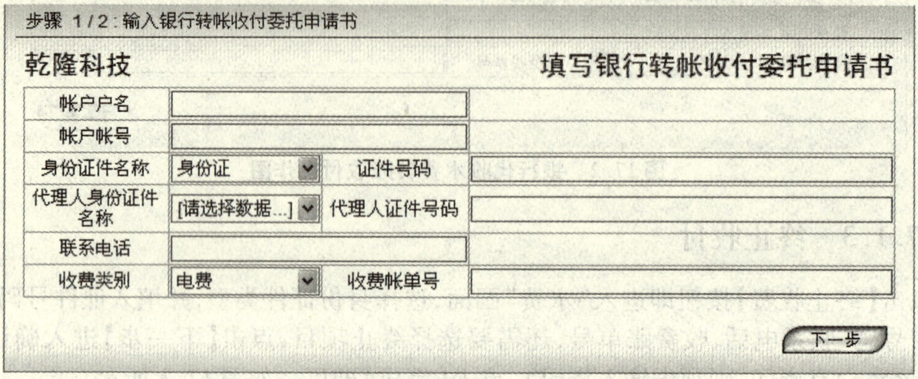

图 17.5 银行代收电费转账收付操作图

17.2.3 终止收付

点击【终止收费】按钮即进入“电费”画面，选择身份证件类型，并填入证件号码、姓名及账户号码、联系电话、收费账单号，还需要选择终止项目，点击【下一步】进入确认画面（如果该账户有密印，则须先输入密码），点击【完成】即可。如图 17.6 所示。

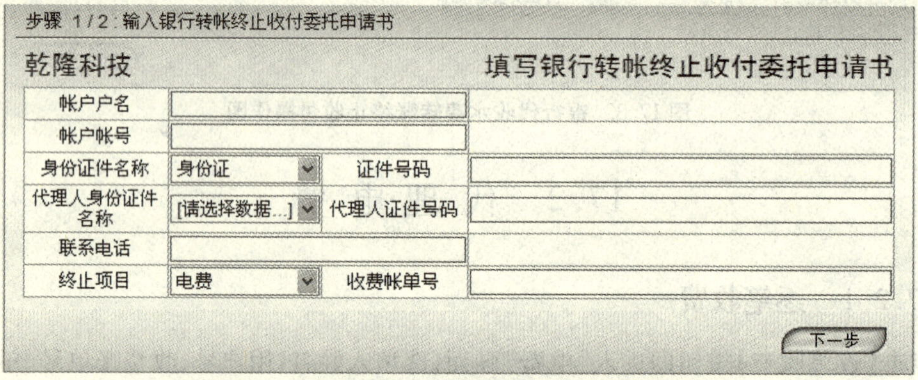

图 17.6 银行代收电费转账终止收付操作图

17.3 代理电话费

17.3.1 逐笔收费

点击【逐笔收费】按钮即进入“电话费”画面，选填入姓名、用户号、收费账单号、年份、月份、期数及金额，点击【下一步】进入确认画面，点击【完成】即可。如图 17.7 所示。

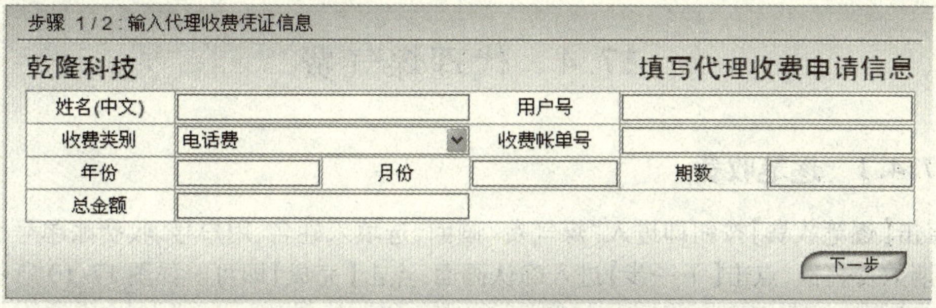

图 17.7　代理电话费收费操作图

17.3.2　自动收付

点击【自动收付】按钮即进入“电话费”画面，选择身份证件类型，并填入证件号码、姓名及账户号码、联系电话、收费账单号，还需要选择收费类别，点击【下一步】进入确认画面(如果该账户有密印，则须先输入密码)，点击【完成】即可。如图 17.8 所示。

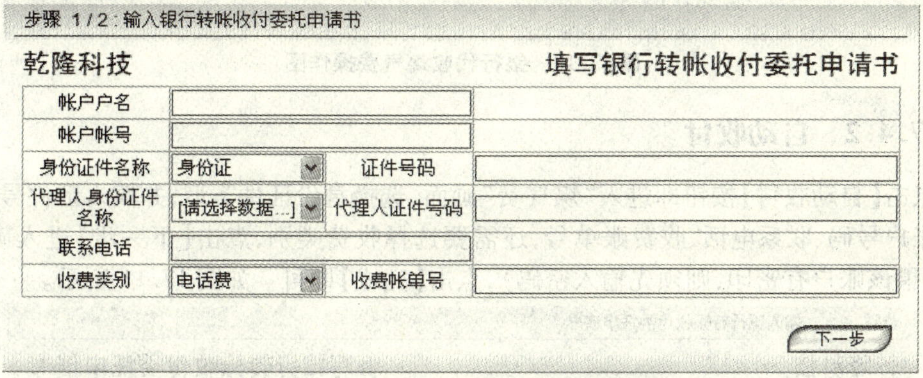

图 17.8　银行代收电话费转账收付操作图

17.3.3　终止收付

点击【终止收付】按钮即进入“电话费”画面，选择身份证件类型，并填入证件号码、姓名及账户号码、联系电话、收费账单号，还需要选择终止项目，点击【下一步】进入确认画面(如果该账户有密印，则须先输入密码)，点击【完成】即可。如图 17.9 所示。

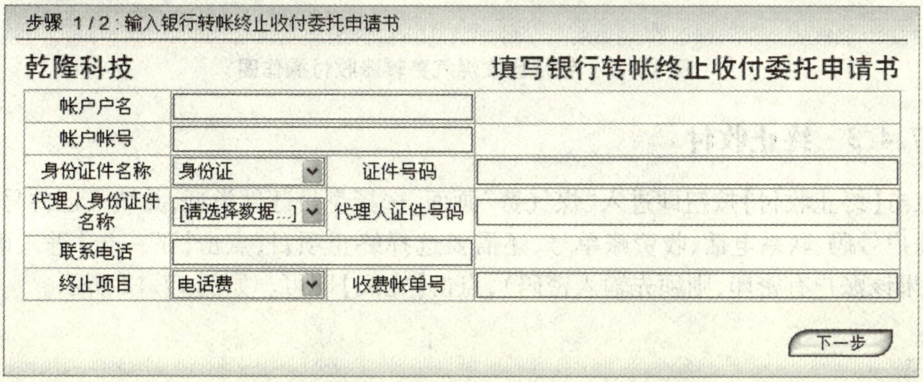

图 17.9　银行代收电话费转账终止收付操作图

17.4 代理煤气费

17.4.1 逐笔收费

点击【逐笔收费】按钮即进入"煤气费"画面,选填入姓名、用户号、收费账单号、年份、月份、期数及金额,点击【下一步】进入确认画面,点击【完成】即可。如图 17.10 所示。

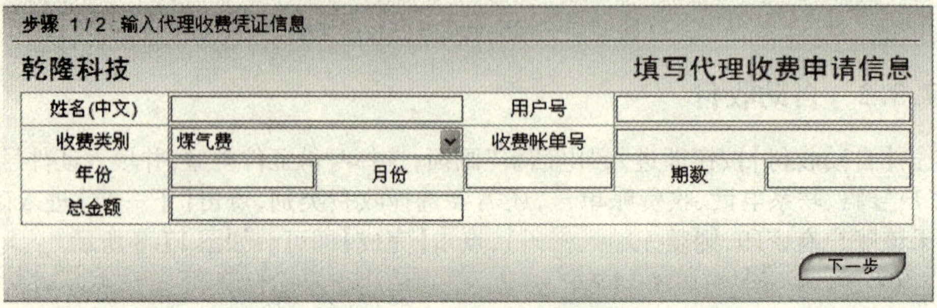

图 17.10 银行代收煤气费操作图

17.4.2 自动收付

点击【自动收付】按钮即进入"煤气费"画面,选择身份证件类型,并填入证件号码、姓名及账户号码、联系电话、收费账单号,还需要选择收费类别,点击【下一步】进入确认画面(如果该账户有密印,则须先输入密码),点击【完成】即可。如图 17.11 所示。

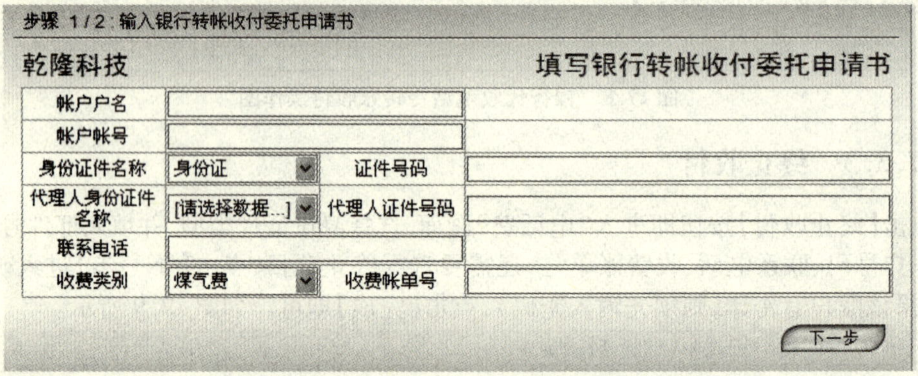

图 17.11 银行代收煤气费转账收付操作图

17.4.3 终止收付

点击【终止收付】按钮即进入"煤气费"画面,选择身份证件类型,并填入证件号码、姓名及账户号码、联系电话、收费账单号,还需要选择终止项目,点击【下一步】进入确认画面(如果该账户有密印,则须先输入密码),点击【完成】即可。如图 17.12 所示。

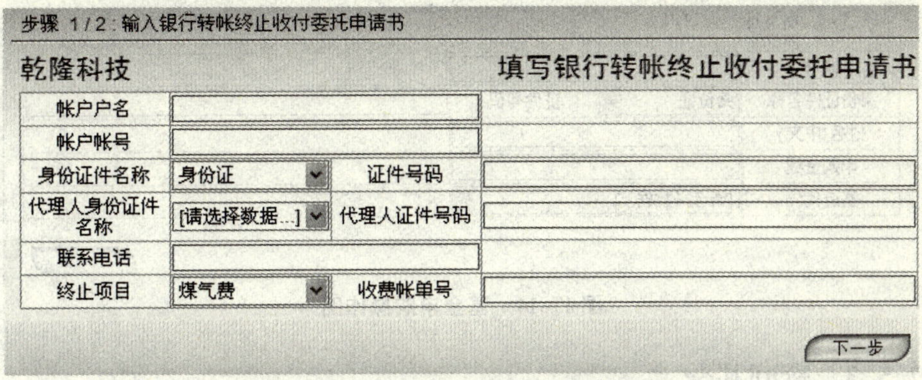

图 17.12　银行代收煤气费转账终止收付操作图

17.5　代理债券业务

17.5.1　基金的开户

点击【基金开户】按钮即进入"填写基金交易账户业务开户申请书"画面，选择身份证件类型，并填入证件号码、姓名、联系方式及活期一本通账号，并选择是否有密印；完毕后点击【下一步】进入确认画面（如果该账户设有密印，须先输入密码），点击【完成】即可。如图 17.13 所示。

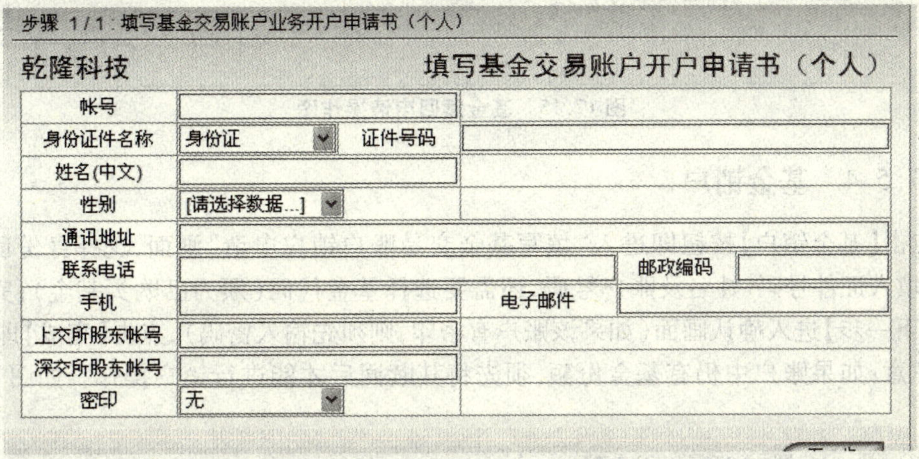

图 17.13　基金申购开户申请操作图

17.5.2　购买基金

点击【购买基金】按钮即进入"填写基金申购申请"画面，选择身份证件类型，并填入证件号码、姓名及申购金额（至少为 1,000 元），还需要选择基金代码（须记录该号码）；完毕后点击【下一步】进入确认画面（如果该账户有密印，则须先输入密码），点击【完成】即可。如图 17.14 所示。

图 17.14　基金申购操作图

17.5.3　赎回基金

点击【赎回基金】按钮即进入"填写基金赎回申请"画面，选择身份证件类型，并填入证件号码、姓名及赎回份额（至少为 100 份），还需要选择基金代码（须为已购买基金）；完毕后点击【下一步】进入确认画面（如果该账户有密印，则须先输入密码），点击【完成】即可。如图 17.15 所示。

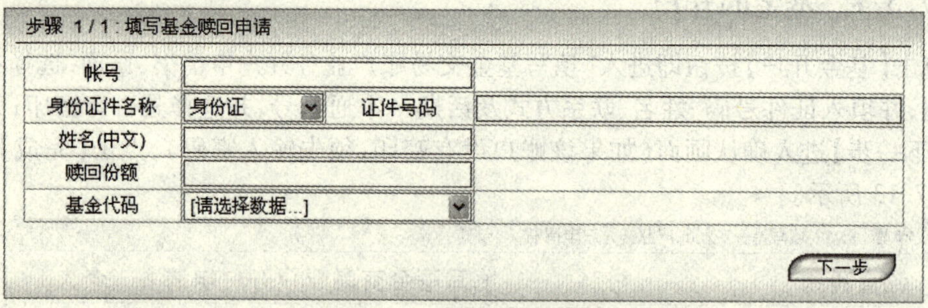

图 17.15　基金赎回申请操作图

17.5.4　基金销户

点击【基金销户】按钮即进入"填写基金交易账户销户申请"画面，选择身份证件类型，并填入证件号码、姓名及账户号码，还需要选择基金代码（须为已购买基金）；完毕后点击【下一步】进入确认画面（如果该账户有密印，则须先输入密码），点击【完成】即可。

注意：如果账户中仍有基金份额，须先将其赎回后才能进行销户操作。如图 17.16 所示。

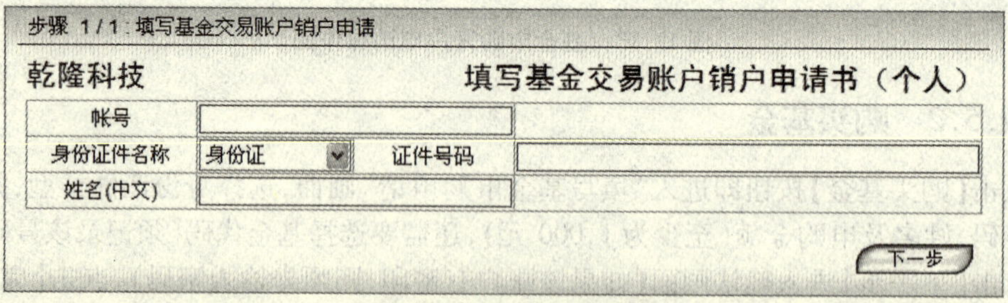

图 17.16　基金销户操作图

【实训项目小结】

本实训项目主要介绍了商业银行的代理业务的操作流程和方法，并可以根据个人的实际情况填写下单，为今后学生从事银行工作奠定了实践基础。实际上，虽然各家银行提供的软件形式有所不同，但其在使用方法上具有较大的相似性。本章内容以乾隆银行模拟软件为例，为学生提供借鉴。

【实训项目任务】

任务一　上机操作：代理水费、电费、电话费和煤气费的缴费业务。

任务二　上机操作：掌握商业银行代理基金业务。

【实训项目报告】

实训项目报告一：代缴费用的操作流程

目的	熟练掌握商业银行代理水费、电费、煤气费和电话费的流程
要求	能够通过乾隆银行模拟操作系统的使用，熟练掌握各种费用的代缴业务
报告内容	一、实验内容 二、实验基本步骤 三、实验数据记录和处理
实验结果与分析	

实训项目报告二：代理基金业务的操作流程

目的	熟练掌握商业银行代理基金业务的流程
要求	能够通过乾隆银行模拟操作系统的使用，熟练掌握基金的开户、申购、赎回和基金的销户
报告内容	一、实验内容 二、实验基本步骤 三、实验数据记录和处理
实验结果与分析	

实训项目 18

特殊业务处理

【实训目标与要求】

能够正确掌握商业银行的特殊业务的操作，熟悉各项特殊业务的操作流程，做出相应的业务处理。

【实训项目准备】

1. 乾隆银行模拟操作教学系统硬件及软件环境。

2. 学生端 PC 设备。

【实训项目内容】

18.1 账户挂失

点击【账户挂失】按钮即进入“填写账户挂失申请”画面，选择身份证件类型，填入证件号码、中文姓名和账户号码，点击【下一步】进入确认画面，点击【完成】即可。如图18.1所示。

图 18.1　账户挂失申请操作图

18.2 账户解挂

点击【账户挂失】按钮即进入“填写账户解挂申请”画面，选择身份证件类型，填入证件号码、中文姓名和账户号码，点击【下一步】进入确认画面，点击【完成】即可。如图18.2所示。

图 18.2　账户解挂操作图

18.3　账 户 冻 结

点击【账户冻结】按钮即进入“填写账户冻结信息”画面，填入账户号码，点击【下一步】进入确认画面，点击【完成】即可。如图 18.3 所示。

图 18.3　账户冻结操作图

18.4　账 户 解 冻

点击【账户解冻】按钮即进入“填写账户解冻信息”画面，填入账户号码，点击【下一步】进入确认画面，点击【完成】即可。如图 18.4 所示。

图 18.4　账户解冻操作图

18.5　密 码 修 改

点击【密码修改】按钮即进入“填写密码修改申请”画面，选择身份证件类型，填入证件号码、中文姓名和账户号码。

点击【下一步】进入确认画面，再点击【下一步】进入“设定新密码”画面，输入旧密码和新密码后，点击【完成】即可。如图 18.5 所示。

图 18.5　账户密码修改操作图

18.6　密码挂失

点击【账户挂失】按钮即进入“填写密码挂失申请”画面，选择身份证件类型，填入证件号码、中文姓名和账户号码。

点击【下一步】进入确认画面，再点击【下一步】进入“设定新密码”画面，输入新密码后，点击【完成】即可。如图 18.6 所示。

图 18.6　账户挂失操作图

18.7　查询业务

18.7.1　个人资料查询

点击【个人资料查询】按钮即进入“查询条件输入”画面，可以通过用户名（中英）、身份号、注册时间等条件进行查询，点击【查询】即可看到查询结果。如图 18.7 所示。

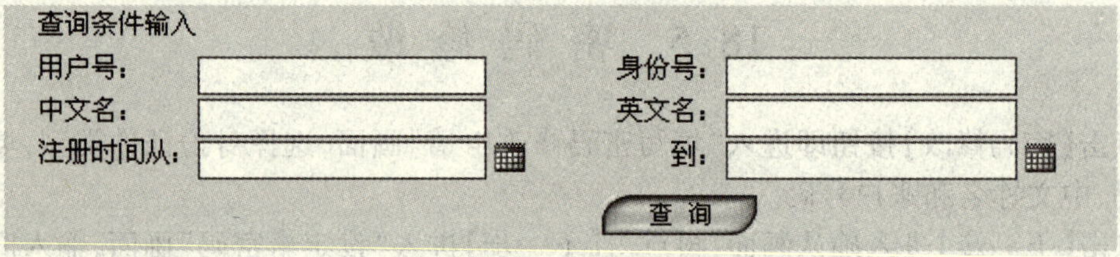

图 18.7　账户查询条件输入操作图

18.7.2　账户查询

点击【账户查询】按钮即进入“查询条件输入”画面，可以通过账户号及类型、开户名、用户号、注册时间等条件进行查询，点击【查询】即可看到查询结果。如图 18.8 所示。

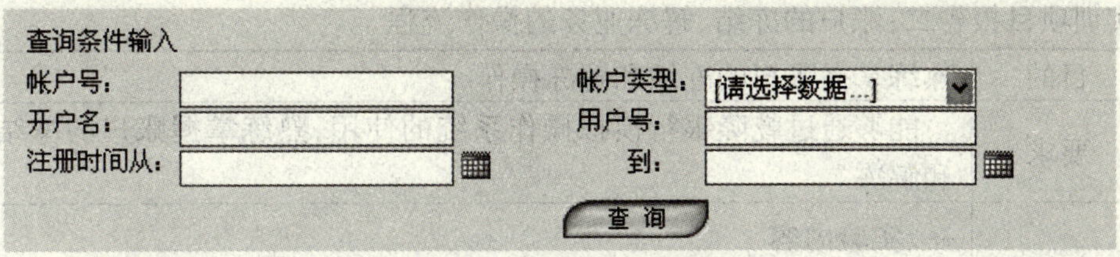

图 18.8　账户查询操作图

【实训项目小结】

本实训项目主要介绍了商业银行的特殊业务的操作流程和方法,并可以根据个人的实际情况填写下单,为今后学生从事银行工作奠定了实践基础。实际上,虽然各家银行提供的软件形式有所不同,但其在使用方法上具有较大的相似性。本章内容以乾隆银行模拟软件为例,为学生提供借鉴。

【实训项目任务】

任务一　上机操作:熟练掌握账户的挂失、解挂,账户的冻结、解冻。

任务二　上机操作:掌握个人密码的修改和挂失。

任务三　上机操作:掌握账户和个人资料的查询。

【实训项目报告】

实训项目报告一:账户挂失、解挂的操作流程

目的	熟练掌握账户挂失和解挂的流程
要求	能够通过乾隆银行模拟操作系统的使用,熟练掌握账户的挂失和解挂业务
报告内容	一、实验内容 二、实验基本步骤 三、实验数据记录和处理
实验结果与分析	

实训项目报告二:账户的冻结、解冻业务的操作流程

目的	熟练掌握账户的冻结和解冻操作
要求	能够通过乾隆银行模拟操作系统的使用,熟练掌握账户的冻结和解冻
报告内容	一、实验内容 二、实验基本步骤 三、实验数据记录和处理
实验结果与分析	

实训项目报告三:密码的修改和挂失业务的操作流程

目的	熟练掌握密码的修改和挂失业务
要求	能够通过乾隆银行模拟操作系统的使用,熟练掌握密码的修改和挂失
报告内容	一、实验内容 二、实验基本步骤 三、实验数据记录和处理
实验结果与分析	

实训项目报告四:查询业务的操作流程

目的	熟练掌握商业银行的各项查询业务
要求	能够通过乾隆银行模拟操作系统的使用,熟练掌握账户和个人资料的查询
报告内容	一、实验内容 二、实验基本步骤 三、实验数据记录和处理
实验结果与分析	

实训项目 19 营业日终工作处理

【实训目标与要求】

本章主要介绍了银行营业日终工作处理与流程，要求学生掌握日终核签、勾对流水、签退、凭证整理等。

【实训项目准备】

营业日终工作处理资料。

【实训项目内容】

19.1 日终流程

(1)柜员结账。

(2)日终核签、勾对流水、签退。

(3)尾箱交接。

(4)机构日结、签退。

(5)凭证整理。

19.2 主要内容

19.2.1 柜员日结、勾对流水、签退

1. 基本规定

(1)柜员结账分为试结账和正式结账两种。“试结账”可以随时进行，以检验账务平衡，在午间或其他相对空闲时间，组织柜员特别是零售柜台柜员进行试结账操作，对现金及重要单证余额进行账实核对，以减少日终出现差错的查找时间，提高日终工作效率。“正式结账”最多可执行3次，柜员在确保“账、簿、实”三相符的情况下，才可开始正式日结。

(2)柜员结账时，应先清点尾箱现金，保证库存现金的账面余额与实际库存余额相符。非现金管理员日终尾箱不允许超2万元，超额部分应在停止对外营业前一个小时左

右，组织柜员将适量的大额现金（或兑入的零散币、残损币）等调拨至现金柜员，避免日终集中处理。

清点时只准钱碰账，不可账碰钱。

网点负责人（或业务主管）应对现金柜员的单证、现金分别进行核签，核对无误后对尾箱双人加锁，普通柜员自行核点单证现金无误后对尾箱加双锁。

对私柜员应根据打印出的《柜员账务交易流水清单》与当日账务性交易凭证进行逐笔勾对，确保凭证录入及账务处理正确无误。勾对相符后，应在流水清单上逐份加盖柜员名章。

（3）柜员"正式结账"执行3次后，现金账实仍不符，系统自动将不平现金作挂账处理并打印挂账清单，柜员应根据挂账清单认真查找不符原因，最迟不得超过第二个工作日将挂账进行处理；柜员结账时若重要单证不符，日结不会成功，系统批处理时将自动强制进行日结（原则上不允许此类情况发生）。

2. 操作流程

（1）柜员营业结束后清点尾箱现金和重要单证，启动"0060 柜员结账"交易，选择"正式结账"，输入现金、重要空白凭证数量与系统中数量核对一致后结账，打印柜员尾箱库存现金登记簿，网点负责人（或业务主管）对有现金、单证的现金柜员分别进行核签，核对无误后共同对尾箱加锁，非现金柜员自行核对，准备入库。

（2）柜员启动"0051 连线/预约报表管理 - 查询"交易，申请需打印的柜员账务性交易流水清单、重要空白凭证登记簿，在下传的报表名上按 CTRL - Z 联动"0086 报表打印"交易进行打印。由于特殊原因造成柜员日结不能正常打印柜员流水清单时，柜员可通过"9989 申请连线/预约报表"交易申请，然后启动"0051 连线预约报表管理 - 查询"交易下载打印。

（3）柜员完成日结后，应根据打印出的《柜员账务交易流水清单》与当日账务性交易凭证进行逐笔勾对，确保凭证录入及账务处理正确无误。勾对相符后，应在流水清单上逐份加盖柜员名章，然后柜员将整理完毕的交易凭证、尾箱库存登记簿、柜员账务性交易流水清单、重要空白凭证登记簿按顺序排列，制作柜员封面，然后移交机构凭证整理人员。

（4）柜员结账成功后原则上不允许再办理各种交易业务，如需再办理业务，应先签退，经B级以上柜员授权即可重新签到。但柜员必须在办理完所有业务后，重新启动"0060 柜员结账"交易进行结账和重新执行签退操作。

（5）柜员因故未做日结，应由B级（含）以上主管柜员启动"0060 柜员结账"交易，输入该柜员号，经其他授权柜员授权后为其进行强制日结处理。

（6）柜员在上述事项处理无误后退出操作屏幕。

19.2.2　日终核签

操作流程：

（1）现金柜员结账后，打印出"尾箱库存现金登记簿"和"重要空白凭证登记簿"，现金业务主管清点现金、单证实物，与之核对。全部核对一致后，核签人签字，并注明"核对相符”，同时由被查人签字。

（2）现金业务主管须在现金柜员完成当日最后一笔交易后进行现金、单证的核查。核签后，应监督该现金柜员进行正式结账交易，并共同对尾箱加锁，准备入库。

19.2.3 尾箱移交

1. 基本规定

（1）尾箱交接时必须先验证运钞车牌号、押运人员身份。

（2）营业网点在办理尾箱交接时，必须双人在有效监控下全程办理。

（3）交接时应检查尾箱是否完好，如完好，与保安公司押运人员办理交接手续；如有异常或单锁、漏铅封的，不得移交。

（4）尾箱交接必须通过出纳综合管理系统完成。

2. 操作流程

（1）解款员到达网点后，网点柜员验证解款员身份，由解款员在系统中输入密码，在监控下接收。

（2）解款员身份验证无误，网点柜员通过“0027 款箱调运控管”交易中的“3 网点/金库款箱接收处理”功能，输入解款人员身份证号码，根据显示的人员姓名、车辆编号、款箱号码等信息进行核对、清点，无误后确认，解款人员输入密码进行交接确认，办理封箱（包）的交接登记。

19.2.4 机构日结、签退

1. 基本规定

（1）机构日结时应保证双人在场；待尾箱离柜，且机器关机人员撤离时方可关闭监控系统并布防。

（2）在机构签退前，各营业机构必须认真检查各项业务是否全部处理完毕，经网点负责人确认后，方可完成机构签退。

2. 操作流程

（1）机构日结、签退。

①营业机构 B 级（含）以上柜员，启动“0063 柜员日结状况查询”交易，检查本机构其他柜员是否已全部日结并签退。若柜员已全部日结且签退，由 B 级（含）以上柜员启动“0062 机构结账”交易进行机构日结。

②机构日结成功后，该 B 级（含）以上柜员启动“0051 连线预约报表管理－查询”交易，打印机构交易汇总清单、柜员结账时间清单、查询当日应销未销记录、现金收付汇总表等报表。

③机构日结完成后，由 B 级（含）以上柜员启动“0002 营业单位签退”交易进行机构签退，打印营业单位签退清单。

④关机柜员在“login”状态下以“da＋机构号后 6 位”用户登录服务器并进入“DCC 网点日常维护管理器”主菜单，在“DCC 网点日常维护管理器”主菜单上选第 1 项“网点开关强置”后关闭电源，即可结束一天工作。

(2)机构当日无法正常日结的几种情况处理。

①有未打印凭证无法日结时,需负责接收电子转账凭证的柜员在 B 级柜员授权下重新签到,启动 9011 交易打印电子转账凭证,然后做柜员日结。柜员日结后,B 级(B 级含以上)柜员再做机构日结。

②有未处理事务时,需汇划岗柜员在 B 级柜员授权下重新签到,启动"4760 电子汇划往来账清单凭证打印"交易中的 4 - 业务查询查复书,提交生成打印文件,再启动"0051 连线预约报表管理 - 查询"打印未处理事务,然后做柜员日结。柜员日结后,B 级(B 级含以上)柜员再做机构日结。

③有退回待查报文时,需汇划岗柜员在 B 级柜员授权下重新签到,启动"0088 冲正交易"或"7087 传票删除"交易将该笔报文做当日冲正,然后做柜员日结。柜员日结后,B 级(B 级含以上)柜员再做机构日结。

④有汇入报文未处理时,需汇划岗柜员在 B 级柜员授权下重新签到,启动"4702 汇划报文查询"交易查询前一日未处理的报文。

a. 如报文状态为已判别落地状态,启动"4760 电子汇划往来账清单凭证打印"交易中的 3 - 未入账业务补充报单,0051 交易打印未入账补充报单,最后根据报文情况,启动 4901 交易做入账处理(入客户账、内部挂账或退回)。

b. 如报文状态为核押待判别状态,启动"4760 电子汇划往来账清单凭证打印"交易中的 C - 生成核押待判别清单,"0051 连线预约报表管理 - 查询"交易打印核押待判别清单。

19.2.5　柜面凭证的整理

(1)柜员凭证整理总体要求。

①营业网点同一柜员经办的业务凭证,包括账务性流水和非账务性流水凭证,必须按照实际办理业务的时间先后顺序依次排列整理、打码,不需区分本外币业务、账务性流水和非账务性流水进行分类排列。对账务性交易流水清单和非账务性交易流水清单上未显示交易流水的业务,若系统有输出认证,必须打印凭证且按经办时间顺序随当日凭证放置。

②若经办柜员当天只有非账务性交易凭证,该柜员的凭证也必须按照业务时间的先后顺序单独整理、打码后送交扫描点。

③同一笔业务(同一流水号)下的所有业务凭证按照先本币后外币的顺序进行整理,同一币种下先借方后贷方,并区分主件、附件凭证,整理顺序为:先主件后附件,所有的附件凭证均应在右上角空白处加盖附件章。

④电子银行(网银、短信通、95533、手机银行等)申请书及机打凭证/证券业务、CTS 业务等周边外围系统产生的凭证可放入虚拟柜员名下,也可放入经办柜员名下 CCBS 系统产生凭证之后。

⑤各种交易输出的打印内容必须打印在指定的凭证上,没有指定凭证的,应打印在白纸上。使用的白纸大小原则上应与借贷方凭证相仿。

⑥打印机应定期更换色带,保证打印字符清晰、完整。

⑦打印字符要求打印在凭证指定的区域范围内,不压线,不出格,打印字符不要与凭证中的原始印刷字符重叠。打印格式有偏差时,应调整打印机的打印设置及凭证放置位置,保证格式一致。

(2)会计凭证整理规范(对私业务部分)。

具体规定按建皖营运〔2009〕28 号执行。

(3)凭证移交。

凭证整理人员填制网点凭证交接清单,加盖网点业务用公章及个人名章后传递到稽核中心进行票据稽核。

【实训项目小结】

本实训项目主要介绍了商业银行的日终业务的操作流程和方法,并可以根据个人的实际情况填写下单,为今后学生从事银行工作奠定了实践基础。

【实训项目任务】

任务一　日终流程

任务二　日终主要内容

【实训项目报告】

实训项目报告:营业日终工作处理

目的	熟练掌握银行营业日终工作处理的流程及规定
要求	能够学习掌握银行营业日终工作处理的各项规定
报告内容	一、实验内容 二、实验基本步骤 三、实验数据记录和处理
实验结果与分析	

参考文献

[1]郑红梅.模拟银行综合实训[M].北京:清华大学出版社,2007.
[2]武飞.商业银行柜台业务[M].北京:中国人民大学出版社,2009.
[3]秦艳梅,曹铁英.商业银行柜台业务实验[M].北京:经济科学出版社,2007
[4]王晓芳.商业银行综合柜员实训[M].北京:清华大学出版社,2009.
[5]王汝梅.银行柜员业务实训[M].北京:电子工业出版社,2007.
[6]王家申.银行柜员岗位知识与技能[M].北京:机械工业出版社,2007.
[7]董瑞丽.商业银行综合柜台业务[M].北京:中国金融出版社,2008.
[8]何冯虚.银行客户服务技巧运用[M].北京:高等教育出版社,2007.
[9]云晓晨.银行网点标准化服务培训礼仪篇[M].北京:中国经济出版社,2013.
[10]张树基.商业银行信贷管理[M].杭州:浙江大学出版社,2005.
[11]朱文剑.现代商业银行业务[M].杭州:浙江大学出版社,2005.
[12]丁俊峰.商业银行业务实验教程[M].北京:中国金融出版社,2005.